U0895523

中华优秀历史文化丛书

谋圣张良

董铁中 编著

中州古籍出版社
·郑州·

图书在版编目（CIP）数据

谋圣张良 / 董铁中编著. — 郑州 : 中州古籍出版社，2019.6

ISBN 978-7-5348-8716-1

Ⅰ. ①谋… Ⅱ. ①董… Ⅲ. ① ①张良（?–前186）–人物研究 Ⅳ. ①K827=341

中国版本图书馆CIP数据核字（2019）第124058号

谋圣张良

责任编辑　李祖哲
责任校对　李瑞瑞
封面题字　张程锋
封面设计　卢　萌

出　版　中州古籍出版社
　　　　地址：郑州市郑东新区祥盛街27号6层
　　　　邮编：450016
　　　　电话：0371–65788693
经　销　新华书店
印　刷　河南太和印务有限公司
版　次　2020年6月第1版
印　次　2020年6月第1次印刷
开　本　960毫米 × 640毫米　1 / 16
印　张　18.5印张
字　数　350千字
印　数　5000册
定　价　68.00元

本书编委会

主　任：萧根胜

顾　问：王盘根

副主任：王光洲　刘继增　周　幸　张松霞

编　委：李国俊　李国英　黄梦龙　王国田　石　伟　乔建功　王光耀
王文一　马继军　李增强

编　著：董铁中

审　阅：袁延胜　张新斌　潘民中　周　幸

配　图：辛士秀　李树红　申清杰　杨忠伟　张良纪念馆

校　对：裴贝贝　马素钦

内容提要

本书由五个部分组成。开篇通过三十八章节，全面系统地介绍了张良的生平业绩，重点介绍了张良在“亡暴秦，灭西楚，兴炎汉”三个历史时期的十大突出贡献，归纳出张良谋略的三种类别，三大显著特点，以此加深读者对张良智慧、谋略、人品及历史功绩的了解；第二部分以汉高祖刘邦、史学家司马迁、三国诸葛亮、大文豪苏东坡和毛泽东等三十位历史名人对张良的赞颂和评价，肯定了张良的历史地位；第三部分从“爱民、报国、智谋、隐忍、淡泊名利”等方面阐述了张良文化对后世的深远影响；第四部分选编了罗哲文、朱绍侯、程有为、张放涛、盛巽昌、王立群、袁延胜、陈隆文、陈昌远、姚瀛艇、刘玉娥、周幸、赵炳清、展龙等史学界多位著名专家教授关于张良里籍的论著，肯定了张良故里在河南郏县；最后，根据张世军、张新斌、潘民中、张金岭等领导专家对张良故里保护开发的指导意见，指出了张良故里保护开发的必要性和紧迫性，提出了保护开发的总体目标、方法步骤，为下一步搞好张良故里的保护开发，造福百姓，提供了重要的参考意见。

谋圣张良

张良进履像

谋圣张良

现存于江西龙虎山天师府的汉高祖刘邦赠留侯张良敕圣旨原图

（圣王定天下，必得贤臣以辅之。是以左股右肱，设官分职。今照国师张良，才高德瞻，忠心辅王，朕躬难报往来之宏劳。是以命臣某捧金衣一袭，拜先生之门，报先生之德，俾张之子孙承其职业，以符朕意。汝往钦哉！勿替朕命！）

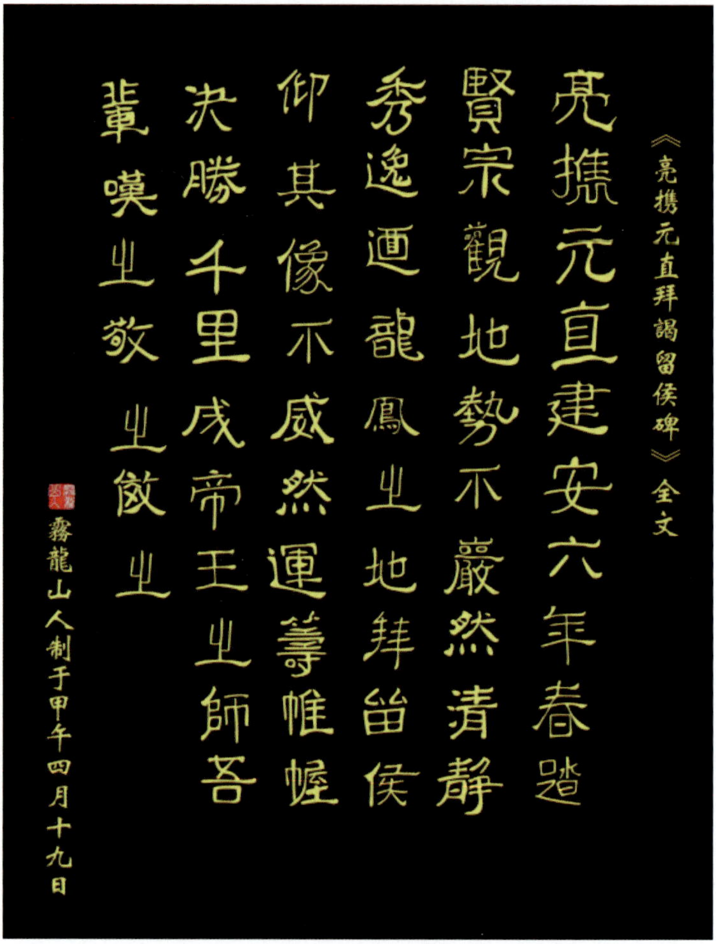

《亮携元直拜谒留侯碑》全文

亮攜元直建安六年春題
賢宗觀地勢不巖然清靜
秀逸迺龍鳳之地拜留侯
仰其像不威然運籌帷幄
決勝千里戍帝王之師吾
輩嘆之敬之斂之

霧龍山人制于甲午四月十九日

2006年张店村出土的诸葛亮拜谒留侯碑文

明初张良57世孙张宝修复的张良故居草大房

古建筑专家罗哲文为张店村题

大中华区张氏企业家联盟张良兵法谋略商务论坛合影

作者在大中华区张氏企业家张良兵法智慧商务论坛上作大会发言

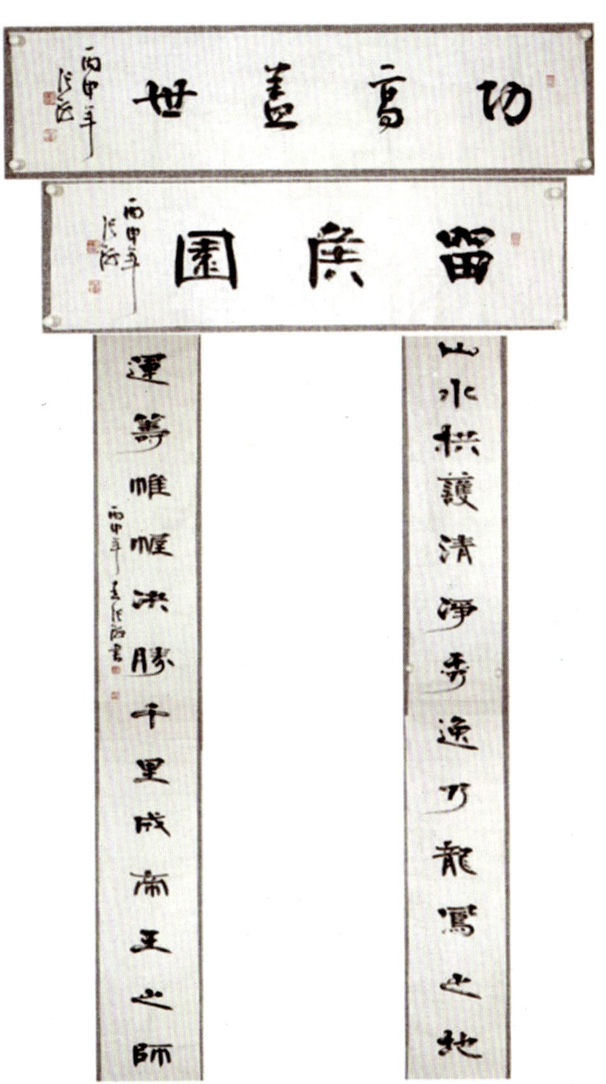

张海，世界张氏总会副主席、曾任国家书协主席

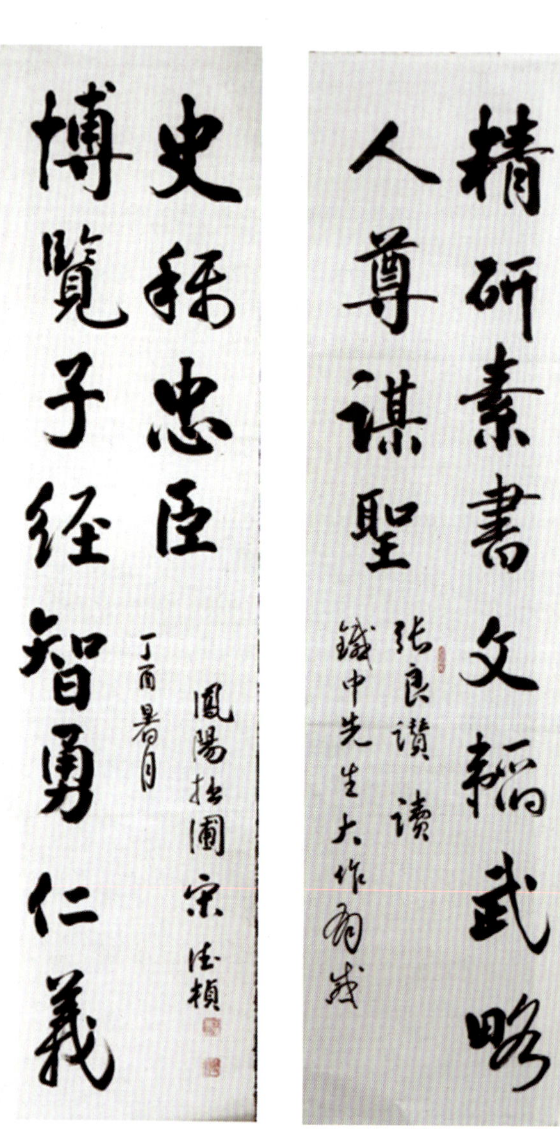

宋德桢，中国书协会员、中华诗词学会会员、中国煤矿文联理事

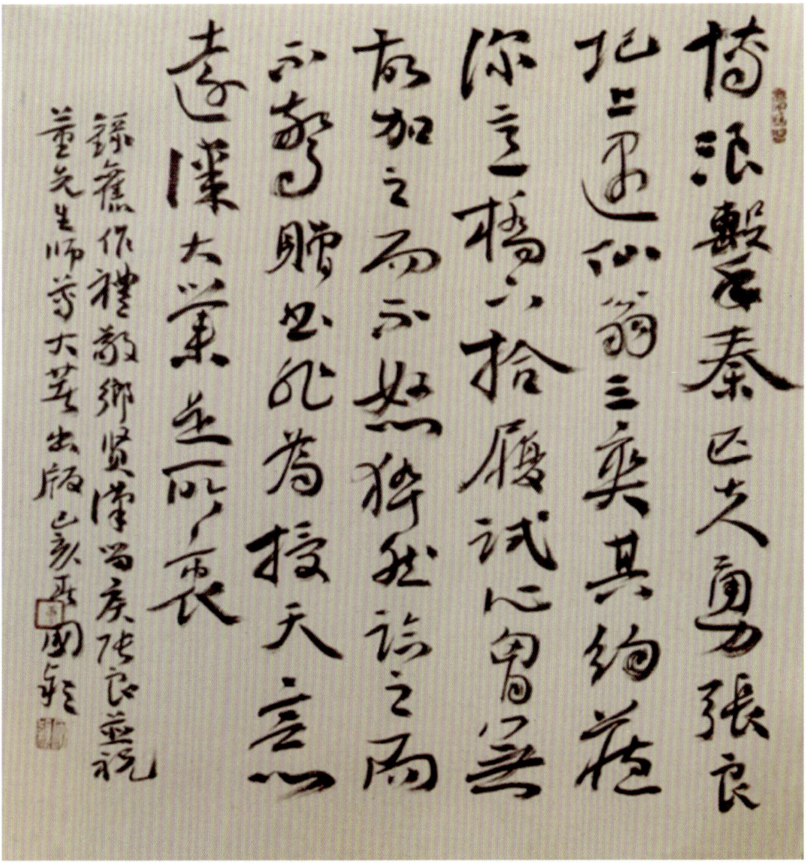

唐国颖，中国书协会员、三苏书画院院长

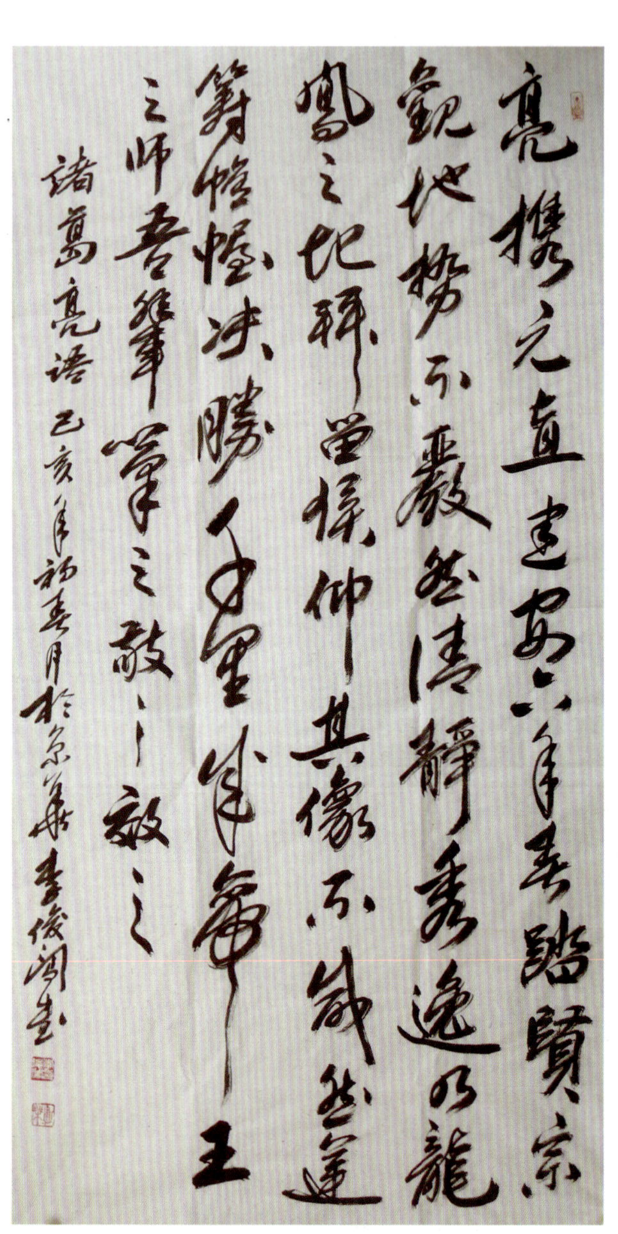

李俊闯，中国书协会员、国家机关美协会员、中国民族画院副院长

序（一）

张良是汉初三杰之首，是历史上的名臣。在风云际会、时局动荡的秦汉之际，他以大无畏的勇气、超人的胆略、长远的谋划，在报国灭秦、辅佐刘邦、安定天下的重大历史关口，发挥了重要的作用，其功业彪炳史册。汉朝建立后，他又急流勇退、远离权力、淡泊名利，这种谦退的精神，又令后人敬仰。

张良以其不朽的功业、高尚的人格为后人所敬仰、怀念。作为出生在张良故里郏县的董铁中先生，对张良及张良文化满含深情，多年来一直奔走在张良精神和张良文化宣传、弘扬的道路上。他以一己之力，编著了《张良传略》一书（中州古籍出版社 2015 年版），大受好评。如今，董铁中先生在原有研究基础上，又编著了《谋圣张良》一书，对张良的历史贡献与谋略，高屋建瓴地作了理论上的总结与升华，使张良的历史形象进一步丰满。

《谋圣张良》一书分为五个部分，即张良事迹、张良历史地位、张良对后世的影响、张良故里在郏县、张良故里的保护与开发。这五个部分，按内容可分为两大类：一是张良历史功绩及其影响，二是张良故里郏县如何传承、保护张良文化。对于前一类内容，即张良历史功绩及其影响部分，作者用力甚深，拜读之后，感觉至少有三个特点。

一、史料基础扎实。我们知道，叙述历史名人，首先要以历史记载为依据，客观、公正地研究。董铁中先生为了编撰张良传，查阅了《史记·留侯世家》《汉书·张良传》等史料文献，对张良功绩的介绍严格按照史书的记载，做到了实事求是，所述张良事迹真实可信。

二、图文并茂。该书第一部分在介绍张良功绩时，在 38 个事迹的文字介绍部分都配有相关的图画，这使得我们对张良的事迹有了更直观的感受。如在《鸿沟议和》一节中，配有《楚河汉界》的图画。直观形象地表达了楚汉双方议和的主要成果，加深了我们对这一重大事件的认识。

三、高屋建瓴。该书在叙述张良事迹之后，还对张良一生功业进行了深入总结、高度概括，总结出了张良的十大突出贡献、三大谋略特点。这些深入的分析、精辟的见解、高屋建瓴的概括，使我们对张良的重要历史地位和充满智慧的谋略，有了进一步的了解。

总之，该书以史实为依据，对张良事迹的叙述真实可信，对张良谋略的总结精辟深刻，使我们对张良这样一位谋略超群、忠君爱国、功彪史册的“谋圣”认识更加全面、深入。该书是张良文化研究的又一部力作！

袁延胜　2018 年 9 月 12 日于郑州

（系郑州大学历史学院教授、博士生导师）

序（二）

张良是中国历史上的重要人物，为西汉王朝的建立立下了汗马功劳。张良是一位智慧人物，他多次为刘邦出妙计，在关键时刻为刘邦出谋划策，使西汉王朝的建立成为可能。张良又是一位智者，在功成名就之后，急流勇退，归隐山野，以至于修炼中的“辟谷”成为他的代名词。张良也是张氏文化中的一面大旗，在后世的张氏谱书中，都将其尊为始祖，张氏成为历史上最大的谱系。张良还是一位传奇人物，在民间尤其是张良曾生活过的地方，或有张良遗迹的地方，都有不少民人口耳相传的张良故事，实际上他已成为活在人民心中的永恒偶像和完美的典范。我们不能说张良式的人物是历史上绝无仅有的人物，但至少可以说，张良是中国历史最完美人格的，数量不多的关键少数人物之一。

张良虽然是西汉王朝建立过程中的热点人物，但他的人格魅力却是超越时空的。在民间流传的故事中，在文学读本中，有十分鲜活的张良形象。与其说张良已经离开我们两千多年，对于老百姓，对于张氏族裔而言，他却始终存留在当下，存留在人们的心中。

《谋圣张良》是董铁中先生继《张良传略》之后，又一部有关张良文化研究的成果。两者尽管都涉及张良，但成果形式不尽相同。《张良传略》是一部带有传记性的历史文化成果，而《谋圣张良》却是一部有关张良的成果汇集。一方面有文图并茂的张良业绩扫描，一个画面，一段文字，一个情节；另一方面还对张良谋略进行概括与归纳，对张良的历史地位进行评价。书中还汇集了省内学界张良文化的最新研究成果，这些成果包括张良的历史贡献与地位的研究，张良故里籍贯的考证，以及张良文化产业的发展，应该说这些成果基本代表了当代社会对张良文化的重要关切。

关于张良的定位，本书提出了“谋圣”问题。在张良前后，还有两个人物需要关注：一个是姜太公，太公是一个有大智慧的人，有关他的事迹在早期文献中略有所记，但在文学作品的推崇下，太公是一个有文韬武略的传奇人物。他是一个封神之神，他的兵书称之为《六韬》，而经出土文献所证实，被誉为博大精深、智谋高超、理论完备、影响巨大的兵战学说。如果说，在谋略辅政方面，张良可与太公相提并论，那么，在理论著述、体系构建上，两者还不在一个层面。张良之前的太公，显然是张良文化的源头。张良之后有诸葛亮，作为蜀汉的丞相，诸葛亮充满了智慧人生与人格魅力，由于经典名著的传播力，使其近乎成为一个完美的人物，尽管他的人生结局并不能与张良相比，但在民间的影响力应该更大。姜太公、张良、诸葛亮，显然有一个共性，就是智慧与谋略，他们都是有大思路、大格局、大智慧的伟人。在他们生活的那个时代，他们的眼界都高于常人，甚至高于地位比他们高、成就大业的帝王，不过不但当时没有人小瞧他们，历史更是高看他们。他们是当时权力核心中的最耀眼的明星。省内学界将太公确定为“谋圣”，那么张良是什么？当然他肯定是谋圣群体中的耀眼一员。

关于张良里籍问题。张良的里籍有多种说法，如安徽亳州说、山西屯留说、河南禹州说、河南襄城说、河南宝丰说、河南郏县说等，从“其先韩人”的角度而言，河南诸说最有道理；从城父的角度言，郏县说最有道理。郏县的张店有很多的遗迹、传说、族裔，也最有优势。

董铁中先生为郏县人，生于斯，长于斯，长期浸润于斯，长期献身于斯。退休后，退而不休，以张良文化传承为己任，他的精神感染了我。我们期待董先生有更多的张良研究成果面世。

值此《谋圣张良》面世之际，应董先生之邀，写下这段文字，是为序。

张新斌　2018 年 9 月 25 日于郑州

（中国先秦史学会副会长、河南省社科院历史与考古研究所所长）

序（三）

欣悉平顶山市张良文化研究会董铁中先生编著的《谋圣张良》即将付梓问世，作为良公后人深知这是张良文化研究的重要成果，也是传承弘扬张良文化的一件盛事，在此深表敬意和祝贺。

张良是中国历史上一位富有远见卓识的谋略家和政治家。秦灭韩后，他悉散家产，弟死不葬为韩报仇。博浪沙刺杀秦始皇虽未成功，但全国震动。辅佐刘邦后，悉心为之谋划，为赢得“亡暴秦，灭西楚”的胜利做出了重大贡献。大汉立国之后，张良又帮助刘邦制定了清静无为的治国方略，从而巩固了新生政权。

纵观张良一生，早年虽为贵重，却不仕王室。博浪沙刺秦，为韩效死，实为勇士；中年运筹帷幄，决胜千里，谋无不胜，所谓谋士；晚年淡泊名利，功成身退，归隐辟谷，又是隐士。张良一生历经韩、秦、汉三个朝代的更迭，随着激烈的社会变迁，张良的人生也是大起大落。正是在这跌宕起伏的人生旅程中，张良忠君爱国、智勇诚信、大度隐忍、淡泊名利的绝伦才智和高尚情怀得到了淋漓尽致的表现，受到了后人很高的赞誉与评价。

汉高祖刘邦评价张良说：“夫运筹帷幄之中，决胜千里之外，吾不如子房。”公元前 201 年刘邦大封功臣时说：子房数次献策救我于危难之中，立国之功难以理计，王者之师，功高盖世。让张良“自择齐三万户”为侯，而张良坚辞不受，只要求把初次与刘邦相见的留县封给他，以作纪念。公元前 198 年，刘邦还为张良颁发了嘉奖敕令。称赞张良“才高德瞻，中心辅王”，特赠送“金衣”一袭，酬报其恩德。

诸葛亮出于对张良的钦敬之情，曾携徐元直到张良故里张店祭拜张良，留铭载："亮携元直，建安六年春，踏贤宗。观地势不巉，然清静秀逸，乃龙凤之地。拜留侯，仰其像不威，然运筹帷幄，决胜千里，成帝王之师。吾辈叹之、敬之、效之。"

苏东坡于嘉祐五年（1060）到张店留侯祠拜谒后，创作了著名的《留侯论》，在《留侯论》中苏东坡把楚汉战争的胜败归结为能忍与不能忍。指出："项籍之所以败，唯项籍不能忍，轻用其锋；高祖之所以胜，高祖忍之，养其全锋而待其弊。此子房教之也。"

毛泽东对张良更是尊崇有加，据《毛泽东论中国历史人物》一书记载："历史上真正算得上能运筹帷幄，决胜千里的，当属汉朝的张良和三国的诸葛亮。"当身边工作人员问他：张良的贡献真像书上写的那样大？毛泽东回答："张良的实际贡献比书上写的还要大，可以毫不夸张地说，历史上如果没有张良这个人，就不会有汉高祖刘邦。"毛泽东读二十四史对张良的批文中说："张良虽贵族出身，但经历了家破人亡、流离失所的遭遇，始终是站在平民百姓一边的。他辅佐刘邦率领的一支农民起义军，能代表老百姓的利益，是正义之师。后人的大量诗词褒扬他，就在于他为百姓谋利益，使其安居乐业。"

张良文化是中华优秀历史文化的重要组成部分，博大精深，源远流长，对后世影响深远。

首先，张良"椎秦"的报国精神，激励着中华儿女不惜血洒疆场，保家卫国。仅以抗日战争为例，当年在陕西留坝县张良庙，就有无数仁人志士，前来祭拜张良，表达不惜以血肉之躯抗击日寇的决心。周恩来赴重庆途中几次到留坝县张良庙祭拜张良，并给随行工作人员讲述张良博浪椎秦的报国事迹。陶铸赴延安途中绕道张良庙，祭拜后留诗一首：停车闲步瞻遗容，敢效亡秦舒所衷。遥望延城光万丈，轮声欲起夕阳红。陈立夫在张良庙祭拜后，作无题诗一首：国仇在所复，功成何必居。明者千古鲜，心传有素节。王耀武祭拜后题词：还我河山。段象武祭拜后题词：借君之椎，以椎暴日。高树勋祭拜后题词：扫除倭寇，再来作伴。国难当头，无数仁人志士都以张良为榜样誓死报国，足见张良报国精神影响至深。

其次，张良谋略文化对历代兵家都极具影响力。张良作为运筹帷幄、决胜千里的谋圣，张良文化很大程度上就是谋略文化。他在"亡暴秦、灭西楚”战争中提出的一系列谋略原则，至今仍有很强的现实意义。如在还军霸上、鸿门宴、火烧栈道中表现出的弱兵藏其锋芒，伺机而战的原则；在下邑之谋、真假齐王、固陵危急中表现出的争取中间力量，建立广泛统一战线原则；在疑兵峣关、四面楚歌中表现出的攻心为上，兵战次之的原则等，在现代战争指挥中仍有很强的指导意义。

其三，张良的“隐忍”对后世影响深远。《旧唐书》记载：郓州寿张县（今濮阳市台前县）张庄村的张公艺，是一个九世同堂、有900多人的大家庭。唐高宗赴泰山封禅，途中慕名顺访时，向张公艺询问其中诀窍，张公艺提笔连书100个忍字，高宗连连称赞。自此，张公艺家族堂号改为“百忍堂”，传之后世。

其四，张良文化在海外也颇具影响。据四川作家张毅介绍，20世纪末他的长篇小说《一代谋臣张良》发表后，在西安陕西师范大学留学的日本京都姑娘，读了《一代谋臣张良》后，专程到四川成都拜访他，她告诉张毅老师，在日本很多人都知道张良的名字。张良文化在日本的影响主要表现在对他谋略和人品的赞赏。据《张良谋略与智慧》载：1995年5月6日，日本国清陵高等学校建校100周年校庆在博浪沙举行。因为在该校校歌中三次唱到了“博浪沙张良击秦”的精神，所以，69名师生前来瞻拜张良及博浪沙，并有日本国渡部清用日文写下了校歌序曲，大意是“啊！举起博浪之椎，砸碎腐朽势力的梦想。”由此可见张良文化在国外亦有很广泛的影响。

张良故里在河南，这是我省极其宝贵的历史文化资源。搞好张良故里开发建设意义深远。

首先是世界张氏宗亲总会要到张店寻根拜祖。世张总会已两次提出要到郏县张店寻根拜祖。世张总会是世界性群团组织，有理事300名，其中海外理事有130多人，这些人都是企业界、商界、政界的知名人士，其中不乏世界500强企业的老板。能让这些人到河南走走看看，祭拜先祖，也是向海外宣传推介河南，招商引资的好机会。

其次，张良在天下张姓中具有特殊地位，张良后裔族群庞大，人才辈出。古人云：礼莫大于尊祖敬宗，典莫大于修续家谱。张氏族人历来就有“敦宗睦族”“凝聚血亲”的良好传统。张良作为继辉公之后最伟大的开基祖，倍受族人尊崇，开发建设张店既是族人呼声，也是造福一方百姓应有之举。省张姓文化研究会将尽力帮助支持张店宗亲搞好留侯园景区建设。

董铁中先生热心张良文化，数十年如一日，坚持搜集学习有关张良文化的史料，积极参与张良文化研究，现以自己的学习收获编著出版这本《谋圣张良》，成书之际，谨以此聊表对董先生多年辛勤笔耕的赞赏之意。相信，此书问世，必将进一步推动张良文化的传承与弘扬。

张楠　2019 年 3 月 16 日于郑州

（张楠，河南省周口人，乐氏同仁药业集团董事长、世张总会副会长、河南省张姓文化研究会会长）

目 录

张良生平业绩 …… 1
一、少年张良 …… 2
二、国仇家恨 …… 6
三、博浪刺秦 …… 8
四、患难结发 …… 14
五、夜祭亡友 …… 19
六、圯桥受书 …… 24
七、亡命知己 …… 28
八、初遇沛公 …… 31
九、游兵颍川 …… 37
十、宛城之战 …… 41
十一、智取峣关 …… 45
十二、秦朝灭亡 …… 48
十三、还军霸上 …… 51
十四、鸿门宴 …… 55
十五、火烧栈道 …… 67
十六、彭城脱险 …… 73
十七、汉王拜将 …… 80
十八、下邑之谋 …… 84
十九、六封八难 …… 91
二十、荥阳突围 …… 96

二十一、真假齐王 …… 99
二十二、烹父逼战 …… 106
二十三、主帅中箭 …… 109
二十四、鸿沟议和 …… 113
二十五、固陵危急 …… 119
二十六、四面楚歌 …… 122
二十七、寻师报恩 …… 128
二十八、定都关中 …… 134
二十九、封仇息怨 …… 138
三十、恩威除患 …… 143
三十一、位封留侯 …… 145
三十二、立嗣之争 …… 150
三十三、从上击代 …… 155
三十四、挚友重托 …… 160
三十五、功成身退 …… 169
三十六、归隐辟谷 …… 173
三十七、独祭汉王 …… 176
三十八、吕后之邀 …… 179

张良十大突出贡献 …… 184

张良谋略的类别及特点 …… 186

历史名人对张良的评价赞誉 …… 189

张良文化对后世的影响 …… 195
有关张良文化的成语典故 …… 199
戏唱张良 …… 207

张良故里在郏县 …… 213

张良故里的保护与开发 …… 219
弘扬张良精神　加速故里建设 …… 221
谋划“谋圣”张良文化产业开发之路 …… 225
读董铁中先生张良传略　谈郏县张良文化的开发 …… 233
增强张良文化自信　加大产业开发力度 …… 236
皇帝表彰的人 …… 239
留侯园景区部分效果图 …… 242

附：
史记·留侯世家 …… 244
留侯论 …… 258
张子家训 …… 261

后记 …… 266

张良生平业绩

张良，字子房，是我国秦汉时期杰出的谋略家、政治家。秦灭韩后，他悉散家产，弟死不葬为韩报仇。博浪沙刺杀秦始皇虽未成功，但全国震动。投奔刘邦后，悉心为之谋划，为赢得“亡暴秦，灭西楚”的胜利做出了重大贡献。大汉立国之后，张良又帮助刘邦制定了清静无为的治国方略，从而巩固了新生政权。张良与萧何、韩信并称“汉初三杰”，爵封留侯，史称谋圣。

张良一生历经韩、秦、汉三个朝代的更迭，随着激烈的社会变迁，张良的人生也是大起大落。从相府公子沦为亡国奴；从刺秦勇士到通缉犯；从义军首领到谋臣帝师；从留侯到隐士。张良的一生既有深沉的悲歌，亦有大功告成的喜悦。正是在这跌宕起伏的人生旅途中，张良忠君爱国、智勇诚信、大度隐忍、淡泊名利的绝伦才智和高尚情怀得到了淋漓尽致的展现。张良才学光灿，德冠千秋，为后世树立了一个千古完人的光辉形象。

一、少年张良

张良，字子房，战国末期韩国城父（今河南郏县）人，生于公元前257年4月，卒于公元前186年6月，是我国历史上杰出的谋略家、政治家，与萧何、韩信并称汉初三杰，位封留侯，史称谋圣，天下张姓尊奉为继得姓始祖张辉之后最伟大的开基祖。

张良出身于韩国贵族世家。其祖父张开地曾任韩昭侯、宣惠王、襄哀王三朝宰相。父亲张平继任韩釐王与悼惠王两朝宰相。故有五世相韩之称。

五世相韩

张良故里在韩国城父邑小丰堡张大店（今河南省郏县李口镇张店）村。该村位于平顶山市北五龙山（又称马鞍山）下。东与儒家文化圣地紫云书院相连；西与佛家文化圣地观音祖庭香山寺一手相牵；南依五龙山；北照汝河水，山水拱护。这里山清而不险，水秀而不恶，四季分明，气候宜人，人杰地灵。建安六年春（201），诸葛亮携徐元直来张店村留侯祠拜谒时，称这里是“清静秀逸，乃龙凤之地”。

张良自幼聪慧好学。先生讲课，有时他在下边玩蝴蝶，先生责问功课，他不仅听清楚了并且还能叙述下来。他和小伙伴一起读书，别人会读，他就能背诵。他不保存书，读完就把书烧了，别人问他为何把书烧了，他说：“读书心领神会就行，留下翻书代替记忆，脑子发懒，这样以后遇事脑子就不灵了。”先生见状，称他是神童，是了不起的奇才。

父亲见儿子天真可爱，聪敏过人，便对张良寄予厚望，希望儿子长大成人后也能继承家族荣耀，忠心辅佐韩王强国富民。父亲把对儿子的爱，更多地倾注在严厉的管教之中。父亲病危之时，张良年幼，尚不懂事，父亲便勉强支撑着身子，伏案为儿子写了一段圣贤之言：“天将降大任于斯人也，必先苦其心志、劳其筋骨、饿其体肤、空乏其身，行拂乱其所为，所以动心忍性，曾益其所不能。”

父亲去世后，母亲就将父亲为张良亲笔书写的这段圣人之言，挂在张良的书桌前。张良每每看到那一卷竹简，看到父亲铁铸般的篆书时，就心血涌动，事事不敢怠慢。

母亲看张良是既喜又忧。儿子聪明好学，她由衷感到高兴，但是，她也常抚摸着儿子的头长吁短叹。

一天，张良见母亲又在叹息，便问：“母亲为何事所愁？”

母亲用手指捣了一下张良的头说道：“你再不好好吃饭，看你长得还没弟弟高，身单力薄，像个女孩，如此孱弱，身为长子，今后如何支撑门庭？”

张良看母亲满脸愁容，反倒顽皮地责问母亲道：“那你咋不把我生成女孩儿哩！”说完赶快跑开了。

少年时的张良喜欢与小伙伴到村南的五龙山上玩。站在五龙山顶向南看，不到两公里就是个像被一刀削去山顶的平顶山——河南省平顶山市就由此得名。山的西边对峙的是桦角山，两山之间有一条河叫芝河，河水向北流出山口，转而向东，在张店村西留下一个十多亩大的水潭后，再向西北方向流去，约 18 公里汇入北汝河再向东流。由于郏县地处豫西山地向黄淮平原的过渡地带，西高东低的地形使众多河流都是哗哗东流不回头，而芝河却与众不同，故当地人也称芝河叫倒流河，还美其名曰：圣人面前水倒流。

村西芝河岸上有个东西长 800 米，南北宽 300 米的大沙丘。据张氏守墓人传说和墓碑记载，这是自张孟谈到张店创业以后，张良先祖的墓地。名门望族为防止盗墓，每有先祖安葬，便从南沙河、北汝河、芝河运来大量河沙覆盖坟墓，人称流沙墓。久而久之，积少成多，这就是今天我们能看到的沙印山。

张良与小伙伴在山上都玩啥我们不得而知，但至今五龙山顶上多处雕刻的鱼、鸟、太阳、月亮、武士拉弓射箭的山岩画，尤其在山岩的凹处，刻有"张良品箫处"五个大字，仍依稀可见，传说是他们所为。一次张良与伙伴下山时，他猛然看到一条大蛇盘在路边，张良走也不是，退也不是，生怕惊动了大蛇。这时正好一位农夫上山，张良赶紧说："大蛇！大蛇！"当农夫赶到时，蛇大概是听到了声音，眨眼消失在草丛里了。农夫看几个孩子害怕的样子，便告诉他们："以后再上山时，就带根竹竿，竹竿是蛇的舅舅，蛇见了舅舅就不敢动了。"山的西边有个竹园，张良就跑去砍了两根竹子，截成几节，除自己留一根外，其他送给了几个小伙伴，叫大家再上山时都带上。这样时间长了，张良偶然发现竹竿凿上几个孔还能吹出声来，也许这就是张良酷爱品箫的由来。

随着年龄的增长，张良对知识的渴求愈发强烈，为了使他能得到更好的教育，根据老师的推荐，张良十三岁那年，母亲就把他送到文化名城陈都淮阳洗礼求学。在淮阳读书期间，张良起早贪黑，专心致志，不仅学问陡增，而且也结识了不少朋友，觅到了不少知音，就连教他的先生也成了他的良师益友。时光荏苒，转眼三年过去了。这天，先生把张良叫到跟前说："在我教过的学生中，还没有像你这样聪明刻苦，这样有抱负的。我所懂的，差不多都已讲完了，人生苦短，你不必在这里空耗时光了，还是另就高师吧。东夷沧海我有位朋友，人称沧海君，他学识渊博、为人豪爽，身边结识了不少仁人志士，对你可能会有帮助。"

张良无奈，便挥泪告别先生，正准备去东夷寻求报国之道时，突然接到家里来信，说，母亲病危，请速回。张良知道父亲过世早，偌大一个家庭全靠母亲支撑，如果母亲有个好歹，这天就塌了。他星夜兼程，火急火燎往家赶，然而，当张良赶到家时，还是没能和母亲说上一句话，他伏在母亲灵柩前，痛不欲生。

安葬母亲后，他坟前结庐，为母亲守孝，其间他几次问弟弟，母亲临终有何交代，弟弟告诉张良："母亲患病后，尽管多次问及你，但就是不同意叫你回来。"还说："她的病没事儿，别再耽误你的学业了。所以，直到母亲病危，才差人去叫你。"听着母亲临终之言，张良完全明白母亲的良苦用心，于是，三载守孝期满，张良便匆匆去了东夷。

少年张良学习图

二、国仇家恨

公元前230年，秦国灭掉韩国。韩国国君韩王安被俘。秦军烧杀掠抢，韩国国都新郑火光冲天，尸横街市。正是这场大火在青年时期的张良心头，点燃了复仇的烈焰。

张良 27 岁那年，秦国大举入侵韩国，韩国大片国土被秦国占去。当秦军虎狼之师围攻韩国都城新郑时，羸弱的韩国连招架之功也没有了，城门攻破之后，秦军杀入城内，韩王安被生擒，押往咸阳。为防止韩国贵族谋反，秦军除收缴全部民间兵器，集中销毁外，还限韩国昔日的公族权臣，一个月内必须迁往咸阳居住，不从者诛灭九族。

秦军来到张良家，只有张良的弟弟在家。二公子平日性格温顺，生性怯懦，兄长又不在家，秦军命令他一个月内必须迁徙咸阳，抗命者杀。眼看一天天时限就要到了，呼天不灵，叫地不应，可怜二公子束手无策，悬梁自尽了。二公子死后，秦军不许下葬，向管家逼问大公子张良的下落，要他交出人来。今天秦军已经来催逼三次了，明天一早，韩国公卿及眷属就要押解咸阳了，不走者杀。

张良安葬母亲后，辗转来到东夷，颇费周折才拜见了东夷郡长沧海君，沧海君见张良聪慧过人、志向远大，对他非常赏识，不仅以古人安国治邦经论开导他，还给他介绍了众多仁人志士，与这些人接触多了，张良耳闻目睹，学到了许多治国安民之道。眼见韩国日益衰败，而强秦却虎视眈眈，步步紧逼。正当张良忧国忧民，打算一展身手时，秦军攻破韩国国都新郑的消息传来，张良大吃一惊，他没想到韩国竟如此羸弱，如此不堪一击。张良再也坐不住了，他匆匆离开东夷，回到韩国，想回家安置一下，带些盘费，再谋破秦之策。

张良心急火燎地回来了。当他叫开自家大门时，眼前一幕却使他惊呆了！

管家看到张良回来，第一句话就是："大公子，可把你等回来了！你看这……快拿主意吧！"

张良看着眼前发生的一切，抚摸着二弟的遗体，真是撕心裂肺，欲哭无泪。片刻，他怒目圆睁，用近乎沙哑的声音，对管家说："快把家僮全部叫来。"管家告诉他："原有的三百家僮，这几日逃的逃，告假的告假，现在只剩下老弱的和无家可归的了。"

张良吩咐道："那就快把剩下的人都叫来，并把家中现有银两和珠宝全部拿来，分给大家，趁天亮前赶快离开相府。"

家僮们见大公子如此安抚他们，都跪地叩谢，有的泣不成声，执意要和大公子一起共渡难关。

张良催促大家："赶快离开，不然真就走不了了。"

家僮们刚刚散尽，就听见大门外响起了沉重的撞门声。顷刻间，大门被撞开，秦军举着火把，呐喊着冲了进来。情急之下，张良对着弟弟遗体悲愤地说："二弟，为兄不能安葬你了，国破家亡，为兄只能为你火葬了！"

张良说完，迅速举起烛台，点燃厅堂的幔帐，然后转身向后院跑去，很快便消失在黎明前的黑暗中。

国仇家恨记心头

三、博浪刺秦

刘邦当年在咸阳街头见到秦始皇时掩饰不住内心的羡慕，他感慨地说："嗟乎！大丈夫当如此也！"项羽在会稽见到秦始皇时，雄心勃勃地说了一句："彼可取而代之！"只有张良在博浪沙等到这位陛下时，是惊天动地的一掷！

国仇家恨是张良当初报国复韩最直接的政治目的。为达此目的，张良广交朋友，暗中寻求刺客。张良与东夷郡长沧海君相处的一段时间内，张良仗义疏财，立志报国的情怀，给沧海君留下了很深的印象。后通过沧海君介绍，张良认识了一个长得英武伟岸的阿泰。大力士阿泰，韩国新郑人，十岁那年，秦兵入侵韩国时，杀死了他的父亲。十多年来他与母亲相依为命，阿泰虽然长得五大三粗，干活儿从不惜力，但兵荒马乱，孤儿寡母的日子过得十分艰辛。尤其前年母亲病重，为了给老娘治病，阿泰囊中羞涩，只得四处向亲朋好友借钱。张良深为阿泰的孝心所感动，于是，很热情地帮助阿泰四处寻医求药，为其母治病，阿泰自然是感激万分。经过一段接触，张良发现阿泰不仅忠厚仗义，而且对暴秦也怀有刻骨仇恨，于是就和他密谋，寻机刺杀秦帝。由于当时秦法规定民间不许制造、收藏兵器，同时张良也考虑到秦帝平时戒备森严，一般人很难接近，于是就暗制铁椎，等秦始皇外出巡游时寻机椎杀秦帝。

公元前 218 年春月，中原大地初暖乍寒。一条以京城咸阳为起点，自西向东的驰道上，清静得不见一个行人。突然，有一队骑马的士卒疾驰东去，急促的马蹄扬起团团滚动的尘埃，未等尘埃落定，另一支马队又从西边驰来，自从秦王嬴政剪灭六国之后，已经有几年未见如此紧张的气氛了，发生了什么事情?

三天前，亭长通知所管辖区的百姓：秦始皇将二次东巡，圣驾所到之处，万民可以仰观，但不得惊驾和挡驾。刚过上太平日子的百姓，当然不希望脑袋落地，早已躲得远远的。连猛将如云的六国君臣，尚且难撄其锋，小民百姓们谁敢在当今天子头上动土？善良的百姓渴望的只是温饱和安宁。

马队过后不久，一支气势恢宏的天子东巡队伍，浩浩荡荡地出现在阳武（今河南原阳）县内的原野上。这只气氛肃杀的队伍，黑压压一片。前边是乌黑发亮的骏马开道，接着是玄色的猎猎旌旗遮天蔽日，之后华贵的銮舆，副车，如一座流动的宫室。一个个威猛高大，刚健威武的禁军，身着战袍，手执兵器，依然保持着矩形方阵前进。

第一队由弩兵开道，数百名弩兵张弓搭箭，箭头向下保持着临射姿态，如遇敌情，即刻万箭齐发，致敌于死命。

第二队由数十乘骑兵组成方阵，车左和车右的马上甲士手持长柄兵器分两边凭轼而行，最宜驰聚攻击。

第三队由数十辆战车和数百名步兵组成的车徒混编方阵，先以车足以挡敌，后徒卒足以应变。

倘若此刻，即使神兵天降，这支威猛禁军也会大阵套小阵，大营包小营，定将来敌打得晕头转向，落花流水。在这支铁血男人组成的禁军护卫下，此刻，秦始皇正倚在一位伴驾美姬的怀里，不知道已经酣睡了多久。秦始皇肥胖的身躯，压得女孩一支胳臂已完全麻木，但她不敢动一下，她知道这次始皇帝二次东巡，只选了她一个伴驾，因此，她特别小心地侍候着。一会儿，她看见秦始皇睁开了眼睛，目不转睛地凝视着窗外，就更加小心了。她不敢正视他那双眼睛，只要那双眼睛向她射来，她就有一种畏惧感。这是一双令千百万人丧魂落魄的眼睛。从列国诸侯到庶民百姓，没有不畏惧这双眼睛的。

秦国通过商鞅变法，国力大增，秦始皇最终横扫六国，问鼎中原，他成了攀登到极顶峰巅的人。人生如白驹过隙，秦始皇深知自己自 13 岁继位以来，三十年岁月已匆匆过去，生命之树已开始凋萎。所以，他一方面命徐福等人赴仙岛去寻找长生不老药，另一方面命丞相李斯为他营造陵墓。尽管李斯向他禀报，这辉煌的地下宫殿，可与阿房宫媲美。但他一想到有一天要躺到那永恒的黑暗中去，还是万念俱灰。

他一点没有感觉到自己是躺在一个 16 岁少女的怀抱里，他已明显感觉到了，那生命之泉正在一天天枯竭，他要生命的永恒，更要永恒的春天。

得知秦始皇要二次东巡的消息后，张良和阿泰一连几天都茶食无味，夜不成寐。他们反复研究秦帝东巡的路线、察看设伏的最佳地点以及椎杀后如何才能逃脱。最终他们在阳武县城东南，一个驰道的转弯处停了下来，这里沙丘连绵，酷似波浪，人称博浪沙。沙丘边上林木茂密。新修的驰道正从两丘之间穿过，丘谷弯道使对方视野不开阔，行进速度变慢；驰道边的岗丘和密林，既居高临下又便于藏身。张良对在此处设伏十分中意。

三月的中原大地本该是草青花开，田间小麦孕穗，农民春耕人忙的时候，但由于战争的创伤，如今映入眼帘的却是连片荒芜的农田。这天夜里，月黑风高，张良和阿泰费了不少劲，才把 120 多斤的铁椎运到了路边，在一个高梗上用树枝盖好，二人便到附近树丛里藏了起来，心急火燎地等着秦始皇的到来。

一天过去了，他们并没有等到秦帝的车队。

第二天还是没有。傍晚时分，阿泰急了，他要顺着大道西去看看秦始皇这个老贼，到底还来不来啦。张良心里其实比阿泰还急，但他制止阿泰说：“千万不能来回走动，这里是秦始皇东巡的必经之地，再等等，再等等。”天黑了，张良他们走出树丛，舒展一下身体，吃点东西，弄点水喝。春月的夜晚，小树林里，风吹得树枝在月光下带影晃动，远处偶尔传来几声狼叫，给这片原野平添了几分凄凉和恐惧。张良和阿泰不知是天冷，还是心急，夜都过半了两人还都没有睡意，直到黎明时分，他们俩实在太困倦了，才背靠背睡了一会儿。

第三天太阳都升起老高啦，还是没有一点动静。阿泰可能个子大，在树丛里憋得太难受了，他又一次要求顺路去看个究竟。就在张良也开始怀疑亭长的话是不是真实时，张良隐约听到了马蹄声。他们急忙拨开小树枝，向西边驰道上望去，只见有几匹快马正由西向东驰来。

“来了！来了！”张良和阿泰不约而同地小声喊了起来。他们由兴奋到紧张，再由紧张到兴奋，因为这一刻他们等得太久了，也太苦了。

张良目不转睛地看着探路的快马过后，黑压压的车队越来越清晰地从两个小山丘之间的驰道上驶来，他的心都快提到嗓门了。他竭力告诫自己，冷静，一定要冷静！他看阿泰紧张得已是满脸通红，手都有点哆嗦，忙告诫阿泰："一定要沉着，冷静，看准了再掷。"阿泰只是点头，并无应话。到了，真的到了，始皇帝东巡的长长车队已到眼前，张良和阿泰在一一辨认哪个是副车，哪个是主车，唯恐出现差错。

"那个！就是那个！快掷！"张良低声命令阿泰。

阿泰闻声，一跃而起，双手抓住大铁椎的手柄，先是一个回式，继而顺势就把大铁椎抛向了巡游的车队。光天化日之下，天子陛下浩浩荡荡的巡游车队中，一个偌大的铁椎横空飞来，重重砸在了主车前边的副车上，发出了一声巨大的钝响。

秦始皇浑身不觉为之一震。那位半天来凝神屏气，一动不动的美姬，突然下意识地发出一声撕裂心肺的惊叫，使得这支男人的铁军，顷刻间像接到了命令，立刻散开。秦始皇猛地翻身坐了起来，警觉地注视车窗外，看发生了什么。

骤然间，喧声四起，一片惊慌失措。

不是说大话，如果是三年前两军阵前，这支队伍绝对是临危不惧，处变不惊。但如今天下一统，三年没有战事了。民间兵器已全部收缴，浇铸成了12个铜人，六国贵族已全部迁居咸阳，成了瓮中之鳖，大气也不敢喘一口。他们断定，再胆大包天的亡命之徒，也绝不敢以卵击石，所以做梦也没有想到会出这事，更没有想到一枚偌大的铁椎，如流星般从天而降。

启禀陛下："有歹徒行刺！"

说话间，有两个军士使劲抬着一个百多斤的铁椎放到了车的横轼前面。

始皇帝倒吸了一口气，目光中闪过一丝惊悸，旋即又被深深掩盖起来。若无其事地说："朕以为发生了什么大事，不就是谁扔了一个铁椎吗，朕倒要看看什么人敢向朕扔这偌大的铁椎。把人给带上来！"这时卫士战战兢兢向他禀告："刺客还没有抓到。"

此时的秦始皇对巡游已兴趣寡然，他决定不走了，先住进阳武县行宫，他一定要看看，敢如此行刺当今天子的到底是什么人。午饭后他没有睡意，他在想刺客到底会是什么人，真的无影无踪了吗？

正在这时，只听见宫外杂乱的脚步声由远到近，顷刻间，禁军卫队长大声禀报到："启禀陛下，刺客抓到了！"卫队长说完便把阿泰推了进来。

阿泰把大铁椎掷向秦始皇车队后，转身就跑。但由于个子大，跑不快，没跑多远就大汗淋漓，气喘吁吁，被追上来的秦始皇禁军卫队抓住了。始皇帝打量挺立在他面前的这个五花大绑，浑身血肉模糊的大汉，不由得心里多了几分畏惧感。他近前一步，逼视刺客良久，心想：行刺皇上，十恶不赦，杀掉他，举手之劳，但如此伟岸、勇猛之士如能效忠于我，岂不也是难得之才？想到此，始皇帝突然大声训斥："天辞良将，正是朕日夜思念渴求的安邦定国之才，赶紧松绑，大盏赐酒！"松绑之后，一碗斟得满满的美酒，送到阿泰面前，阿泰也没推辞，接过酒碗一饮而尽，然后仍不卑不亢站立在那里，随时准备引颈就死。他知道自己犯的是十恶不赦之罪，不存任何幻想。

"只要力士能诚信辅佐于朕，为国效劳，朕不但不杀你，还保你升官发财，娶妻荫子。"

始皇帝的话，掷地有声，力士阿泰听得真真切切。阿泰万万没想到一个按律当斩的刺客，却受到皇上如此的宽容、礼遇和器重，一时真不知道当如何是好。然而，当他想到被杀的父亲，想到刚刚和他分手逃亡的知己好友，便告诫自己决不能贪图富贵，苟且偷生，让天下人耻笑。于是，大力士阿泰神态庄重地抱拳回禀到："谢皇上不杀之恩，但我决不能卖友求荣，两难之间，唯有一死，以全名节。"话音未落，他猛然转身，把旁边一位武士的剑夺了过来，众武士立刻刀剑出鞘，围了上来，把阿泰与始皇帝隔开。还没有等武士杀来，阿泰已猛然挥剑，自刎倒在血泊之中，令众人瞠目结舌，面面相觑。

等到把力士的尸体抬到宫外，秦始皇才回过神来。想起力士刚才说的不卖友求荣的话，这不说明这次行刺还有主谋吗？那么主谋是谁？现在何处呢？

这时，卫士禀报："有一位亭长求见。"

亭长行完跪拜大礼后，禀报说："小臣是本地亭长，在本亭地界，有刁民犯驾，小臣也罪该万死。小臣发现，除抓到的这位力士外，还有一个同伙，看背影状若女子，也许是女扮男装者，向北逃跑了。请陛下立即下令追捕。"

这一消息让秦始皇大为震惊。一个小女子也胆敢来行刺于朕？他不相信在这么一支庞大的御林军面前，一个小女子行刺后还能跑掉。陛下传诏：大索天下十日，抓捕女扮男装者。于是，一场全国性的大搜捕开始了。

博浪沙遗址

按语：张良满怀国仇家恨，博浪沙椎杀秦始皇虽未成功，但他打响了反秦第一枪，灭了虎狼之秦的威风，为之后的陈胜、吴广农民起义奠定了思想基础，也为之后居官者敲响了警钟。正如现代诗人闻山在《游博浪沙有感》一诗写道：

焚书为愚民，
坑儒堵嘴巴。
黑白全颠倒，
指鹿便为马。
阿房夺民女，
建陵苦天下。
古今为官者，
应记博浪沙。

四、患难结发

张良和阿泰椎击秦始皇车队后，落荒而逃。阿泰个子大，跑不快，没跑多远就被秦始皇禁军卫队抓住了，后自刎身亡。为缉拿同案犯，秦始皇下令大索天下十日，张良逃亡路上偶遇落难女子，不料竟成了患难夫妻！

张良先是逃进了一片树林，后又绕过一个山丘，到天快黑时，他是又渴又饿又累，确定后边已无追兵时，便想找点儿水喝。在一个僻静的水塘边，他看见一位信使正在洗脚戏水。信使骑的马在不远处啃草，马背上搭着信使的大衣。张良迟疑一下，便走近信使，与其攀谈几句话后，乘其不备，翻身上马，回头向信使喊道："地上银两收下，马匹借我一用！"说完催马又一溜烟逃走了。

秦始皇为缉拿行刺者，大索天下，全国36郡处处设卡。一天，一亭长在设卡盘查路人时，果真抓到一个女扮男装的，便不由分说，把她五花大绑起来。正当亭长准备押解嫌犯去请功领赏时，大路上一位信使快马驰来。亭长忙到路中拦截信使。张良远看有人拦路，不由心头一惊，近看并非秦军士兵，才勒马停下。听亭长言明缘由，才知道姑娘原来是代他受过，于是，便故作惊讶地对亭长说："你抓住刺客，大功一件，请快把要犯交我报皇上处置！"说话间，一把将姑娘揪到马背上，催马就走。马都跑出老远了，还听见亭长在后边喊："一定要告诉皇上，刺客是我抓到的！"

张良带着被捆绑的姑娘，快马离开，姑娘在马上哭个不停。当然，张良心里比谁都清楚，这个姑娘到底是不是博浪沙的刺客。他跑了一段路后，在一个人烟稀少的地方停了下来。张良故意装作十分震惊的样子严厉审问姑娘："叫什么名字？为何要化装刺杀皇上？知不知道刺杀皇上要满门抄斩？"经张良这么一审问，姑娘哭得更悲痛了。

淑云姑娘原本是当年韩国王司徒的千金。秦韩交战初期，王司徒主战。由于秦韩两国兵力悬殊太大，后来战事吃紧，他亲兵前线，结果一去就再无音讯。秦灭韩后，为逃避暴秦，母女才躲进深山。只因母亲病重，今天淑云本是要去舅家寻医，怕路遇歹徒，才女扮男装出行，不料却被设卡的亭长查出，不由她解释，亭长等人硬说她就是博浪沙刺杀秦皇的凶犯，把她捆绑了起来。

听完姑娘的诉说，张良才知姑娘也有一本国仇家恨的血泪史。他们同病相怜，张良本想放掉她，但见前不着村，后不着店，况且，她又是一身男士打扮，说不定在这儿放了，下一个卡点又被亭长抓住领赏去了。想到这儿，放与不放，张良有些为难了。姑娘见信使不再审问她，以为信使还是不相信她说的话，于是，略带恳求地说："信使大哥，我说的全是真的，不信我舅家就在前边那个村，去见过我舅父，自然你就明白了。"张良正想给姑娘找个去处，经她这么一说，心里豁然开朗，但仍装腔作势地对姑娘说："见你舅父可以，如果你敢欺骗与我，我定将你交皇上处置。"

在姑娘的指引下，没费多大工夫，张良他们就到了姑娘舅家。

姑娘舅父名叫时利，是个商人。近年来，他依仗妹夫家的权势，做了些买卖，置买了几方土地，在方圆几村也算是个大户。这天，时利本来是要去县城讨要一笔外债，不料路上遇上了几处卡点，听说是要抓捕一个女扮男装，刺杀皇上的刺客。时利心想，什么人吃了豹子胆？皇上是那么好刺杀的吗？连六国那么多文臣武将，都奈何不得，你一个小女子，真是找死！时利是个精明人，卡点的出现，使他取消了要账的打算，他怕这么多卡点，往返都得接受检查，费时不说，即使他讨要来银子，恐怕也难带回家。于是，走到半路他就拨马而回。没想到刚到家，就有人敲门，他开门一看，把信使当成了军士，后边马上还驮着一个捆绑着的人，他吓呆了。

张良问道："你就是时利吧！你看看马背上这个女扮男装的人是你什么人？"

时利一听马背上捆着的人是女扮男装，便立刻联想到了今天遇到的处处抓刺客的场面，于是，他急忙摆手，连声说："不认识，不认识。"淑云在马背上一听舅父没有认她，慌了，连忙大声喊道："舅舅，我是淑云，我是淑云呀！”淑云的话时利听得清清楚楚，明明白白。

时利知道姐家的人对秦国的统治很不满意，但他万万没有想到淑云会女扮男装刺杀皇帝。刺杀当今皇上，那是要诛灭九族的！

张良看淑云舅有些犹豫，又严厉说道：“你可要看清了，若不如实相认，那可是罪加一等。”

淑云在马背上不停地哭着喊舅舅，还说今天女扮男装就是来找舅舅给母亲请郎中的。听淑云哭着，说着，时利心想：别说了，你知不知道现在全国都在抓你？知不知道你犯的是啥罪？不是为舅心狠，我若认下你，我的性命难保，我辛辛苦苦挣来的万贯家产，都将付之东流。想到这儿，时利用肯定的语气对张良说：“不认识，真的不认识！你们找错人了。”不管淑云怎样喊舅舅，时利已慌忙关上了大门。

张良见围观的村民越来越多，担心节外生枝，便带着淑云快马离开了村子。路上，张良尽管鄙视淑云舅为富不仁，见死不救的做法，但对舅舅不认淑云还是蛮理解的，因为那毕竟是生死攸关的相认。倒是淑云万万没有料到舅舅会是这样的态度。她恼恨舅舅也太自私了，发誓此生再不会登他家门槛半步。

淑云还没等张良责备她，便主动对张良说：“我舅舅不认我，是他为富不仁，这并不能说明我就是刺客，如不是母亲病重在家，无人侍奉，我就随你去见皇上，反正我又不是刺客，随他处置。”

淑云的话勾起了张良更多的怜悯和同情。他想立马放掉淑云，但又感此时多有不妥，于是，他又十分严厉地对淑云说：“你说你舅可以证明你不是刺客，结果人家就不认识你，如果再见到你母亲，人家也不认你，那你还有啥话可说？”听了张良的话，淑云知道现在唯一能证明自己不是刺客的只有病中的母亲了。于是，她再次求张良说：“你去见我母亲吧！如果她也不认我了，我情愿和你去见皇上，我就承认我就是刺杀他的人，让你封官领赏！”

大半天的短暂接触，张良已感觉到淑云是个孝顺、刚烈的女子。他让淑云指路，催马去见她母亲。马跑过一段大道后，转弯向山里走去，一段崎岖的山路之后，马在一个很不显眼的山洞前停了下来。淑云请求张良先给她松绑，再去见母亲，不然会吓坏老人的。

张良为淑云解开了身上的绳索，淑云下得马来，很快脱去了男装外套，恢复了女装。她顺手捋了下额前的头发，便向窑洞跑去，人还没进屋，就喊起了娘。

病中的淑云娘昏昏沉沉睡了一天，忽然听到了女儿的呼喊声，睁开了双眼。淑云早上走时怕回来晚了，她把茶杯倒满开水，盖上盖儿，放到了娘的床头，现在一看，杯里的水还是满的，忙说："娘你一定饿了，想吃点儿啥？我给你做去！"娘拉住淑云的手，仿佛记得女儿今天是去舅家给她请郎中了，忙问道："去见着你舅了吗？给你吃的是啥饭？"

一天的遭遇，淑云本来就心里憋得慌，经娘这样一问，她禁不住哇的一声哭了起来。淑云娘不知为何，女儿会这样伤心，连问："这是咋啦？"淑云很快控制住自己的情绪，擦了擦眼泪，但她不知道今天的遭遇该不该告诉娘，她沉默了。

娘不知道到底发生了什么事，她强支撑着坐了起来，一定要淑云告诉她到底发生了啥事！这时，张良从外边走了进来，淑云娘被突然出现的不速之客惊呆了，转脸问淑云："他是什么人？"

淑云一时也不知该如何告诉娘才好，只是告诉娘没事，她不用管。淑云娘毕竟是过来人，她看女儿不好开口，就断定，一定是眼前这个秦国信使欺负了她的女儿，现在又追到家来了。想到此，她新仇旧恨一起涌上心头，没等张良开口，便抓住床头茶杯向张良砸去，还要下床和张良拼了这条老命。

淑云没有料到娘会这样对待张良，赶忙一边制止住娘，一边安慰张良说："千万别介意，我娘就是这急性子，幸亏她还有病，不然早打在你身上了。"

淑云看事情闹到了这一步，只好原原本本向娘讲述了她今天的全部遭遇。听完女儿的诉说，淑云娘在痛恨暴秦无道的同时，也怨恨弟弟不该钱迷心窍，为富不仁。可她愤恨之余，更多的是自责，她悔恨自己不该如此冲动，错怪了眼前这位搭救了女儿的恩人。于是，她让张良近前，拉着张良的手连连说："对不起，对不起，千万别和我老婆子一般见识。"淑云看娘情绪缓和下来了，便赶紧去做饭。

张良这才感到饥肠辘辘，因为两天了他都没有吃上一顿饱饭。

晚饭后，张良说要继续赶路，但淑云娘硬说这深山野林，一个人晚上赶路不安全，非让张良住下，明天再走不迟。本来张良就无去处，见淑云娘真心挽留，也就不再推辞了，在洞外草棚里睡下。

张良自博浪沙逃出后，一路疲于奔命，实在太累了，躺下便打着鼾声睡着了。只是淑云娘夜里又是咳嗽，又是发烧，折腾得淑云一夜没有着床。

第二天，张良醒来时，天已大亮。他伸伸双臂，感到一身轻松。他来到洞里，见淑云娘烧得昏昏沉沉，淑云一脸憔悴，不由得心里又多了几分怜悯。

吃早饭时，淑云娘睁开了眼，淑云急忙又是喂水，又是喂饭。淑云意识到，娘现在已是她唯一的亲人了，如果娘再有个三长两短，这山里山外将都没有她的活路。

张良见淑云娘醒来，也帮着淑云忙前忙后，只是淑云娘茶饭不进，突然问张良："家住哪里？"

张良回话："家住父城邑小丰堡张大店村。其先韩人也。"

"当差几年？"淑云娘又问。

"为秦当差二年，实属生计所迫。"张良没敢如实应答。

淑云娘得知张良其先也是韩人时，心里一亮。在她看来，自己死不足惜，只是女儿还单身一人，无依无靠，这才是她最放心不下的事。眼前这个信使，昨天搭救淑云，有胆有识，难道这不是苍天赐给她的最好选择吗？想到这里，她便拉住淑云和张良的手，说："我已是不久人世的人啦！现在我把女儿许配与你，至于你把她为妻、为妾、为奴、为妹都行。这就看她的造化了。"说完，淑云娘两眼泪珠顺着面颊流了下来。

张良万万没有想到，在这逃命的路上他有了自己的家。

五、夜祭亡友

张良与淑云成家后，亦难以高兴起来，他满脑子全是博浪沙那横空一掷，他十分牵挂阿泰，当得知阿泰被捉身亡时，他痛不欲生，夜祭亡友，以表愧对之情。

秦始皇大索天下十日，缉拿刺客，张良死里逃生，在淑云家落脚后，十分牵挂阿泰。他几次乔装改扮到旅馆、酒楼打探信息。一天他来到阳武县城，在一个酒肆中独酌独饮，听见邻坐喝酒的人都只谈一些日常琐事，似乎在本县地界，从没发生过行刺当今皇上的事儿。

又停了一会儿，只见一个五十多岁的老者，提着一个酒葫芦走了进来，一看就知是一个常醉不醒的酒瘾子。

他走到柜前，递上他的酒葫芦，用略带沙哑的声音说："打酒！"

酒保看也不看他一眼，站着一动不动。

"没听见？给老爷打酒！"老者提高了嗓音。

"老爷，你已经三次没付酒钱了。"酒保说。

"三次算得了什么，想我祖父在世时，你们想巴结还巴结不上呢！"老者不屑一顾地说。

"你祖父是谁？我又不认识。"酒保说。

"说出来吓破你的狗胆，我先祖信陵君魏公子无忌在世时，门客就有三千，酒都是用大池子装的！"老者十分得意地说。

"那你还是回去喝大池子的酒吧！"酒保不耐烦地回答说。

老者见酒保硬是不给打酒，觉得很没面子，于是，对酒保说："此处不打酒，自有饮酒处，小子你信不信？"说着转身要走。

"老丈留步，酒保休得无理！"张良忙上前接过老者手中葫芦，递给酒保："将酒打满，我来付钱。"然后邀老者入席，加酒添菜，大杯共饮。二人喝得酒酣耳热，谈得壮怀激烈，张良看柜边酒保在打瞌睡，便凑近老者耳旁问道：“传言有人在此地刺杀秦始皇，可有此事？”

“有！听说就在前边不远的博浪沙。”

“刺客抓住没有？”

老者左顾右盼后附耳告诉张良：“听说刺客两个，一个大个子的被抓住后，不听秦始皇劝降，夺剑自刎而亡。另一个女扮男装的小个子，至今还没抓住。”

得知阿泰已死的消息，张良心如刀绞，但他很快控制住情绪，又问老者：“你知道那大个子死后葬在何处？”

“这全城人都知道，城外二里岗上那个新坟，就是那壮士的墓，听说秦始皇为收买人心，还厚葬了那大个子。”

听到此，张良与老者将酒斟满，饮尽话别。

那天夜里，张良乘着酒兴，从旅馆出来，悄悄来到城外，按老者所指，找到了阿泰的坟墓。张良见坟如见人，情不自禁，一下子便扑向坟丘，痛哭流涕道：“小弟呀小弟，为兄看你来了，你我本想联手除秦报仇，没想到为兄谋划不周，给小弟招来杀身之祸，兄将悔恨终生。今夜来是想看看小弟，再寻些小弟遗物，与你老娘安葬一处，一来了却你一桩孝心，二来每年清明也能拜谒扫墓。”

正当张良喃喃自责时，远处几个火把快速向这边移来，听见跑在前边的还大声给后边的人喊话：“有人盗尸，快捉拿同伙！”张良这才意识到，肯定是秦军为抓捕刺客，在这里守候的。张良迅速向黑暗处跑去，没想到那暗处早有伏兵，张良急忙转身向一边跑，突然，一脚踩空，一头栽到一个坑里，只听张良呀了一声，再没起来。

第二天午后，当张良醒来时，发现自己躺在一个很简陋的草屋里，身上的伤口已给包扎过了。他只记得昨夜去看阿泰墓了，有人手执火把追他，说要抓同伙，他没跑多远，差点与黑暗处提刀人撞上，后来他是咋伤的？现在何处？他全然不知。

在一旁守候张良的汉子见他睁开了眼，很是惊喜，忙问：“先生喝水吗？”

张良听见有人问话，有些吃惊，想转过身来说话，没想到身上的伤口钻心的痛。他看问话人好像见过，但一时记不起来。便问：“壮士何人？我这是在何处？”

那人道："先生不必多问，这里很安全，你安心在这里养伤，我们后会有期。"说完，他到外边不知和什么人说了些啥，就再没回来。

一天深夜，月光如水。张良睡梦中猛地被屋顶瓦片的碎裂声惊醒。他大气不敢出，凝神倾听，清楚听见屋顶上有走动声。他翻身下床，顺手抽出床头宝剑，轻手轻脚来到门外，闪在暗处窥视。片刻，只见一个黑影从檐上飞落下来。张良趁他落地未稳，一把将他擒住，剑架在了他的颈部，低声呵斥到："你是什么人？"

那人借着月光仔细看了张良一眼，忽然高兴地说："公子，是我，小铁匠！"

张良也觉得这人面熟，这才想起原来是小铁匠。他赶快松手，抱歉道："原来是铁匠兄弟，快进屋叙话。"

张良叫醒妻子，做了两个菜，二人斟上酒对饮起来。

"你我虽已认识多年，怕你还不知道我的名字吧？"小铁匠说。

"我与兄弟每次都是匆匆一面，确实不知道。"

"我叫何剑。那夜在你义兄坟前，杀死追捕你的亭长，从昏迷中救你的便是师傅和我。"

"那夜原来是你们？多谢救命之恩。"

"那师傅现在哪里？"

"他独自归隐仙游去了。"

"师傅何许人士？仙游哪里？我们能否再见师傅一面？"张良急切地问。

何剑见张良发问，便说："说来话长。"

铁匠师傅，名叫方衎，原本是韩国一位专门研究兵法的学者，后来成了吕不韦府上的一名食客。当年，吕不韦组织府上食客编写《吕氏春秋》时，方衎便负责主持撰写兵权谋势的文稿。他在走访整理相关资料时，在民间得到了一本秘藏的《太公兵法》。该不该将这一稀世珍宝公之于世呢？方衎最终因吕不韦这人惯用权术，损人利己，没有把《太公兵法》献给吕不韦。一天，吕不韦召见了方衎，对他说："我读了先生撰写的论兵战的文章，十分精彩。听说先生还搜集有古代兵书，请借我一读。"

方衎闻言大惊，他怎么会知道自己藏有兵书？为了弄清虚实，他马上装出一副从命的样子，说道："是的，一年前，我从民间收集到《太公兵法》残卷，只是些片段，无法通读，最近，我又打听到渭水河边一渔夫藏有一本完好的，请相国准假三月，让我前去查访，如果查得，一定献给相国。"

吕不韦闻言，当然高兴，更觉得方衍是个可靠之人，便嘱托再三，让他去了。

方衍退下来想，一定是门客中谁偷看了他的藏书，然后向吕不韦告了密，想邀功领赏。

于是，方衍第二天便抄写了一些无关紧要的片段，放在原处。赶紧把完善的太公兵法转移出馆外。办完这一些，方衍仍然装作若无其事的与众门客交往，逢人还说吕相国要他收集整理《太公兵法》一事。后来，门客们不见他，都以为他奉命外出收集《太公兵法》去了。三月之后，吕不韦追问此事，不见方衍人影。搜查住处，只查到一些只言片语，才知上当，下令四处张贴告示，捉拿方衍。于是，方衍便与弟子何剑在一个很偏僻的村落，开了一个铁匠铺，隐藏在了民间。

方衍隐居下来十多年后，眼见两鬓斑白，可一直没有找到可以信赖、想干一番大事的人。他在苦苦寻求。他意已决，如到临终，还找不到合适传承人，他就付之一炬。反正不会再把它送给吕不韦。

这天张良与阿泰以一主一仆的身份进了铁匠铺，张良一身商人打扮，自称是盐商，准备开井，想请老师傅为他们打制一个一百二十斤的铁椎。老铁匠方衍戴的草帽拉得很低，用手指指嘴，又摇摇头，表示自己是哑巴。徒弟急忙上前，略带难色地说："承蒙老板看得上，活儿我们愿意做，只是现在民间兵器已被朝廷收缴，钢铁难找，这一百多斤……"

张良见师徒有些为难，立即承诺废铁我们送来就是了。

等张良走后，方衍就怀疑其二人身份。当张良在博浪沙椎击秦始皇未遂，被悬榜通缉，他才明白了当初定制铁椎时主仆二人的身份。他更清楚那横空飞向秦始皇车队的大铁椎正是他亲手所制。铁匠铺关门了。方衍和他的弟子何剑暗地里打探那主仆二人的下落。得知大个子椎击秦始皇车队后被捕自刎了。方衍就揣测，既是同伙，大个子死后，小个子很可能会去收尸或做吊。于是，他带着何剑迅速找到了阿泰的坟墓，躲在一旁，等候那个“盐商”到来。不出方衍所料，张良果然来了，可抓捕他的秦军也来了。眼见张良踩空，一头栽到一个坑里，方衍庆幸他们来得及时，他和弟子何剑待火把追到跟前时，出其不意，杀对方一个措手不及。方衍原以为追来的是秦军士兵，谁知是亭长邀功心切，带着两个家丁在蹲候抓捕。家丁哪是方衍师徒的对手，几刀下来，亭长和两个家丁便一命呜呼。方衍让何剑背上张良，趁着夜色离开了现场。

听完何剑的介绍，张良由衷地敬佩铁匠师傅的人品和胆识，期盼何时能当面拜谢其救命之恩。

六、圯桥授书

博浪沙刺杀秦始皇失败，阿泰命丧黄泉，张良由贵公子沦为通缉犯。在张良最郁闷最无助的时候，黄石公的圯桥授书给他的人生带来了转机，带来了希望。

夜祭阿泰，张良险些被捉，多亏有人相救，伤的也不重，经过几天疗养，便痊愈了。回到家，淑云问他："去哪里了？几天都不回来！"张良淡淡一笑："看朋友，酒喝多了！"

一天，淑云有事外出，张良独自一人在家，倒杯茶还没喝一半，就心烦得坐不住，他沿着门前小溪边的路漫无目的地走去。路边绿树成荫，溪水潺潺，野花斗艳，蝴蝶缠缠绵绵，时而戏水，时而斗花，然而，这大自然的美，张良却全然不顾，他脑海里不停翻腾着他和阿泰那事，他越想越感到窝囊，越想越感到压抑。尽管他已侥幸逃脱，现在又有淑云陪伴，但今后日子咋过？他心里清楚，这口恶气不出，至死他也难以闭上眼睛，即使他能宽恕自己，那已在九泉之下的阿泰能宽恕他吗？

走着走着，他前面有一座石拱桥，在桥栏上坐着一个老人，满头蓬乱的头发，银白的胡须，把一张通红的脸映衬得格外醒目。老人架起二郎腿，嘴里还哼着小曲，身子随着曲子的节奏在晃动。张良刚走到桥头，只见老人脚上的一只鞋突然掉进了河里。老人瞥张良一眼说道："喂，年轻人，把鞋给我拾起来！"

张良瞬时愣住了，这个醉汉竟然傲慢到让别人给他拾鞋。他感到人格上受到了侮辱，但转念一想，何必与一个醉汉计较，他加快步伐，想快点过桥算了。老头见张良想走，便又大声喊道："没听见吗？叫你把鞋给我拾起来！"

张良听到老头再一次用带有命令的口吻和他说话，气不打一处来，本想上前揍他两拳，也好让他醒醒酒，但见老头这把年纪，何必与这种人斗气，帮他一回又何妨呢？张良转身来到桥下，拾起那只又脏又破的鞋，来到老叟跟前，伸手递给他，心想你这该满意了吧。没想到老头连手都懒得伸一下，用下巴向那只光脚点了一下，说："给我穿上呀！"

得寸进尺，这老头也太过分了。张良提着那只鞋，真想摔在老头身上，世上还真难遇上这毫无自知之明的人。穿就穿，看你还会有什么要求！张良一声不响，蹲下去把鞋给老头穿脚上。这老头，连一个谢字也没有，站起来伸了一下腰，然后仰天大笑而去，身影很快消失在松林之中。

夕阳西下，余晖照在溪水上，泛着多彩的光斑，流向远方。

张良独立桥头，他心头充满一种好奇的感觉。老人犀利的目光，奇特的笑声，使他突然觉得这老头绝非凡俗之人。他庆幸自己今天克制了鲁莽。正在这时，他身后又传来老人的声音："孺子可教也！五日之后天明之前，你再来这里，我有话对你说。"张良猛然转身，只见远处林边斜坡上，有个人影，正是那位老人，说完又消失了。

张良怀着一种神秘的兴奋，揣测着五天后老叟到底会带给他什么。他既想好的，更要想坏的，会不会是官府派人在试探自己？他不能不防。

明天就是第五天了，这一夜，张良既紧张又兴奋，难以入眠，直到黎明时分才睡着了……

突然他听见了老叟的笑声，小子，还认识我吗？哈哈……还是那个等着邀功请赏的亭长？突然，树林里火光映天，密密麻麻的秦军士兵，剑拔弩张，向他逼来……他急忙转身跳进河里，没想到那浅浅的河水，突然变成了无底深渊，他坠落着，坠落着，天旋地转……他惊醒过来，原来是噩梦一场，吓得他一身冷汗。

窗口已经发白，糟了！他翻身下床，披衣就向外跑。等他一口气跑到河边，远远看见老叟已端坐在桥栏上。他不好意思地来到老人跟前。老人颇有些愤慨："年轻人，岂可言而无信！我老叟竟然比你先到，像话吗？"

张良满脸通红，怯懦说："惭愧得很，为与老先生见面，我激动得一夜不曾合眼，谁知天快亮时，又一下子睡着了。”

“别说了，回去吧！再等五日早点来。”老人说完拂袖而去。

张良觉得今日老人与五天前判若两人，一个是落拓不羁，玩世不恭；一个是庄重严肃，深沉莫测。他究竟是个什么人？

又过了五日，这天晚上，张良早早就睡了，他想早睡早起，好去再见先生。果然天还没有亮，他就醒来，赶忙起床向河边走去，夜色黑沉沉的，他摸黑来到桥头，当他举目向桥上望去时，只见一个黑乎乎的人端坐在桥栏上。还没等张良开口，就听见老人厉声问道：“又来迟了吧，今天又作何解释？”

没想到老者又早到了。

老叟一点也不原谅他：“一个人连赴约都不准时，还能干什么大事？两次失约，还能让别人信任你吗？看来你我没有这个缘分，你还是请回吧！”老人说完转身就走。

“老先生息怒，晚生绝非有意怠慢先生，听先生相召，有所赐教，我激动得彻夜难眠，想我大半生颠沛顿挫，饱经磨难，虽立志报国，但早已过而立之年，至今一事无成，望先生再给一次机会，先生教诲，我当铭记在心，终生不忘。”张良一番情真意切的话语，终于打动了先生，先生转身说道：“事不过三，五日后再来。”说完起身离去。

又到了第五天晚上，张良决定今夜不上床睡觉了。他取出一卷木简读，但心不在焉。他干脆掩门向桥上走去。他来到桥边，夜色深沉，凝视夜空，繁星闪烁，在这静夜时刻，他在猜想着老人到底能给他带来什么。暮春的夜晚，天气还有些凉意，黎明时分，风吹得张良浑身哆嗦。他咬咬牙，一定要坚持住，千万不能再让老头失望。

漫天繁星渐渐消隐，东方终于升起了一颗启明星。张良目不转睛地凝视树林边那条小路，等待老叟的出现。等着，等着，天空已经泛起蛋清的亮色。他是不是又被这老头愚弄了？

恰在这时，从张良身后传来哈哈大笑声：“等得不耐烦了吧？请随我来！”

张良跟着老人穿过树林，爬上一座山峰，在悬崖边一块石头上坐了下来。这时，一轮红日冉冉升起，放射出万丈光芒。老叟捋了捋被晨风吹得飘动的胡须，侃侃而谈：“天下凡能成就大事的人，历尽艰险，坎坷顿挫，没有不九死一生的，因此，只有坚韧不拔，百折不挠，方能排除千难万险。心浮气躁，一触即溃之人，不堪与谋。逞一时之勇，拼鲁莽之力，成事不足，败事有余。力只能取一时斗勇之胜，智方可胜不可一世之敌。能通晓古今，胸藏韬略，运筹帷幄，决胜千里，这才算得上真正的大智大勇。”说完起身从身旁一块大石头下取出一捆木简，递给张良说：“带回去潜心攻读，好生领悟，它将使你受益终生。一旦天下有变，你可为帝者师，运筹决胜。”

张良忙双膝跪地，双手接过木简说：“承蒙先生教诲，晚生将铭记在心，感恩不尽。我与先生素昧平生，先生如此苦心教诲与我，请教先生尊名大姓，家住何方，也便晚生日后报答。”

老叟坦率地说：“只要你觉得我对你说的话是有用的，就不必叩问姓名，人的名字可以朝夕变换，但人的志向却是难以改变的。你如果日后功成名就，想要见我，十三年后谷城山下，那一块黄石便是我。”说完起身飘然而去。

张良一人独自站在山头，百思不得其解。这黄石老人究竟是谁？那天夜里，阿泰墓前救他命的铁匠师傅，难道会是他？

张良急忙带上木简，回到家，闭上门，毕恭毕敬地打开木简。这是用小篆书写的三卷《太公兵法》。他如久旱逢甘露，开始不分昼夜研读《太公兵法》。

圯桥三进履

七、亡命知己

项伯乃是项梁堂弟，项羽之季父。当初，项伯杀人后，张良帮他躲过官府抓捕，项伯深为张良的人格和才智所折服。二人结交后，项伯知恩图报，在楚汉战争的几个关键时刻，无意间给张良和刘邦帮了大忙。

项伯，名缠，战国末期楚国下相（今江苏宿迁西南）人。公元前217年秋月，项伯住客栈时得了病，一连几日高烧不退。一天项伯稍微清醒些，店主便找项伯算账，要项伯结清住店费用。项伯一看钱袋，银两已经花光，囊中羞涩，便请求店主能宽限几日，待病好些一定筹措银两一并还上。可店主不依不饶，要么拿钱续店，要么走人。项伯一气之下从床上爬起来，就要向外走，店主上前拦住道："已经住过的三日店费结清才能走人。"

项伯把钱袋翻了个底朝外，仍找不出分文，只好对店主说："今天我先走，三日内所欠店费保证还上！"

"不行！你一走我到哪里去找？除非拿贵重物品抵押。"店主说。

"我堂堂项氏家族，难道会赖你几日店费不成！"项伯怒吼道。

"我不管你是什么家族，住店拿钱，天经地义。"店主也吼道。

真是有钱不知无钱难，无钱难倒英雄汉。项伯无奈，转身从腰带上取下白璧佩件，放到旅店柜台上，厉声说道："此物暂作抵押，三日内还钱取物！"

店主拿起白璧迎着光亮看了又看，哈哈大笑道："我就知道你们这些贵族老爷，必有宝贝在身，看！腰缠价值连城的宝贝还给我装穷酸，不是我多个心眼，差点让你给耍了。"

项伯脸上青一阵，红一阵："好好保管，不出三日必来赎回此物！"项伯说着头重脚轻踉跄走出旅店。第三天，项伯病情尚未痊愈，脸还烧得通红，但想到白璧，他还是筹措银两如期来到了旅店。当项伯送上银两，要求赎回白璧时，店老板却矢口否认道："本店一向现钱住店，绝无抵押。"

项伯万万没有想到店主会如此赖账，气得顿时语结。项伯知道，白璧乃是传家之宝，自打家父给他佩戴以后，从无离身过，现在竟被这无赖所赚。他本想上前拉住店主小儿，当街理论，但四肢无力，反被店主顺势推出店外，还说他是敲诈勒索，要到县衙去告他。项伯此时感到与店主已无理可讲，于是就说："你告吧！咱们走着瞧！"

项伯乃楚国名门望族，虽一时困顿，岂能咽下这口恶气。五日后一天早晨，客栈伙计刚一打开店门，就发现店门上方挂了一颗人头，吓得他扭头就往里跑，"老板快……杀人了！"老板并无应答，伙计到老板住室近前一看，霎时目瞪口呆……

杀人后，项伯为躲避官府抓捕，连夜逃进山里。这天黄昏，张良晚饭后在门前静坐，淑云从房后慌慌张张跑来对张良说："屋后菜地有人！"张良二话没说，回屋操刀便躲到院子旁边一棵大树后，观察动静。项伯大概是饿极了，拔起地里的萝卜就大口啃起来。

"别动，动就杀了你！"张良一个箭步就把刀架到了来者的脖子上。

"别！我只是有点饿！"

"什么人？到此何干？说！"

"我是项伯，到此嘛……"

一听项伯二字，张良收刀，正面一看，果然是项伯："项伯兄，你何故到此，又如此狼狈？"项伯定睛一看，原来是韩国义士张良："子房，没想到会在这里见到你！你我在沧海君处一别有八年了吧？"

"回屋叙话！"张良请项伯屋内落座，吩咐淑云赶快做了两个野味，拿出酒来，与项伯边喝边聊了起来。项伯如实讲述了杀死旅店老板的经过，张良点头道："杀了也罢！此人不除，定会坑害更多的人。"最后项伯问张良："今后作何打算？"

张良道："暴秦不除，死也难已瞑目！"

项伯道："陈胜、武广首义反秦，各地响应，我们确实也该适时而动，有所作为！"

项伯在张良处住了些时日，估计事情的风头已过，又见张良每日研读兵法，不宜打扰，便要离开，张良挽留不下，只好为其备足干粮与银两，二人挥泪相别。

项伯搭救张良

按语：项伯是个仗义之人，为报答张良在难时给予他的搭救之恩，以后在鸿门宴、汉王巴蜀、彭城遇险、烹杀太公等关键时刻，都给予了张良很大帮助。当然，每次张良也都有重金酬谢。项羽死后，项伯也通过张良投奔了汉王。

八、初遇沛公

博浪沙刺秦失败使张良认识到，要实现报国复韩的政治目的，光靠自己单打独斗是远远不够的。轰轰烈烈的秦末农民起义，使他看到了希望，于是他投奔刘邦，开始了自己辉煌的人生。

公元前209年，陈胜、吴广农民起义后，张良也积极响应，与何剑很快拉起了百余人的队伍，由于力量所限，打下几个县城，很快又得而复失。当时，楚国王族之后景驹势力很大，驻扎在陈留，张良想带着队伍去投奔景驹，结果半路上遇到了刘邦的队伍。

张良初遇沛公

刘邦，字季，泗水郡沛丰邑（今江苏丰县）人，曾任过泗水亭长。秦朝末年，刘邦奉沛县县令之命，押送一批民夫前往都城咸阳。由于外出服劳役者十有八九难以生还，所以许多民夫中途就开了小差。刘邦见此情景，知道到咸阳也交不了差事，于是，干脆把剩下的人都叫到一起说：“你们到咸阳做苦工，不是累死，也是被打死，即使能活下来，也不知何年何月才能回家，现在我把你们放了，各自寻活路去吧！”在场民夫听刘亭长要放他们回家，无不感激涕零。有十几个健壮的民夫见刘邦这样豪爽意气，便不愿离开他，说：“亭长，我们回去也没有活路，我们都认你做头儿了，你去哪儿，我们也去哪儿！”

刘邦和十几个民夫连夜逃走，天明时分，他们来到芒砀山（今河南永城东北）一片沼泽地，行走间一条大白蛇横卧在路上，走在前边的人惊呼一声，吓得后退几步，刘邦道：“大丈夫行路，有啥可怕！”说罢冲上前去，拔剑将蛇斩为两截，众人无不佩服刘邦的胆量。

陈胜、吴广农民大起义后，许多郡县的老百姓都纷纷起来杀死县令、郡守，响应起义。沛县县令眼看烽火遍地，唯恐自己也成为暴秦的牺牲品，便找县吏中声望较高的萧何、曹参商量如何是好。萧何、曹参平时与刘邦接触过，关系不错，于是就提议说：“听说刘邦现在已在芒砀山聚集了好几百人，刘邦仗义厚道，您若把他招回来，让位与他，刘邦一定对您感恩不尽，那您肯定就平安无事了。”就这样刘邦在众人举荐下，真就坐上了县令的宝座，按照楚国的称呼，叫“沛公”。刘邦当上县令后，就召集沛县青壮年二千多人，在萧何、曹参、樊哙等人协助下誓师起兵反秦。

张良初遇沛公时，正是刘邦自芒砀山斩蛇起事以来最郁闷、最忧心之时。当初，刘邦带领队伍打败了围攻他故里丰邑的秦军，于是他命令雍齿留守丰邑，自己率领部队乘胜追击，一举又夺得了亢父、方舆等地。一连几个胜利，刘邦喜不自禁，踌躇满志。正在这时，留守丰邑的雍齿公然背叛他，投靠了魏国。刘邦听到这个消息后大为震惊。心想，雍齿既是他的同乡，又是他儿时的朋友，咋会如此没有情谊呢？

刘邦立即班师回到故里，但见雍齿早已做好迎战准备，连续几次攻打，都无法取胜。刘邦有家不能回，在家乡父老面前脸面丢尽。刘邦气得立马城下，扯着嗓子道：“雍齿，我哪一点亏待你了？等有一天我捉住你，一定把你碎尸万段！”

城上有箭向他射来，左右急忙用刀拨开。

刘邦更加气愤了，他指着守城士兵骂道：“你们哪一个我不认得，跟着雍齿和我作对，小心哪一天我宰了你们！”朝刘邦射来的箭更多了，他才在左右护卫下退了下来。刘邦气得病倒了。他咋也咽不下这口恶气，等他病情稍好点，便带着他的队伍前去投靠实力远比他大的景驹，想请他派兵协助攻打丰邑。没想到刚到景驹那里，就听到秦军司马夷部攻打砀县，他不但没借到一兵一卒，反被景驹派去抵挡司马夷。结果人马被司马夷消灭过半。他只好仓皇逃回留县。

正当刘邦忧心忡忡，烦得谁都不愿见时，卫兵进帐禀报："帐外有个书生模样的人求见。"

刘邦挥挥手，不屑一顾地说："不知道我正烦吗？哪有空听那些酸儒唠叨！不见。"

突然，门外传来朗朗笑声，刘邦抬头看见一个体态文弱，面色皙白的中年人走了进来，他更加鄙夷地说："我现在需要的是有万夫不当之勇的壮士，不要只会饶舌说空话的儒生。"

说罢转身又自斟自饮去了。

张良长叹一声，拂袖而去。帐外不知说了句什么。刘邦问进帐卫兵："那儒生在外说了什么？"

卫兵支支吾吾，不知敢不敢实话实说。

刘邦见卫兵有些犹豫，便说："直说无妨。"

卫兵这才大胆告诉刘邦道："那儒生说原以为沛公是个胸怀大志的英雄。如此看来，也不过是个有勇无谋之辈。他被雍齿所赚，活该！这种人不足为谋。"

顿时，刘邦如芒刺在背，猛然清醒过来，急忙吩咐卫兵："快快去追，就说我有请。"

待张良二次进帐，刘邦急忙迎了上来。

"刚才酒后失言，多有不恭，还请先生谅解。"

张良道："时下沛公身处逆境，心中抑郁，话语不周，可以理解，但沛公为天下豪杰，不该像寻常匹夫，借酒浇愁，理当百折不挠，迎难而上。"

刘邦高兴地吩咐换烛摆酒，请张良入座。

"敢问先生尊姓大名？何以教我？"

张良道："敝人姓张，名良，字子房。我祖父和父亲当年都是韩国司徒（丞相），后来，国破家亡，颠沛流离，好结天下朋友，共谋推翻暴秦。如今二世昏庸，赵高擅权，陈胜吴广首义，天下英雄群起，然而，最终能得天下者，必是能深得民心，解民与倒悬，且善于运筹帷幄，决胜千里者，绝不是一个能万人敌的莽夫。”

刘邦听张良一说，深以为然。张良接着说道 ：“眼下各路义军互相讨伐兼并，而秦军主力还很强大，沛公起于草莽，势单力薄，稍有不慎，便会万劫不复。”

刘邦道 ：“先生所言极是，我该如何举措，还望先生明示。”

张良凝视片刻，从容答道 ：“《太公兵法》告诉我们，用兵之道，在于以弱胜强。弱之所以能胜强，在于弱者能适时避开强者锋芒，找准强者弱处，积蓄力量，以待有利于自己的时机。”

刘邦也知有《太公兵法》一书，但未曾见过，今听张良讲到此书，兴趣陡增，忙问 ：“先生读过《太公兵法》？ ”

张良见刘邦发问，便借着酒兴，滔滔不绝，侃侃而谈，口若悬河。刘邦听得如醉如痴。刘邦天资聪慧，胸怀大志，一经点拨，茅塞顿开，连连感叹与张良相见恨晚。刘邦的反应，让张良惊喜不已。他从得到《太公兵法》以后，自学的同时，也曾和不少人谈起过，但他们都是神态冷漠，不为所动，今夜刘邦的反应，使他如遇知音。他叹服沛公天资独具，不然怎能如此心领神会呢？

这时，帷帐门开了，卫兵报告 ：“景驹、秦嘉被项梁所杀！ ”刘邦闻听大怒，传令即刻拔营起寨，讨伐项梁，为景驹、秦嘉报仇。

张良见状，忙大声制止说 ：“沛公息怒，此举不妥，项梁刚打了几个胜仗，现在士气正旺，要打也应当避其锋芒。况且，现在他又没来打你。眼下你雍齿未灭，强秦在前，不宜树敌过多。”听张良这么一说，刘邦颓然坐下，一时不知如何是好。

刘邦稍停片刻，问道 ：“以先生之见，我当如何是好？ ”

张良道 ：“明知不敌，还要去硬拼，这是不智。现在上策应是让项梁觉得你不是他的对头，而是朋友。最好是现在就派人去，对他打了胜仗表示祝贺，希望能联合抗秦。待关系疏通后，再言明想借兵收复丰邑之事。如是，便一举两得，既能化敌为友，又能收复丰邑。”

刘邦听张良言罢，欣然同意。说 ：“先生此计甚好，但谁能前去说服项梁呢？ ”

张良说："如沛公信任，我愿前往。"

刘邦十分高兴，便添酒加菜，与张良对饮起来。第二天一早，张良便拜别刘邦直奔项梁大营。张良以项伯朋友的身份，很快见到了项梁，说明来意后，项梁起初怀疑刘邦是否有如此诚意。但项梁毕竟智力过人，他权衡左右，心想还是暂时不与刘邦为敌为好，于是，便顺水推舟请张良约刘邦前来共谋反秦大业，并答应借兵五千人。

刘邦借得五千兵马以后，立刻成了万人大军的统帅，于是，便浩浩荡荡向丰邑杀来。雍齿看大事不妙，仅带着少数人马，星夜投奔魏王去了。

刘邦攻下丰邑城后，决心洗刷昨日耻辱，在乡人面前重塑他的威望。他痛恨雍齿小人，也难以容忍那么多丰邑人为雍齿拼命抵抗，使他两次攻城不下，在乡人的眼中脸面丢尽。因此他传令：把这次俘虏的八千人全部押到一个大草坪上，然后鸣锣召集四方百姓前来观斩，让大家看看背叛他的下场。

当张良得知刘邦要如此处置八千被俘人员时，急忙挡住了刘邦的去路。

"沛公留步，我有话对你讲！"

"闪开！谁也别想阻拦我！"刘邦一把推开张良，就要上马。张良在他身后愤慨地说："原以为你是个能干大事的英雄，没想到只不过是一个心胸狭窄的俗民。"

"你！"刘邦猛然转身，手握腰剑，怒视着张良。张良毫无惧色地说："你在杀家乡人之前，最好把我先杀了，免得让我看到你被杀的那一天。"张良接着说道："得民心者得天下。你连家乡人都容不下，还容得下天下人吗？昨天只有一个雍齿背叛了你，今天你滥杀乡民，明天就会有千百个雍齿背叛你，谁还会跟你去打天下？"说完张良仍威严地站在那里。

哐当一声，刘邦手中的剑掉在了地上。

"子房……"刘邦转身吩咐："去，传我的令，草坪上的俘兵全部放掉！"

"慢！事已至此，应当……"张良附在刘邦耳边低声说了几句。刘邦一挥手，便和张良大步来到草坪一个高台之上。周围跪着大片被捆绑着的俘兵。一手持刀，一手举着火把的士兵把前来围观的乡亲和俘兵隔离开。一位将官跑来报告："启禀沛公，一切准备就绪，请下命令！"

在围观的人中，多是妇孺老幼，那些跟雍齿守城的青壮年，此时都被捆着跪在地上，等候斩首。突然，围观的人群中发出一片凄楚的哭喊声，一个将官大声喊道："不准哭！听候沛公发落！"

刘邦和张良交换一下眼神后，上前迈了几步，然后大声说道："丰邑的父老乡亲，我刘季生在这里，是父老乡亲看着我长大的，我没有做过对不起家乡的事，现在是雍齿这个无耻小人，趁我领兵在外之时，背叛我投靠了魏国，等日后抓到他，我一定亲手宰了他。至于这次还没有跟雍齿跑的人，我刘季决不跟你们过不去，更不会杀你们。现在愿意跟我干的留下，不愿干的，可以各自回家。"说完，他跳下土台，亲手为一个俘兵解开了绳子。

这时，众乡亲都跑到自己的子弟前，为他们解开绳索，意外获释使他们悲喜交加，相互拥抱着哭成一片。人群中不知谁喊了一句："谢沛公不杀之恩！"接着乡亲们都跟着跪了下来，不停叩首，齐声喊着："谢沛公！谢沛公！"

刘邦也被这突如其来的场面感动得热泪盈眶。此刻，他真正懂得了什么是人心。

九、游兵颍川

博浪沙刺秦失败，张良死里逃生，然而，张良报国复韩的梦想并未因此放弃。他谏言项梁立韩公子成为新韩王，并拉起队伍在颍川一带与秦军作战，配合刘邦大败秦军杨熊部。

公元前 208 年 2 月，张良帮助刘邦与势力强大的项梁建立了友军关系，并借得精兵攻克丰邑城，乘势又打了几个胜仗，士气大增。6 月张良随从刘邦来到薛城（今山东藤县南）拜谢项梁。

项梁是项羽叔父，也是继陈胜、吴广之后，一位很有实力的农民起义军领袖，尤其大败秦嘉以后，项梁便以盟主自居，他在薛城主持召开义军首领会，拥立楚怀王之孙熊心为新的楚怀王，并接受范增建议，欲立六国之后，联合反秦。

复立韩国，是张良当初为之奋斗的政治目标，也是张良爱国的重要表现。所以，当项梁立赵、燕、齐、魏、楚五国之后时，张良便派人赶快打探韩王之后，希望找到一个贤能的韩王之后，拥立为新王。可派去的使者几日后只从民间了解到一个叫成的牧羊人，属先王之胄。

张良便乘机对项梁说："君已立楚、赵、燕、齐、魏之后为新的国君，而韩国诸公子中有个横阳君成很贤能，可以立为韩王，作为反秦同盟力量。"项梁同意张良的建议，即封韩成为新的韩王，张良为韩国司徒，协助韩王成治理国家，共同反秦。

自从公元前 230 年秦灭韩后，张良矢志报国复韩，终于在 22 年后又拥立新的韩王，张良报国复韩之愿得以实现，他决心协助韩王成强国反秦，大干一番。张良与韩王成率兵千余人，杀回韩国故地，连续攻占了颍川郡的父城、阳翟等几个城池，但很快又被秦军夺了回去，张良和韩王成所率队伍由于实力有限，张良只能避实就虚，在颍川一代与秦军巧妙周旋，游击作战。张良从长计议的战略思想，并没得到韩王成的理解和支持，韩王成倒是处处摆出一副小国寡君的派头，指手画脚，吆三喝四，他埋怨张良身为司徒，贪生怕死，不去和秦军决一死战，这才使他颠沛流离，居无定所。韩王成的所作所为使张良越来越感到烦心，越来越感到有力无所施展。

一天，张良得到刘邦率军西进，正与秦军杨熊大战于白马、曲遇一带的消息，他也曾几度遭遇过杨熊，但终因力量悬殊，不得不避其锋芒。如今，刘邦大军已至，这正是战胜杨熊的大好时机。于是，他把立刻出兵协助刘邦打败杨熊的想法告诉了韩王成，不料，却遭到了韩王成的坚决反对："不可，刘邦与杨熊都比我们强大得多，二强相争，不论谁败都对我们有利，因为我们又少了一个威胁；不论谁胜都对我们不利，因为又多了一个想控制我们的人。所以，我们最好避开他们，让他们打去，二虎相争必有一伤嘛！"说完，他还自以为得意。

张良听完韩王成的谋略，哭笑不得，他没有想到自己竭力扶持起来的君王，目光是如此短浅，胸怀如此狭隘。张良知道战机稍纵即逝，于是，他毅然决定，把韩成送到离战场较远的县城，暂避一时，他与何剑率领全部人马，直扑白马，得知杨熊正与刘邦战于曲遇，又马不停蹄赶到曲遇，他当机立断，从杨熊后侧猛杀过去，杨熊正与刘邦军交战，冷不防背后遭大队人马袭杀，顿时乱了阵脚。当时，刘邦正在山头观战，猛然看到杨熊军背后有大队人马冲杀过来，开始还以为是杨熊援军赶到了，赶忙喊道："不好！中埋伏了！"刘邦正要传令前锋樊哙上前顶住时，左右冲他高喊："沛公快看！"刘邦定睛细看，那支从杨熊背后杀出的队伍，正冲入杨熊混乱的军中，左突右杀，杨熊已是阵脚大乱，边战边退。于是，刘邦赶紧传令进军，一时杀声震天，杨熊腹背受敌，只好丢兵损将，落荒向荥阳方向败逃而去。

正在这时，只见一匹枣红战马向刘邦所在山头急驰而来，骑者远远就停下马来，快步向沛公跑来，刘邦望着来者，突然眼前一亮，惊呼道："子房！子房！你真是神兵天降啊！"

张良跑近沛公，正要躬身下拜，刘邦忙上前双手扶起："免礼了！免礼了！"

刘邦和张良相携对望，一时忘言，不知该从何处说起。自去年五月薛城一别，一年来戎马倥偬，生死未卜，刘邦是何等思念张良，而张良透过韩王成的一言一行，也愈发思念刘邦。

当晚，刘邦、张良各召集整顿好队伍，就在曲遇郊外安营扎寨，刘邦与张良同榻而眠，当晚二人就决定，乘杨熊败退之际，刘邦帮助张良先收复被秦军占领的韩地城郭，而后再图荥阳。

一天，从荥阳传来一个令刘邦、张良感到惊讶的消息，杨熊因兵败激怒了赵高，赵高竟以秦二世胡亥的名义，派使臣星夜赶到荥阳，斩杨熊之首在军中示众。刘邦、张良没有想到他们的劲敌，没有被他们斩杀，却被秦自己杀掉了。于是，他们便密切配合，在韩地一举就夺回了十多个城邑。

韩王成得知刘邦帮助张良打开了危局，才匆匆赶到颍川拜谢刘邦。刘邦看在张良份上，也设宴款待韩王成，而这个韩王成却不知自己几斤几两，竟在刘邦面前也要起了君王派头，这的确令张良十分难堪。

刘邦对韩王成的装腔作势也十分反感，但他压抑下来了，因为他对韩王成另有所图："韩王，我已帮助你夺回了韩地十多个城邑，现在韩国的故都阳翟已在我的掌控之中，再加上杨雄已死，如果韩王能答应我一个条件，我即刻派兵护送韩王还都阳翟。"

韩王一听，真是大喜过望，还都阳翟，恢复祖宗社稷，恢复昔日荣光，正是他朝思暮想的美梦，如今沛公拱手相送，岂不是喜从天降，与此相比还有什么条件不能答应呢？

"请沛公只管开口，朕一定满足你的条件。"韩王显得十分大气。

沛公有意装出若无其事的样子道："其实也没什么大事，就是想请韩王恩准，让子房送我西进入关，完了一定还送子房回阳翟复命。"

何等精明的刘邦，用一座阳翟换一个张良，对刘邦来说太划算了；用一个张良换一座都城，对韩王成来说也太划算了。韩王原以为刘邦会提什么苛刻条件，现在刘邦一不要兵马，二不要城邑，三不要财宝，就借一个张良这算什么！于是，他当着张良的面说道："我以为沛公有什么大不了的事，不就是暂让张良张司徒陪你入关吗？朕一言为定，子房，你就放心跟沛公去吧！好好侍奉沛公。"

张良平静地坐在一旁，然而此时他心如刀绞，他不是不想跟沛公西去，而是韩王成根本没把他放在眼里……

张良很快控制住情绪，因为他心里比谁都清楚，韩王成原本就是一个放羊的，为了复韩是自己一手把他推上了韩王宝座，这事真怪不得别人。想到此，张良很自然地起身拜辞韩王，与刘邦一起踏上了西进亡秦的征程。

游兵颍川

按语：人生就是这样，机遇人人都有，只不过智者没有机遇时，可争取机遇，把握住机遇，成就自己的人生；而愚者则在机遇面前看不到机遇，当机遇来临时，却把成就自己的机遇拱手让给了别人。韩王成当属后者。

十、宛城之战

公元前207年，楚怀王召集各路义军首领，主持制定了一个西进亡秦的战略方案。并规定：先入关者王之。张良不忘亡国之恨，辅佐刘邦展开了波澜壮阔的西进反秦斗争。

2 月，刘邦率领大军从砀县出发，攻下邑未果，西过高阳，说降陈留，大破阳武，下颍川，以送韩王成还都新郑为条件，借得张良助他西进反秦。

刘邦原计划沿黄河一直西进，通过函谷关进入关中，不料在洛阳东一战中惨遭失败。张良说："函谷关是通往关中最重要的关塞，秦军一定防守最严，不如向南阳迂回，走武关、峣关进入关中。"刘邦听了觉得有理，便放弃了走洛阳、函谷关入关的打算。

公元前 207 年 6 月初，刘邦、张良率部来到南阳郡鲁阳县（今鲁山县）境，部队扎营在今张良镇一带。由于当时刘邦及部分士卒都身染汗病（即瘟疫），且此病传染很快，张良和部将们十分焦急。由于刘邦、张良所部军纪严明，深得百姓拥戴，所以当地村民得知刘邦及士卒患汗病后，即敬献自产的黄姜熬制的"姜茶"请服用，刘邦与染病士卒饮后果见奇效，茶到病除。张良对当地村民的献茶之举感动不已，对姜之功效予以充分肯定。从此，这里产的黄姜便名扬于外。

公元前 207 年 6 月末，刘邦康复后就与南阳郡守大战犨东（今鲁山县东南张官营乡前城村北）。开始南阳郡守得知刘邦是在洛阳东刚吃了败仗后流窜而来时，思想上有些轻敌，并无做认真的战前准备，反倒是张良认真总结了洛阳战败的教训，依据他对鲁阳县地形的熟悉，做了认真的战前谋划。张良以佯攻败退诱敌入瓮，关门打狗，结果南阳郡守惨败，龟退到了宛城，紧闭城门，死守不战。刘邦一时陷在宛城外，进退两难。他终日忧心如焚，唯恐哪一支义军人马抢先入关。

在他看来，咸阳那顶王冠，令所有义军首领魂牵梦绕。刘邦决定丢开宛城，直取武关，先杀入关去再说。他急忙传令："五更煮饭，天明开拔，不得有误。"

张良被叫醒了，他急忙问出了啥事。何剑告诉他，沛公已传令，天明向武关进发。张良闻听此言，急忙披衣起床，来到沛公帐前，正逢刘邦从帐内出来。

"子房如此匆匆，有事吗？"

"部队真要弃宛西进吗？"

"军令岂能儿戏！"

"为何如此匆忙西进？"

"难道我那一点心事子房还不清楚！"

"入关的确是一件大事，因为，只有入关才能致秦于死命。但是，沛公切不可把怀王那句先入关者为王的话当真。"

"为何？"

"因为，能否为王，并不在于是否先入关，而在于他是否具有比别人更强大的为王的实力。"

"如此看来我舍宛西进不可取？"

"我以为这是一条很危险的道路。"

"险在何处？我就看不到呢！"

张良看沛公有些不耐烦了，便很平静地说："我理解沛公想尽快入关的心情，但是，我们必须看到，西去秦军的势力还很强大，到时他们必然会据关死守，不会轻易放弃。这样，在你身后的宛城秦军就会乘势攻打你，到那时，强秦在前，宛敌后击，前后受敌，岂不危矣！"

"照子房说来，还是应先下宛城？"

"对！最好命令部队在天亮之前赶到宛城，把它围个水泄不通，等天一亮就攻它个措手不及。"

"好！就这样办！"天还没亮，各队人马已列队静候出发命令。传令官跑步来到沛公面前，请沛公下达进军命令。

"火速前进，包围宛城！"传令官愣了一下，以为是听错了。刘邦看传令官发愣，又大声重复："火速前进，包围宛城。没听见吗？"传令官这才转身跑去。天刚拂晓，宛城外战鼓齐鸣，千军万马开始攻城。南阳郡守梦中被惊醒，他连衣冠都来不及穿好，抓起佩剑就向外跑，来到城楼往下一看，只见刘邦的千军万马四面开始攻城，宛城已是朝不保夕了。此刻，南阳郡守面如土色，心急火燎。他想与其城破做刘邦的刀下鬼，不如做个引颈自刎的大丈夫。于是，他哗的一声拔出剑来，就往颈上挥去。只听"咣"的一声，剑被拨开了。他睁眼一看，是舍人用剑挡住了他的剑。

"郡守何必轻生？"

郡守无可奈何的问舍人："你还有何良策？"

舍人道："我听说刘邦能宽容待人。时下各地反秦义军已成燎原之势，公又何必要为二世尽忠？"

郡守沉默片刻，道："即使我愿降，那刘邦能放过我吗？"

舍人道："不妨郡守修书一封，射到刘邦军中，看他作何反应？"郡守抱着一线希望，草书一封，赶快让弓箭手射向沛公攻城部队。士卒拾得，赶紧报到营中，刘邦拆开一看，便递给张良说："宛城立马可下，何必再与他纠缠，枉费时日。"

张良看罢书信，却另有看法："沛公要看到，这位郡守南阳守不住，他败退宛城，如宛城再守不住，他有可能再退守到其他县城，一个郡十多个县城，等我们一一去攻打，那要耗去多少时日？若同意他投降，其他县城不也迎刃而解了吗？"

刘邦听张良说得有道理，便命令部队停止攻城，让郡守派使臣前来和谈。郡守得知刘邦同意和谈，当然，喜出望外，于是，就派舍人代他前往沛公大营求和。刘邦听信张良意见，仍然让郡守留任，并加之以爵，把城内兵力一分为二，一半随他西征。宛城和解的消息不胫而走。沿途县城都效法宛城，不战而降。史称刘邦"引兵而西，无不下者。"

如此一来，刘邦队伍迅速壮大，浩浩荡荡直逼武关。

宛城开门迎降

按语：刘邦和张良公元前207年入关亡秦和公元前204年出关逐鹿中原，两次都在鲁阳县安营扎寨，百姓就把张良扎营盘的村改称为张良店，以后沿称为张良街、留侯街、张良镇。把刘邦部将纪信扎营的村叫纪营；把陈平扎营的村叫陈营；把萧何扎营的村叫萧何村；把彭越扎营的小山村叫彭山；把韩信扎营的村叫韩信街等。上述地名一直沿用至今。

十一、智取峣关

刘邦采纳张良意见，和平拿下宛城，对西进途经各县影响很大。南阳十多个县和关中重要门户武关都先后效法宛城，开门迎降。这样刘邦大军很快便逼近了峣关。

刘邦和平解决宛城的消息不胫而走，南阳各县都效法宛城开门迎降，这样大大加快了刘邦西进的速度。很快，关中第一门户武关便遥遥在望。

武关位于陕西丹凤县东，是秦关中的重要门户。当时武关守将也是个见风使舵之人。他西望咸阳，赵高专权，滥杀无辜，二世昏庸，耽于酒色；东望中原，王离兵败，张邯降楚，秦朝大势已去。眼见刘邦大军潮水般涌来，想他手下这点人马根本难以抵御。尤其得知沛公一路上宽厚待人，不杀降将，便干脆打开了关门，降迎沛公。刘邦得知武关守将迎降的消息，简直不敢相信，他万万没有想到，一座铁打的雄关就这么兵不血刃地拿下了。于是，他命令部队乘胜前进，直逼通向关中的最后一个关隘——峣关。

公元前 207 年 9 月，刘邦军距峣关十里扎营，刘邦带上张良等谋臣武将，前往峣关观察地形。

峣关位于陕西蓝田县境内，是古代南阳与关中之间的军事要塞，气势宏伟，地形险要，易守难攻。再加上已有重兵把守，很显然，峣关远比武关要难得的多。刘邦带领大家回到帐内，想听听众将官都有什么意见，几个武将中有主张乘胜强攻的，也有主张夜里偷袭的，当然，也有主张劝降的。刘邦见众说纷纭，莫衷一是，便退去各位谋臣武将，最终想听听张良有何良策。

张良十分理解沛公的意思，只是此战，事关大局，意义深远，所以他是慎之又慎，在听完大家意见后，他终于有了自己完整的想法，他告诉刘邦说：作战当然要靠勇气才能取胜，但单靠勇气也不是都能取胜的。峣关地势险要，易守难攻，秦皇为保秦朝最后一点基业，必派重兵把守，所以，峣关还没有到不堪一击的程度，不如先派兵在峣关周围山头插上沛公旗帜以为疑兵，让守关秦军有一种大兵压境的感觉，彻底摧毁守军心理防线。同时，听说峣关守将是商贾出身，商人历来重利轻义，就再派郦食其善辩之人多带珠宝，重金贿赂守将，诱之以利，晓之以理，暗中联络，以为内应。这样何愁峣关不破。”听张良说完，刘邦连连称好。于是，一一吩咐下去，抓紧实施。

恰在这时，门将禀报：“有一商人求见沛公。”此时，大战在即，有商人来见，令刘邦和张良感到有些意外，二人交换一下眼神，张良便屏退在后，听听这不速之客是何方人士？欲意何为？刘邦传见来者。

一位富商打扮的人，进帐大礼拜见沛公之后，随从抬进帐内两箱礼品。打开一看，全是黄金珠宝，绫罗绸缎。入座后，来者自称是奉赵高丞相之命前来向沛公致意的：“丞相首先要我转告沛公，二世胡亥纵欲享乐，滥杀无辜，以至穷途末路，自刎而亡。同时，秦军大将章邯在河北带着二十万秦兵投降了项羽。现在沛公处境危矣！”

刘邦淡然一笑，问道：“何以见得？”

来者见刘邦发问，便自信了许多，接着说道：“现在沛公是东有项羽，西有赵高，若二强来袭，必是两面受敌，岂不危哉？”

刘邦接着问道：“果真如此，先生有何良策教我？”

来者自以为得意，便大胆把话题展开，说道：“项羽自恃强大，生怕你抢先入关为王，他当然不会与你联合。若沛公能与丞相联合，就解除了西边之忧，可以想象，你是一只手打项羽好？还是两只手打项羽好？是一个人打项羽好？还是两个人联合打项羽好？沛公是明智之人，这点不用我再多言。”这位来使的话的确击中了刘邦的要害，一时刘邦无语。

张良在屏风后听不见刘邦回话，便知沛公此时可能是犹豫不决了，便从屏风后走了出来。

沛公见子房出来了，忙介绍说：“这位是张良张子房。”

来使一听，即刻失色，眼看刘邦已有所动，不料张良张子房在侧，他是何等精明之人，岂能任人随意摆弄！惊慌之余，来使忙大礼见过张良，说道："久闻先生大名，如雷贯耳，先生博浪沙刺秦皇，震惊天下，如今二世已亡，赵高丞相愿与沛公携手，共安天下，还望先生能鼎力相助。"

张良说："赵高要沛公怎样做，何不言明？"

来使见张良问话，心中一喜，便很认真地说出了"分王关中"四个字。

"愿闻其详。"张良说。

"丞相的意思是，只要沛公答应他立为秦王，便可与沛公'分王关中'内外，互不侵犯。"来使说。

"好个奸诈的赵高，他竟敢以'分王关中'来笼络沛公，这真是以小人之心，度君子之腹。"张良话刚说到此，只见刘邦拍案而起，怒斥来使道："赵高想让我与他狼狈为奸，置身千夫所指的可耻位置，痴心妄想，我刘邦举义旗，就是为了诛暴秦，除赵高，救民于水火之中。我与他不共戴天。"说完拔剑要杀来使。来使面如土色，跪地求饶。张良忙劝道："沛公息怒，不如先将他关押起来，待拿下峣关再杀不迟。"

张良的疑兵计和离间计果然奏效。守关秦军见势人心惶惶，守将见钱眼开，愿与沛公讲和。此时，刘邦以为攻击条件已成熟，要亲率精兵出击。张良说："不急！现在看到只是秦将愿和，而守关士兵多是关中子弟，谁愿意看到别人侵他家园、杀他亲人？所以众士兵肯定还会拼死抵抗，不如迂回包抄，夹击胜之。"刘邦依张良计谋行事，率主力绕过峣关，切断秦军退路，结果秦军大乱，沛公此时命令部队发起总攻，一举便拿下了峣关。

十二、秦朝灭亡

秦国通过商鞅变法，国力大增，秦王兼四海，并六国，建立了大一统的秦王朝，但由于秦统治者的腐败和残暴，其成为了一个短命王朝。

公元前 246 年，太子嬴政 13 岁继位。因秦王嬴政年幼，国家大事都由文信侯吕不韦决定。吕不韦时常与太后赵姬私通。随着嬴政逐渐长大，吕不韦担心事情败露，给自己招致祸患，便将自己的舍人嫪毐拔去胡须，假充作宦官，进献给太后。太后非常宠幸嫪毐，三年与他私生了两个孩子。时间长了，宫中对宦官嫪毐议论纷纷，嬴政发现嫪毐并不是阉割过的宦官，十分恼火，随下令诛灭了嫪毐的父族、母族、妻族，并杀死了太后与嫪毐所生的两个孩子。吕不韦知道难辞其咎，遂也畏罪自杀。

一天，丞相李斯对始皇帝说："今日的儒生不学习现代事物，一味地效法古人，甚至借古讽今，蛊惑民众；闻听皇上命令妄加评议，入朝口是心非，出朝便街谈巷议，煽动、引导一些人攻击国家法令。这种情况如不禁止，势必造成君主权势下降，臣下结党纳派蔓延。"始皇帝对此深感不安，于是下令焚烧了除部分史书外的所有书籍，活埋了 460 多个儒生。这就是历史上骇人听闻的"焚书坑儒"。

秦灭六国后，始皇帝不顾国力民力，大兴土木，建阿房宫、筑秦陵、修边墙，沉重的劳役和税赋逼得民不聊生。公元前 212 年，始皇帝下令征调全国囚犯 70 多万人，分别修建百里阿房宫和气势恢宏的秦陵。同时在关中、关外兴建宫殿 700 多座。始皇帝还下令将咸阳城周围 200 里内的 270 多处宫殿楼台，都用天桥、甬道连接起来，帷帐遮挡，美女充斥其间。始皇帝巡幸到哪里夜宿下来，无人知晓。一次，始皇帝在山上看到丞相李斯出行车马浩浩荡荡，很不满意地说了句：

"斯势大也！"结果宦官中有和李斯近者告诉了李斯，李斯随即减少了出行车马。结果始皇帝发现后大为恼火，追问是谁泄露了他的话，当时的随行者没人敢承认，于是始皇帝就下令杀掉了那天所有随行者。

公元前 210 年，始皇帝出游云梦时病危，随命当时掌管印玺的赵高写诏书给长子扶苏安排后事，诏书写好后，赵高却没有交使者送出。当初始皇帝很宠爱蒙恬、蒙毅二兄弟。蒙恬在外担任大将，蒙毅在朝参与政事。一次宦官赵高犯法，始皇帝让蒙毅处罚，蒙毅认为该杀，结果始皇帝认为赵高有才，又赦免了赵高，为此赵高恨透了蒙毅。始皇帝病重时，蒙毅的哥哥蒙恬正带领三十万大军与始皇帝长子扶苏镇守边疆。始皇帝途中驾崩后，赵高担心帝位传给扶苏后，扶苏一定会重用蒙氏二兄弟，于是便篡改诏书，逼死长子扶苏，让和自己很亲近的始皇帝的小儿子胡亥继承了皇位。

二世胡亥登基后，荒淫无度，不理朝政，丞相赵高篡权，诸位公子和朝中大臣意见很大。为了排斥异己，赵高又威胁胡亥说："你继承皇位之事，诸位公子和大臣都有所怀疑，而诸位公子又都是你的哥哥，大臣也都是先帝所安排的。如今陛下你刚刚即位，这些公子臣僚怏怏不服，恐怕要生事变。"二世胡亥害怕，忙问赵高："该怎么办？"赵高就借机劝胡亥道："陛下应实行严厉的法律，残酷的刑罚，一人犯罪，株连他人。这样便可将大臣及皇族杀灭干净。然后，改用陛下的亲信。如此，陛下就可以高枕无忧，尽情享乐了。"二世胡亥认为赵高言之有理，于是便修订法律，务求严厉苛刻。凡公子和大臣犯罪都由赵高审讯处罚，结果赵高借机杀掉了 12 位公子、10 位公主，杀掉、清除了朝中所有异己臣僚。赵高得势后，为掩盖罪行，就杀人灭口，逼二世胡亥自杀。为掩人耳目，赵高又立胡亥兄长之子子婴为王。本来，秦嬴政荡平六国，建立秦王朝时，称自己是始皇帝，意思是大秦帝业从他开始要传至万世，可他万万没有料到，赵高逼死二世胡亥后，就把他的万世帝业梦给粉碎了。赵高连个帝字都不愿给子婴封，只给子婴封了个王。

子婴深知，赵高不除，他也难免是傀儡一个。于是，子婴密谋借登基之际，捕杀了赵高。子婴观天下群雄蜂起，担心秦王朝大厦将倾，他为保住祖宗基业，登基后第一道令就是派重兵据守峣关。不料，张良用疑兵计、离间计，包抄迂回，轻而易举就破了峣关。

公元前206年10月，秦王子婴登基只做了46天皇帝，王朝末日就到了。他没有勇气去死，他要活着，哪怕是屈辱地活着。于是，当得知刘邦大军抵达霸上，秦王子婴便乘素车，驾白马，颈上系着绳子以示自己该负罪自杀，手捧皇帝御玺、符节，跪伏在路旁，迎候沛公，任凭发落。

当刘邦大军来到咸阳城外时，只见城门大开，以为赵高又耍什么花招，这时秦王使臣快步来报："禀沛公！秦王已率百官在前边迎候沛公多时，请快快入城。"刘邦这才放眼望去，看见前边远处路边跪着一片身着白色衣服的人。刘邦与张良等武将纵马进城，看到昔日神圣不可侵犯的秦王，带着文武百官全跪在他面前，实在感到可笑可叹，忙和张良等人下马，接过秦王子婴呈上的皇帝御玺和符节。这时有人主张杀掉秦王，刘邦说："当初怀王之所以派我来，就是因为认定我能宽容人。何况人家已经降服了，还要杀人家，如此做是不吉利的。还是先把他们关押起来，听候处置。"

之后，刘邦便以战胜者的姿态，得意地纵马向阿房宫驰去。

刘邦、张良、萧何受降

十三、还军霸上

秦灭亡后，张良纵观天下，以政治家的敏锐眼光，看到刘项争霸势在难免。面对敌强我弱的态势，他建议刘邦还军霸上，以待时机。

刘邦自楚怀王召集义军首领约定西进反秦，在张良辅佐之下，历时2年，率先入关。今天秦王子婴交出皇帝御玺和符节，为刘邦西征反秦画上了一个圆满的句号。秦朝灭亡，刘邦大喜过望，便以胜利者自居，率领众将官得意地纵马向阿房宫驰去。

阿房宫是秦王朝宫室。珠宝遍地，美女如云。刘邦本来就喜酒好色，此时早已按捺不住，入宫便琼浆玉液、大杯把盏，之后搂着几个美女倒在了床上。部将问他今晚何处扎营，他晕晕乎乎硬着舌头说："就，就在这儿。"将士们得知宫中扎营的命令，异常兴奋。抢夺珠宝的、抱着宫女不放的，丑态百出。武士范哙本是刘邦连襟，见状忙来见刘邦，他一边进殿，一边大声呼喊："沛公！沛公！"

刘邦听到喊声，醉眼蒙胧，问道："是谁敢在这里大呼小叫？"

樊哙径直来到御榻前，撩开幔帐，一把将两个宫女摔倒一边，双手使劲摇着刘邦："沛公，沛公，快快起来回营中歇息。"

"樊，樊哙…赶，赶快…松手！别，别胡闹……"

樊哙看刘邦醉成这样，大声吼道："你还没得天下就这样了？"

刘邦这时酒已醒了许多，斥责道："你赶快与我走开！今晚我就偏要在这里住一宿，秦王睡得我就也睡得，我就不信天会塌下来！"范哙无奈，便急忙去找张良。张良本来身体虚弱，加上近日鞍马劳顿，正在屋内歇息，闻讯大吃一惊，立即随樊哙向刘邦下榻的寝宫走去。路上张良嘱托樊哙："到时你只需先进去禀告沛公，就说我张良前来辞行，问他是见与不见？"

樊哙依照张良吩咐，径直朝刘邦的卧榻走去，老远就大声禀报：

“沛公！张良前来辞行，你是见与不见？”

刘邦此时正与宫女亲热。突然又听樊哙嚷嚷，果然大怒：“好你个不知天高地厚的樊哙，三番五次前来打扰，不教训教训你，真不知二哥贵姓了！来人呐！先将樊哙绑了！”

樊哙并不动怒，又近前几步禀报道：“张良前来向你辞行，你是见与不见？”

“你说什么？张良辞行，辞什么行？”此时刘邦酒已醒来大半。

“子房说，他要回韩国了，特地向你辞行，如果你不见，就让我代为送别。”

“真是岂有此理，谁叫他现在回去？你请他立刻来见我。”樊哙心中暗自好笑，转身请张良进见沛公。张良进去时，两个宫女正给沛公穿衣服，沛公忙推开宫女，问道：“子房，谁叫你现在就走？”

“沛公，当初韩王让我随沛公入关，如今沛公已受降秦王，进入秦宫，大功告成，只等登基了，我已无事可做，应该回去了。”

刘邦听张良说罢，真是哭笑不得，反问张良道：“如今，秦王虽降，但各路义军正待入关，尤其项羽几十万大军正向关中杀来，鹿死谁手，尚难料定，此时子房怎能弃我而去呢？”

沛公让樊哙扶张良坐下，张良听刘邦已入话题，便接着说：“沛公令将士宫中宿营，就好比把泥块放进水中，片刻工夫，就成了稀泥，再也拿不起来了，沛公还不知道，这些将士现在正在宫中抢夺财宝，此刻，不用说项羽的几十万大军杀来，既是有一千精兵袭来，就可以将这支队伍杀得片甲不留，难道沛公希望看到这种结局吗？”沛公的酒全醒了，他凝神看了看樊哙。张良继续说道：“樊将军的劝告是对的，古人云：‘良药苦口利于病，忠言逆耳利于行。’沛公应采纳他的意见。秦王投降还不到一日，昔日那么强大的王朝，是谁把它摧毁了，不是别人，正是它自己！试想，如果秦王不修建这百里阿房宫，不穷奢极欲，我们能战胜它吗？”

张良的一席话，如雷贯耳，使刘邦彻底清醒过来了。当想到即将杀入关来的项羽时，他问张良：“子房以为我们该怎样应对项羽？”

张良用极其肯定的语气说：“还军霸上！”

“还军霸上？好！樊哙传令，立即还军霸上！”

"遵命！"樊哙得令就要离开，张良忙拦住樊哙，补充道："再请樊将军派一支队伍，立刻将秦宫的珍宝、财物、府库全部封存，并派重兵把守。"

"好！出发！"刘邦快步走出了寝宫。

刘邦大军入关，关中百姓原以为刘邦必定会杀得尸横遍野、血流成河，为此，他们惶惶不可终日，等待劫难的降临。然而这一天，苍茫的暮色中，咸阳的百姓惊奇地发现，白天接受秦王投降后进入阿房宫的队伍，此时又浩浩荡荡向霸上撤去。没有看到他们从阿房宫拉走大箱的珠宝，更没有看到他们押走大群的宫女。沛公的队伍为啥要撤走？街道两旁围观的百姓，议论纷纷，都是一头雾水。突然人群中走出一位老叟，大胆上前拱手相问："敢问将军，沛公的队伍为何进了秦宫又退了出来？"

樊哙很幽默地答道："沛公不愿做第二个秦王，所以退出！"

"真是仁义之师！"老叟高兴地点头说。

根据张良提议，刘邦在霸上宴请关中各县父老豪杰，席间刘邦宣布三条规矩：一是杀人者必须偿命。二是凡伤害别人和盗窃者，一定要给予相应的处罚。三是即日起废除秦法。刘邦说："我率领队伍入关，就是为了废除秦朝苛法，绝不会伤害大家，我现在之所以还军霸上，是等待各路义军到来，然后共议天下大事。"

关中百姓知道约法三章后，都高兴得奔走相告，有的还牵着牛羊来到霸上慰劳将士。沛公看到关中百姓如此拥戴他们，自是高兴。

还军霸上

按语:刘邦西进反秦,一路浴血奋战,最终杀入关中,秦王子婴投降,刘邦以胜利者自居,要在阿房宫享受昔日秦王美女、美酒的帝王待遇。张良以政治家的敏锐眼光,看到项羽等各路义军正向关中杀来,鹿死谁手尚难料定,力劝刘邦汲取亡秦的教训,立即还军霸上。张良在关键时刻提出还军霸上,充分展示了张良博大的胸怀和远见卓识的谋略水平。不仅使刘邦赢得了关中百姓“恐不王中”的民心,同时也为之后的刘项争斗,占据了主动。正如《张良劝沛公》戏词所唱:

阿房宫珠宝耀眼亮,
琼浆玉液迷人香。
宫女个个仙女一样。
见此情喜得你军不顾将。

忠言逆耳还军霸上,
因为项羽实力太强。
秦亡教训必须汲取,
心明眼亮做君王。

十四、鸿门宴

公元前206年12月，刘邦十万大军驻扎在霸上。项羽四十万大军攻破函谷关后，进驻戏下（陕西临潼东北），距霸上只有四十里路远。霸上与戏下在酝酿着未来的对决。

近来，刘邦心情一直不错。大战南阳逼降南阳郡；武关开门迎降；疑兵突破峣关，他没有预料到会这么快就入关了。更使他没想到的是昔日威加四海的秦国国王，竟会带着百官跪在他的面前求降；约法三章颁布后，关中百姓会那么拥戴，并且热情地慰劳他的将士，这些都使他始料未及。

然而，好景不长，项羽大军的迅速到来，使所有喜庆荡然无存。刘邦知道，项羽的实力要比他强大得多，而他和项羽的较量，又势在难免，只是早晚而已。

项羽也急于入关。在他血战河北，迫使秦军最后一支主力章邯二十万大军投降之后，便挥师西进。当大军行至新安时，已降秦军官兵私下议论说："如杀入关中能推翻暴秦，当是大好事，若不能推翻秦朝，诸侯军将领掠持我们到东方去，而秦朝因此杀害我们的父母、妻子、儿女，那可怎么办？"项羽听到已降秦军官兵的这些议论后，便召集黥布、蒲将军商量说："目前军中有二十万秦军降卒，他们多为关中人，内心并不顺服，如果到了函谷关，他们不听调遣，情况势必危急。所以不如将他们除掉，而只和章邯、司马欣、董翳等进入秦地。"

于是，在一个漆黑的夜晚，项羽便命令他的部队将这二十万降卒，全部血腥地坑杀在了新安。传说，自此每到夜晚，新安县便有成群结队的冤鬼逢人便追着喊冤，吓得新安百姓很长时间都不敢夜行。谁家孩子啼哭，只要大人说冤鬼来了，孩子马上就不敢哭了。

坑杀降卒之后，项羽大军一路无所阻挡，直奔函谷关而来，出乎项羽预料的是，函谷关关门紧闭，并没有开门迎接他。项羽愤怒极了，当今天下竟还有敢阻挡他的军队，这不是在找死嘛！

项羽纵马来到关下，只见关门上飘着一面旗帜，上面大书着一个刘字。

“关上是何人的队伍？”

“是沛公的队伍！”

“沛公人在哪里？”

“沛公早已入关，现驻军霸上。”

“我是项王，还不赶快开门迎接！”

“沛公有令，任何部队不得入关！”

项羽闻听此言，气得怒目睁圆，叫道：“好个刘季，竟敢拒我入关，待我杀进关去，剥了他的皮！”项羽回到军中，命令部队即刻攻关，他亲自在后督战，将士有后退半步者，立斩不赦。一座雄关，一会儿工夫，就被项羽大军给攻破了。

再后，项羽几乎没有遇到什么抵抗，40万大军直抵戏下，距霸上只40里。

一连几天的雨雪，项羽显得很无奈，听着帐外呼呼的北风，项羽感到有些冷，他请亚父范增进帐饮酒，商量如何解决刘邦问题。他恨楚怀王既然约定了“先入关者为王”，就不该再派他北上援赵，耽误时日，以至让刘邦抢先入关。虽然自己40万大军消灭刘邦不在话下，但在各路义军面前毕竟名不正，言不顺，自己气也不壮。

范增年龄大了，近日偶感风寒，咳嗽得厉害，没有喝酒。项羽独斟独饮，他对范增说：“我到戏下已经好几日了，刘季离我只有40里路，也不来打个招呼，他是什么意思？”

范增道：“这不明摆着的，如今秦王投降，争夺天下的人，不就是你和刘季吗？”

“这么说来，我该咋办？”项羽问。

“当然是先下手为强！别无选择。”范增很坚决地说。

这时，卫士进帐禀报：“有个身份不明的人，说有要事，一定要面见项王。”

项羽有些惊诧，范增示意带人。少顷，来人进帐，与项羽见礼之

后说道 :“请项王屏退左右。”

“不妨事，这是我亚父范增，啥话都可以说。”

“我受曹无伤将军所派，从霸上来见项王。”

“曹将军有何吩咐 ?”

“曹将军要我禀告项王，刘邦趁项王大战河北之际，抢先入关，他不仅将秦宫中财宝洗劫一空，还准备立子婴为相，他当皇上。若项王要攻打霸上，曹将军愿为内应，但他有一个条件。”

“什么条件？”

“待项王杀掉刘邦之后，封他为王。”

项羽看了一下范增，范增点头示意。

项羽又问 :“刘邦现有多少队伍？”

“刘邦现有十万人马。”项羽听说刘邦只有十万人马，长出了一口气，颇为得意的说 :“好吧！我答应曹将军的条件，你回去告诉他，我近日就进攻霸上，让他做好准备。”

来人告辞而去。

范增告诉项羽 :“刘季这个人，素来贪财好色，可我却听说他入关以后，十分反常，这说明他心中怀有大志。项王不可迟疑，即日内就可发兵。”

项羽当即传令 :“明日犒劳士兵酒食，让他们吃饱好去攻打刘季。”

项羽的季父项伯听说要去攻打刘邦的消息后，坐卧不安。他想，当年自己身陷绝境时，张良曾有过救命之恩，而今他又身处危境，我能见死不救吗？想到此，项伯翻身而起，穿好衣服，帐外策马而去。四十里路，没多大工夫就到了。当项伯被带到张良住处时，张良十分意外，忙吃惊地问 :“两军对峙，项伯兄深夜到此，不知有何见教？”

“形势紧急，我是特地前来救你的。”

“我有什么大灾大难，惊动项伯兄深夜赶来？”

项伯机警地环顾了一下四周，然后附在张良耳边说了几句。张良听完项伯的话，先是心里一惊，后很快镇静下来，故意问项伯 :“那我该咋办？”

“赶紧跟我走！不然，两军厮杀，怕你性命难保！”为探清虚实，张良又问 :“你来，项王知道吗？”

“还敢让项王知道？我是难忘你子房救命之恩，偷偷跑来的！”张良见他情真意切，不是诱降之计，才放了心。于是满怀感激地说：“感谢项伯兄一片好意，不过，沛公对我有知遇之恩，现他身陷危局，若不辞而别，未免也太不仁义了，请项伯兄在此稍等片刻，我到沛公处告个别，咱就走。”项伯闻言色变：“万一沛公知道我来，把我扣下做人质咋办？”

“放心吧！有我张子房在，就有你的安全。我决不会卖友求荣！”张良说罢，赶紧叫来何剑为项伯警卫，他才大步向沛公军帐走去。刘邦也没有歇息，正一个人围炉喝闷酒，见子房进帐，十分高兴：“子房来了！我正想找你，还怕你睡了。”

“沛公不也没睡吗？”

“我的身边躺着一只老虎，我能睡得着吗？”

“沛公我问你一件事，当初谁要你封锁函谷关的？”

“入关时有好几个人都对我说，关中是块富饶的地方，只要守住函谷关，不让其他诸侯入关，依靠这块地方就能称王。没想到却激怒了项羽，现在他气势汹汹杀来，看来我和他的大战已在所难免了。”

“是的，据可靠消息，项羽近日就要进攻霸上了。”刘邦听到此言，手中的茶杯啪的一声掉在了地上。

“那我们将如何应对？”他有些惊慌地问张良。

张良见状，也反问道：“沛公觉得有把握打败项羽吗？”刘邦沉默不语，不知怎样说才好。

“现在沛公可以见一个人。”张良说。

“什么人？”刘邦问。

“项羽的季父项伯，他是我的老友。”

“他现在何处？”

“就在我的住处。”

刘邦十分惊诧，问道：“子房怎么与项伯如此深交？”

张良说：“那是当年项伯杀人后，绝境中我帮助过他，所以今夜他才不忘旧恩，冒死来给我通风报信的。现在事情紧急，打又打不过，那就非忍不可。请项伯回去告诉项羽，你刘邦绝不敢背叛项王，若项羽相信你的此番诚意，那就暂时无虞，今后再从长计议。”听完张良的话，刘邦点头称是，叫张良快带项伯进帐。张良刚转身，刘邦又问："子房，项伯与你谁年龄大？"

"当然比我大。"

"我当兄待之。"刘邦说。

张良回到自己住处，见项伯正焦急地等他，没等项伯开口，张良便说："项伯兄，沛公想见见你，请跟我去吧！"项伯一听，顿时脸色变白，厉声说道："张良，我好心救你，你反而通报刘邦，叫我再去他军帐，他岂肯饶我？你不愿走算了，就此告辞，善自珍重。"说罢，转身就走。张良一把抓住项伯的手说："兄长请千万留步，沛公绝无歹意，事关大局，沛公有话请你转告项王，若兄不去必误大事，难道兄长忍心看到义军之间互相残杀，血染关中吗？"

项伯最终被张良的忠诚所感动，被张良带着去见沛公。刘邦自然是热情接待，当得知项伯儿子年过十七时，刘邦顺口就把小女许配给项伯做儿媳。沛公见项伯已心无芥蒂，便唉声叹气，装出一副十分忧心的样子。项伯见状便问："沛公一路势如破竹，抢先入关，还有什么可忧心的？"

刘邦说："项伯兄不知，入冬以来，我就病倒在床，近日又雨雪连连，得知项王已到了戏下，我却不能前去拜见，实感亏欠，不料今晚能在此与项伯兄相遇，正好先请项伯兄代为项王问好，说我近日一定登门拜访。"

项伯顺口说道："项王近日情绪很坏，不知他见与不见。"

张良惊诧地问道："出什么事了吗？"

项伯沉默片刻说："项王西进时，被沛公守关士卒拒之函谷关外，还说没有沛公命令，任何人不得进关。"

张良问沛公："咋会有这事儿？"

沛公故意装作吃惊地样子说："谁假借我的名义，下如此荒唐的命令？"

张良说："一定要查清此事，给项王一个交代。"

刘邦接着很委屈地说："苍天在上，我刘季之心可以天鉴。虽然我先入关一步，但我是秋毫无犯，我住的是秦宫吗？不是！我抢走了宫中财宝吗？没有！我仅把秦的府库封存，是为防盗。当时函谷关留了很少量的士卒守关，是防流寇窜入。我还军霸上，约法三章，安抚关中百姓，这一切为的什么？不都是为了等项王入关吗？天下皆知，我入关也是执行怀王命令，本来楚怀王说先入关者为王。可我先入关了，我称王了吗？即便如此，项王如果还要怪罪于我，急于图我，这天理何在？良心何在？”说得慷慨激昂的沛公，不觉伤心地哭了起来。

张良一见时机成熟，赶紧劝住沛公对项伯说：“沛公宽厚仁义反而不被人理解，才造成今日局面，所以，务必请项伯兄把其中原委，告诉项王，切不要误会了沛公一片苦心。”

项伯未曾想到，沛公会有如此满腹委屈。也劝说道：“沛公不必过于悲伤，我一定把你的心意代为转告项王。”

“那就太感谢项伯兄了。”刘邦擦了一下眼泪说。

“不过，明天你一定要来戏下拜见项王，宜早不宜迟，千万不可延误，否则后果不堪设想。”项伯说罢，起身告辞，刘邦、张良又赶忙送了项伯几件珍宝。项伯回到戏下，便来见项羽。项羽吃惊地问：“季父深更半夜有什么事？”

“营内到处杀猪宰羊，近日真要进军霸上？”

“是的，那又怎样？”

“不妥，千万不能急躁行事。”

“季父这样讲是什么意思？”

“我刚从霸上回来。”

项羽很吃惊地问：“半夜你去霸上干啥？”

项伯说：“知道你近日要进攻霸上，张良对我有救命之恩，我去叫他赶快离开，更想争取他到我们这边来。因为张良的确是个难得的人才。”

“是的，张良确实有胆有识，如果他来，我一定重用他。他来了吗？”

“没有，不过，我摸了个很重要的情况。”

“什么情况？快说。”

项伯有意停顿了一下说：“我发现你误解刘邦了，其实他并不想与你作对，更不是曹无伤向你通报的那样，他并没有抢劫财物，更没有入宫称王……”在一旁的范增听到这里也插话：“其实，我也不相信曹无伤说的话，不过，我以为，刘邦不抢劫财物，不入宫称王，才更令人可畏，若不趁早灭了他，怕是后患无穷。”

项伯很反感范增的插话，便冲着范增说：“你怎么不说，若没有刘邦先行，我们怎会顺利入关？何况，入关灭秦是怀王下的命令，大家同为反秦义军，人家有功，还要遭击杀，这不明明要陷项王于不义之地吗？如今项王还要邀请各路义军首领入关议事，号令诸侯，你先杀了刘邦，谁还敢来？所以，我以为，切不可目光短浅，因小失大。”

项伯最后一点，确实击中了项羽的要害。于是，项羽说：“好吧！看他明天来怎么说，没有我的命令，不许妄动。”

范增起身愤然离去。

第二天，刘邦一大早便亲自赴鸿门向项羽表达敬意，项羽遂设宴招待刘邦。这就是历史上有名的“鸿门宴”。

刘邦进入中军帐，向项羽拱手致礼后说道：“项王率大军入关，刘季今特地前来拜见，臣与将军共同反秦，将军战河北，臣战河南，没想到臣先入关一步，但我入关后，不敢入住秦宫，而是封存府库，派重兵把守，以待将军入关再定夺发落。”

项羽沉着脸，很不高兴地说：“我早就听说，沛公入关后，不让诸侯入关，暗中准备称王，难道没有这事？”

刘邦从容地说：“要说我有什么错，那就是不该先入关，使秦王子婴向我投降，难道这也算罪吗？请项王千万不要听信小人之言，挑拨你我关系。”

范增突然咳了一声，气氛顿时紧张，项羽觉得有些尴尬，便脱口说道：“什么小人言，还不是你的左司马曹无伤说的，还错得了吗？”

范增急忙用目光制止项羽，话一出口，项羽也觉失言。刘邦心中一惊，但立刻装作毫不在意的样子说道：“不过，今天我敢来拜见项王，就是我知道项王胸怀坦荡，光明磊落。项王与我本来都是奉命西征，若项王仅为入关，就不会北上援赵，与秦军主力决战于河北，正因为这样我才能乘隙入关，我深知项王反秦功高盖世，所以今天特地来请项王移军秦宫，以号令天下。”

刘邦这一番话说得项羽笑逐颜开，张良见此情景，便赶紧说：“自薛城一别，分兵抗秦，今天才大功告成，何不开怀畅饮！”

项王一时兴起，大声叫好。项伯安排座次，请项王向东坐主席，刘邦向西坐客席，范增向南而坐，张良向北而坐。宴会上，范增一直脸色阴沉，尤其看到项羽满面笑容与刘邦交谈，更是忧心如焚。他手捏玉佩，每当项羽与他对视时，便用眼神和举玉佩暗示项羽，赶快决断，除掉刘邦。项羽只是略微点头，便立刻又与刘邦交谈起来。刘邦从说宋义如何不义，项王杀他是明智之举，到新安一夜坑杀20万降卒的壮举，尤其当刘邦问起，项王是如何生俘秦之名将王离，逼降章邯大军的。项王更是得意忘形，谈起来滔滔不绝。

范增在一旁恨得咬牙切齿，用手使劲扯着玉佩，但项羽和刘邦谈得热火朝天，连看都不看他一眼，他干脆把玉佩扔到一旁离席而去。

张良稳坐席间，静观其变，范增的一举一动，他都看在眼里，但仍无事一样，专心听项羽讲他的反秦壮举。

范增走出帐外，令项庄以舞剑助兴为名，行刺刘邦。项庄是项羽的胞弟，进帐，他先走到沛公跟前献酒致敬，然后转身禀告项羽说："今日项王宴请沛公，席间虽有美酒却无乐舞，不如让我舞剑助兴。"

项羽高兴地说："好！"于是，项庄拔剑起舞，顿时，席间东西劈击，南北挥杀，一股杀气直逼沛公。

项伯一看项庄舞剑，步步逼近沛公，又看到范增重新入席面带得意之色，知道事情不好，别让这老儿把事情给搅了，便当即站起来说："一个人舞没有意思，我也来参加一个！"项伯说着拔剑来到项庄与沛公之间，挡住了项庄的剑，处处护住沛公。他知道席间千万不能出事，不然怎么向张良交代。

张良见项庄舞剑，步步逼近沛公，十分紧张，后见项伯也参加舞剑，便放下心来。抓住这个机会，赶快离席，向帐外走去。守候在营门外的樊哙，手不离剑，两眼直盯着营内，一旦发现异常，他会杀入营内去救沛公。突然他看到张良大步向外走来，便赶紧迎上去问："情况如何？"

"里边情况十分紧急，项庄舞剑，意在沛公。"张良说。

"既然如此，让我进去，有我就有沛公！"樊哙说。

樊哙一手持剑，一手握盾大步闯入营门。两旁卫士立刻将戟交叉，阻挡樊哙，哪知樊哙用盾牌猛地往前一撞，卫士顿时倒地。他走进帐中，威风凛凛站到了沛公身边，怒目圆睁，逼视项羽。大帐内气氛骤然紧张起来。两位舞者悄然住手，退到一边。项羽本来双膝跪地，坐在脚后跟上，见状一跃而起，顺手拔出剑来，满脸惊慌，厉声问道："这是何人？"

张良也不想让事情发展到不可收拾的地步。于是便很平静地答道："他是沛公的参乘樊哙。"

项羽自知刚才有些惊慌失态，于是便哈哈大笑道："真是一位壮士，赐给他一大斗酒！"

樊哙只说了声谢项王，便将酒一饮而尽。

项王又命："再赐给他一只猪肘子。"

范哙接过猪肘子，把盾牌放在地上，把猪肘子放在盾上，用剑大块切着吃，生吞活剥，没几下一个生猪肘子就只剩下了骨头。

项王对樊哙的表演，简直看傻了眼，笑着又问："壮士还能饮酒吗？"

樊哙毫不犹豫，答道："连死都不怕，喝点酒又算什么？"

范增唯恐不乱，故意问道："今日项王好意赐酒，壮士为何言死？"

樊哙道："当今天下谁不知道，暴秦如狼似虎，杀人唯恐不多，用刑唯恐不重，所以激起天下人的反抗，记得当初怀王与诸侯有约：先入关者为王。今沛公虽然先入关，但他却封闭宫室，还军霸上，等大王到来。可惜沛公劳苦功高，不但不能收到封侯之赏，反而有人听了小人之言，还要杀他，这与暴秦有什么不同？我希望大王千万不能这样去做！"只见项羽脸上红一阵白一阵，半天才说："喝酒，喝酒。"气氛总算又缓和下来了，大家入席继续喝酒。一会儿，刘邦如厕，张良和樊哙都跟了出来。张良说："趁此机会，樊哙赶快保护沛公从小路回去。"

沛公有些迟疑："不告辞一声，这样不好吧？"

樊哙心直口快："有什么不好！干大事要权衡利害轻重，不必拘泥于小节！如今我们是人家菜板上的肉，不走还等他宰割吗？"

张良说："沛公请回吧，这里有我应付，沛公前来带了什么礼品？"刘邦令随从取出白璧一对和玉斗一双，对张良说："白璧送给项羽，玉斗送给范增。"

“请沛公放心！”张良说，“从鸿门到霸上虽然有四十里，但走骊山下小路不过20里，车马随从留下，沛公骑马，由樊哙、夏侯婴、靳彊、纪信护卫，赶快走。”等刘邦一行悄然离开，张良带着礼品欲回帐内，迎面与项王都尉陈平相遇。

“子房先生，项王派我请沛公入席。”

张良故意停住脚步，与来人攀谈：“请问大人尊姓大名？”

“都尉陈平。”

张良一听是陈平，忙深深一拜道：“早闻先生大名，今天才有幸相识，先生才智过人，善出奇谋，还望多多赐教！”

“子房不必过谦了，我岂敢在子房面前班门弄斧？”

陈平压低声音说：“我也早听说沛公宽厚仁爱，此次还军霸上，确属非凡所为，定是子房大手笔所为，同时也足见沛公胸怀，将来必成大器。”陈平看营门外还不见沛公回来，看了张良一眼，顿时恍然大悟。张良深知此乃区区小计，怎能瞒过精明过人的陈平，便坦然相告：“形势严峻，沛公不得不走，望先生见谅。”

“大丈夫当行则行，不必顾忌。不过我什么也没看见，哈哈……”

张良料定沛公已经走远，便与陈平一同进帐。项王已经等得不耐烦了，见张良进来，便大声问道：“沛公如厕去这么久，要把茅坑拉满吗？”

张良回道：“沛公不胜酒力，不能亲自前来告辞，令我将白璧一双敬献项王，玉斗一对敬献亚父。并再次向大将军表示深深敬意！”

项羽仔细看了一下白璧，便命人给后帐的美人虞姬送去了。范增接过玉斗不屑一顾，置于一旁。

“那么，沛公现在什么地方？”项羽回过神儿来吃惊地问。

“沛公已经上路。”

“为何不辞而别？”项羽不满地说。

启禀项王：“沛公不辞而别，是因为他看到项王的部下中，有人在故意找他的岔子，想加害于他，所以只好不辞而别了。”张良平静而沉着地回答项王。

项羽故意装作吃惊的样子问亚父：“真有这样的事吗？”范增冷笑着避而不答。项王说：“没有那么严重吧？你快请他回来，我要当面给他解释清楚，还有大事需要商量呢。”

张良故意略带惋惜的口气说：“沛公单骑从小路返回，此刻已经到霸上了。”

范增又是阴冷地一笑。

辞别项王，张良走出军帐。范增命项庄扣住张良，不能让他再回刘邦军中。

项伯闻听要扣留张良，忙对项王说：“既然沛公已经走了，扣住张良不反而伤了和气吗？”

项羽犹豫不决。

樊增猛地抽出剑来，一剑将放在桌子上的玉斗劈得粉碎，并责怪项庄：“你这小子，成不了大事！将来与项王争夺天下的必定是刘季，你我迟早会被他抓住，今日错失良机，可惜，可叹！”

刘邦与樊哙等人沿着骊山下的小路急行。突然，在峡谷的密林间冲出几个剽悍的杀手，冲着刘邦截杀过来，樊哙命夏侯婴等人上前抵挡，自己护住沛公奔逃。这时，又有两个杀手从后边追了上来，樊哙要沛公打马向前，自己回身迎战那两个杀手。沛公一人骑马狂奔，猛然又看到前边树丛里闪出一人，他本想打马冲过去，只见那人纵身一跳，抓住了马的缰绳，马一声长鸣，停了下来，沛公想这下完了，但当他定睛一看，此人原来是何剑：“沛公勿惊，我受子房先生所派，在此已等候沛公多时。”沛公这才松了口气，下马跟着何剑进了一片密林，后又骑上马翻过了一座小山，霸上的军营已见端倪。就在这时，何剑发现军营中奔出一骑，沛公问何剑：“你看那人是谁？”何剑仔细望了一会儿，说：“好像左司马曹无伤。”沛公小声交代几句，何剑便隐身树后。等待骑马者走近时，沛公故意大声问：“那边来的是何人？快来救我！”曹无伤骑马近前，一看原来是沛公，惊恐地问道：“沛公不是去鸿门了吗，怎么会在这里？”

沛公有意装出大惊失色的样子说：“项羽要杀我，我独自跑了出来，追兵在后，左司马快救我！”曹无伤一听不禁欣喜若狂，他用手一指说：“沛公快看，追兵来了！”刘邦刚一回头，曹无伤顺手扯出一个绳套，套在了沛公脖子上，用力一拉，将沛公拉下了马，用剑指住沛公说：“现在我明白告诉你，我曹无伤不愿给你刘季做个小小的左司马，项王答应封我为王。现在生擒你去见项王，便大功告成啦，哈哈！哈哈！”在曹无伤正得意忘形时，何剑从树后冲了出来，曹无伤猝不及防，催马要逃，抬头见前边树林里冲出了樊哙几人，曹无伤看已是无路可逃，便翻身下马，跪地求饶。大家一拥而上，把曹无伤绑了起来。

张良率领百余车骑返回霸上，一听沛公还没回营，曹无伤单骑出走，大吃一惊，立刻带一队精兵沿骊山小路寻来，刚爬上山岗，便与沛公汇合，又见曹无伤已被擒，大家甚是高兴。

沛公一行迎着晚霞走下山来，远望霸上十万大军的连营炊烟袅袅，鼓角四起。一天过去了，然而这一天在刘邦、张良的记忆里将终生难忘，在中国历史上也留下了永不磨灭的记忆。

项庄舞剑，意在沛公

十五、火烧栈道

项羽分封，刘邦汉王巴蜀，刘邦难以接受，欲与项羽拼个鱼死网破。张良则知己知彼，说服刘邦忍小忿以图大谋，并烧毁栈道，麻痹项羽。

鸿门宴后，无人再敢与项羽抗衡，项羽随即兵发咸阳。那位只做了四十六天皇帝的子婴，尽管已跪地投降，交出象征最高权力的玉玺和符节，还是没能保住脑袋。不只是子婴，还有四千多文武官员的脑袋，八百多秦国贵族的脑袋，在项羽大军的屠刀下，都血淋淋地滚落在地。骊山脚下，渭水河畔，千百万工匠数十年用血汗、智慧和白骨筑起的阿房宫，被项羽复仇的大火化为灰烬。大火整整烧了三个月。项羽登上如同小山般的秦始皇的墓顶，他跺了跺脚，尽管他自认为力可拔山，气可盖世，但坟墓并没有塌陷，他愤怒了，于是由千百人数十年修造的坟墓，一朝又被掘开。他没赶上杀死秦始皇，只杀了他的孙子，秦始皇即使死了，也决不能让他得到安息。项羽朝思暮想都想称帝，他恨楚怀王既然约定了“先入关者为王”，就不该再派他北上援赵，他恨刘邦不该趁他与秦军主力决战河北之际，抢先入关。一气之下，他干脆废了怀王。废掉怀王，项羽当然想称帝，但他又缺乏勇气，左思右想给自己选了一个既非帝又高出王的，带有盟主味儿的霸字加在王的前边，他还不忘江东——西楚，于是给自己封了“西楚霸王”这个不伦不类的头衔。

别看项羽在新安一夜能坑杀二十万降卒，火烧阿房宫三月大火不息。而在真正需要横下决心的时刻，他反倒犹豫不决。如此怎能不坐失良机，坐失天下？如果项羽能称帝，除非没有刘邦，如果有刘邦他也能称帝，除非没有张良。

当刘邦得知项羽封他为汉王，管辖巴蜀之地时，愤怒极了。他拔出剑来狂怒地砍着酒具、桌椅，嘴里不停咒骂着："好你个重瞳，老子受你的气受够了，在你面前低三下四装够了，到巴蜀去称王，这不分明是流放我吗？要去你去，老子就是要在关中称王，这里是我最先打进来的，为什么楚怀王说的不算了？明天我就要发兵去和那重瞳决一死战，老虎屁股摸不得，我就不信这个邪！"卫士没有人敢上前劝阻，萧何闻声，赶紧上前，沛公见萧何走来，便大声喊道："萧何快给我传令，明天要全部出动与项羽决一死战！"

"沛公息怒！此时此刻不可冲动。"萧何劝道。

刘邦指着萧何吼道："不可冲动！不可冲动！难道让他骑在我的头上拉屎拉尿吗？"

萧何见自己难以劝息沛公，只得说："我去请子房来，看他有何良策。"刘邦大发一通之后，稍微平静了一点。见张良、萧何走来，便吩咐侍从端上来黄金、白银、珠宝放在张良面前，张良不解地问："这是什么意思？"

沛公道："鸿门宴上子房巧妙安排，百般周旋，才使我安然归来，有大功于我，这点赏赐与你的功劳比是微不足道的。"

张良一见珠宝豁然醒悟，问："还有更珍贵的吗？"

刘邦一挥手说："把那些都抬上来，让子房自己挑选。"张良知道沛公误会了，忙解释说："不是我要，我是想送给项伯，让他去给项羽疏通一下，可不可以让沛公留在汉中。"

"这是个办法，就按你的想法去做！"刘邦说。张良带上珠宝见到了项伯。

"子房，你我生死之交，咋还这样客套？"

"这是沛公的一点意思，鸿门宴上你对他有救命之恩，他感激不尽。"

"他倒是个知恩图报的人。"

"那是当然。"

"这次分封，我家侄子做的也太过分了，把沛公赶到巴蜀去了。"张良一听话说到正题上了，忙接着说："项王这样做难道他就不觉得是负约吗？"

"他对沛公有气，是在意气用事。"项伯说。

“不过，我倒有个主意，既能保全项王面子，又能让沛公安心服命。”

项伯问：“什么主意快说。”

张良稍微停顿了一下说：“何不劝说项王让沛公称王汉中，这样大范围都属关中之地，项王可免去负约之嫌！”项伯十分赞同：“这样好，让我去说与项王。”

项羽分封十八王后，心里七上八下，怕诸侯不服。虽然他对刘邦恨之入骨，但又怕人说他负约。现在一听叔父的建议，一口便应了下来。心想汉中仍是闭塞之地，就让他去吧。

刘邦一接到项羽分封他到汉中为王的命令，怕再生变故，赶紧准备启程前往。张良跟随大军到褒中时，突然接到韩王成差人送来的信，要他立刻赶回新郑。这时，刘邦才记起张良是他借来的人。信使催促张良赶快启程，刘邦很不高兴地说：“子房助我入关，功不可没，再急也得让我给子房饯别吧！”

入夜，刘邦召集手下将领，为张良举行了盛大的饯别宴会。席间刘邦颇为动情，将士们跟着他拼死拼活杀入关中，现在却有城不能进，有宫不能住，还要被项羽赶到巴蜀去，现在虽给了点恩惠，但去汉中的路也是越走越荒凉，越走越偏僻，将士们是越走越想家，想妻子儿女，想老父老母……将领们喝着酒，越喝越不是滋味，越喝心里越难受。如今，张良要走了，大家知道，如果没有张良，可能压根就不会有鸿门宴，即使有鸿门宴，也不会是现在的结果。这么一支队伍，没有一个精明的谋士运筹帷幄怎么能行？本来一个高高兴兴的送行晚宴，却成了一场凄惨的告别，说着说着不知哪一个哭出声了，这一哭不当紧，顿时引来一片哭声，刘邦心乱如麻，猛地拍了一下桌子，大声呵道：“哭啥哩？我还没有叫项羽砍下脑袋！”

樊哙猛地站了起来：“这个窝囊气我受够了！我怕他个双眼球，汉王，巴蜀咱不去，汉中咱也不去了！你带着我们杀回去，跟项羽拼个鱼死网破！”

“对，樊将军说的对！”

“操他八辈祖宗！真拿咱不当人！”

“项燕、项梁不也是被人杀了吗？就不信他项羽长了两个头！”

“汉王，下命令吧！哪个龟儿不敢和他拼命。”

“汉王，这一仗早晚少不了！打吧！”

“对，晚打不如早打！”很显然，将士们是不愿去汉中和巴蜀。刘邦心烦意乱，拿不定主意，他挥了挥手说：“今晚就到这里，容我再好好想想，明天一早，子房还要赶路，何剑选一百名精兵护送，不得有误。”张良起身向汉王告辞，但他又觉得这样离开不行，他放心不下。于是上前说：“汉王，让我送你回去吧！”刘邦还在刚才将领们群情激昂的场面里没完全解脱出来，所答非所问地说：“子房，你非走不可？”

“是的，请汉王原谅。”

“难道说，我对你还不如那位韩王成？”

“当然不是。我毕生难报汉王知遇之恩。”

“难道说，跟他比跟我前程远大？”

“韩王根本不能和汉王比。”

“那你为啥还非去不可？”

“因为我是韩国人，我祖父，父亲两代相韩，在故乡山岗下，埋葬着我先人的遗骨，我必须得回去。”

刘邦拉住张良的手说：“子房，恕我直言，尽管我和韩王交往不多，但我感到那是一个目光短浅的人，你为他奔走值吗？”

“汉王对韩王成的评价是对的，而且很有眼光。但是汉王知道，他毕竟是我竭力给项梁推荐的，如今他有难，我能扔下不管吗？我这是知其不可为而为之，且前程未卜。”刘邦见张良主意已定，便不无担心地说：“鸿门宴上我能脱险，全靠子房机智，因此，项羽和范增对你恨之入骨，岂肯饶你，路上你要格外小心。”

“多谢汉王提醒，我也知道此去前程多艰，生死难料，也许这就是与汉王的永别，再也难相见了……”张良有些动情，刘邦忙拉住张良的双手安慰道：“别，别这样讲，子房相信我们还会见面的！你明天就要离我而去，刚才大家的意见你也都听了，我该咋办？你再替我谋划谋划，我真拿不定主意！”

张良猛然抬起头来，逼视着刘邦问道：“汉王难道也赞成将军们的意见？”

“我实在咽不下去这口气！”

“大丈夫能屈能伸，我想问汉王，以目前我们的力量能打败项羽吗？”

“当然不能。”刘邦坦率承认。

“既然打不败项羽，就绝不能去冒险，应该避开他的锋芒。暂时到这大山里来，不正是躲避他最理想的地方吗？如果连栈道都没有，不仅可以预防项羽等诸侯的军队来打你，而且还向项羽表示你无意与他争天下了。”

“难道从此就天下太平了吗？”

“当然不能，这次分封不是还有不少人也不满意吗？汉王应好好积蓄力量，静观天下之变，等待时机，后发制人。如果现在我们抢先攻打项羽，这样他就可以借口联络各路诸侯，共同来打你，那后果将不堪想象。”刘邦沉默良久，微微点头。

张良又在汉王耳边低声说了一阵子，刘邦连连点头说是。第二天一早，汉王带着诸位将领为张良送行。张良骑马来到汉王面前，身后何剑带着一百名壮士。令人不解的是他们每人手中都拿着一支未曾点燃的火把，难道他们要星夜兼程吗？

汉王与张良并马前行。

“子房，我还有一句话……”

“汉王请讲。”

“如果那边不能安身，你一定还要回来！”

“请汉王放心，只要不死，迟早我都会回来的。”

“我要的就是你这一句话。”

他们来到一条河边，路就在这里中断。“汉王请留步，我们就此一别吧！”张良下马向汉王跪地拜别，汉王也赶忙下马扶起：“子房，一路多保重！”

张良一行渐渐消失在前方的峡谷中。

汉王一动不动，驻马远眺，直到身后有人说：“汉王，请回吧，子房先生已经走远了。”

刘邦若有所失地调转马头，正要回去，突然有人惊呼：“前方起火了！”

刘邦抬头一望，只见栈道延伸的前方，浓烟滚滚，火光冲天。两位前去送张良的军校慌忙跑回来向汉王报告："张良一行到了前面，他突然命令护送他的百名壮士，将手中的火炬点燃，边走边投向身后的栈道，于是，栈道的木架立即被火点燃，风助火势，栈道立刻便燃烧成了一条盘山的火龙。"刘邦的将士震惊了！一心想要杀回去的将士们，如今绝望了。回去的路没有了，不困死在这深山峡谷之中吗？这张良安的是什么心？他是不是故意放火烧了栈道，把汉王困在这深山里，好去讨好投靠项羽？汉王平日待他不薄啊，他怎么会有如此歹毒之心？顿时，送行的将士们，义愤填膺，纷纷马前请命，要去扑灭大火，追回张良，将其千刀万剐。在这群情激愤，咒骂和请战声中，刘邦却一反常态，若有所思地举目望了一阵，猛然调转马头，说了声："回营！"

众将士看看已回转的刘邦，再看看峡谷那边冲天的火光，一头雾水，百思不得其解。

火烧栈道

按语：尽管当时刘邦对烧毁栈道很不情愿，众将士也认为这样烧断了他们杀回关中的路，刘邦还是依张良之计烧毁了栈道。这就给项羽造成了刘邦无意东顾的假象，麻痹了项羽对刘邦的警惕，使刘邦赢得了休养生息的时机。

十六、彭城脱险

张良赴彭城搭救韩王成时，因刘邦出兵关中，项羽恼羞成怒，派兵追杀张良，张良临危不惧，又致反书给项羽，使项羽由西征刘邦转为北伐齐赵，为刘邦东进中原创造了有利条件。

张良一行火烧栈道后，昼夜兼程回到了韩国都城新郑。

昔日车水马龙、繁华无比的新郑，此时已是城池荒芜，一幅颓败的样子。张良进得城来，满目残垣断壁、民不聊生的景象，使他的心阵阵作痛。难道这就是他魂牵梦绕的故国都城吗？

张良此次回来，原本打算拜见韩王之后，再回去看看昔日的相府，这不仅是他张家引以为豪的见证，更重要的是，他必须去看看当时未来得及安葬的弟弟，现在是否已入土为安？因为这是他最不堪回首的一件事……

张良来到昔日的韩王府，这里已是人去楼空。张良四处打探韩王消息，最后还是从一个原韩王府护卫那里得知，项羽入关大封诸侯王时，韩王也匆匆赶去受封，但不知是什么原因，韩王却未曾受封。听说现在又被项羽胁迫去了彭城。

知道了韩王的去处，张良意识到，韩王之所以急忙招他回来，看来韩王已是凶多吉少。于是他不顾个人安危，又马不停蹄往彭城赶去。

张良一行到彭城外围时，停了下来。张良怕百十号人进城目标太大，于是，让何剑只带了两个人先进城看看情况。他给项伯修书一封，让何剑带上，能先约见一下项伯最好。

项伯这人尽管爱财，但热情、仗义，又和项羽是叔侄关系。上次鸿门宴若不是项伯深夜送信，从中周旋，还真说不准今天会是什么样子！张良想先拜见项伯，一来叙旧，二来也能了解项羽和韩王近况。

何剑没过多久便回来了。他告诉张良：“项伯已到城门迎候，请赶快进城吧！”

张良得知项伯已离府迎接，很是高兴，给何剑小声交代一番后，便快马去见项伯。

张良和项伯故友重逢，寒暄过后，项伯便向张良说道：“子房不在汉中陪伴汉王，独自来彭城必有要事！”

张良知道到彭城办事，少不了要项伯帮忙，于是也很爽快回项伯道：“项伯兄应该知道我是韩人，这次辅佐汉王西进入关反秦，本是受韩王所差派，现在暴秦已除，我理当回来报效韩王，听从韩王今后安排。”

项伯深知张良一向谨慎，所以也不再多问。一再嘱咐张良要保重身体，在彭城需要他帮忙时，千万别客气。临别项伯怕张良进出城不便，还送给张良一个特别进出城符节。张良送别项伯，便按项伯所指位置，前去拜见韩王成。

韩王成原本是先王之后，家境衰败后在家放羊。当年项梁为动员六国贵族反秦，重新分封六国国君。当时，张良复韩心切，便极力说动项梁，册封韩成为新韩王。项梁还封张良为司徒，协助韩王成治理国家，一道反秦。谁知韩成是个目光短浅，心胸狭窄，又贪图享乐的人。自己治国无方，还听不进张良的意见，把张良看作他享乐的最大障碍。于是，当刘邦向他请求借用张良西进反秦时，他便一口答应了下来。两年后，韩王成得知项羽在关中大封诸侯王，便不知天高地厚，也匆匆赶到咸阳，要求项羽重新封他为王。项羽本来对韩王成差派张良助刘邦抢先入关就怀恨在心，现在反秦寸功没有，还想封王领赏，若不是范增另有所图，项羽早把他杀了。

韩王成尽管对项羽分封十八王羡慕不已，但项羽为啥不分封他，他也猜到几分，尤其项羽东归路过新郑时还不放他，他预感大事不妙，于是当即差人火速招张良回来。韩王成及其随从被项羽关在彭城一座民宅里，由楚军士兵看守，过着朝不保夕的日子。韩王成愈发气急败坏，一会儿责怪属下无能，一会儿责怪张良给他惹祸。但他却不敢说项羽一个不字。

正当众人被韩王骂得无所事事时，张良走了进来。大家见张良回来了，真像见到了救星，立刻喊着：“司徒回来了！司徒回来了！”把张良围了起来。韩王成一看是张良回来了，便发疯似的冲到张良面前，又是拳打又是脚踢，嘴里还一个劲喊着："都是你给我惹的祸！都是你给我惹的祸！"众人忙拉住韩王说："韩王、韩王，别打了！司徒都回来了，快想想我们该怎么办？"

"想什么！祸是他惹的，他想不来办法我就治他的罪！"韩王冲着张良吼道。

"司徒，你也看见了，你再不回来，我们真就过不下去啦！求求你快想办法吧！"众人用乞求的口吻说道。

"容我想想！容我想想！办法会有的。"张良安慰大家说。此时，张良心里矛盾极了。他万万没有想到自己苦心扶持起来的君王会是这样一个人。没有想到项羽会如此狠毒地对待他昔日的同事。看着大家乞求的目光，张良极力控制住自己的情绪，说道："对不住大家啦！请稍候，我现在就去见项伯，请他帮帮我们。"

项伯听张良一番诉说，也感到侄子项羽把事做过头啦。他带着张良一起去见项羽。

项羽在宫中正和亚父范增研究如何对付齐国反叛的事。闻听张良求见，顿觉意外，他和亚父范增交换了一下眼神。范增道："鸿门宴我们已被张子房耍过一次了，这时来又干什么？是替刘邦游说？或是来刺探军情？不管怎样，既然自投罗网，这次决不能再放掉他。"

项羽点了点头。

张良在项伯带领下走进霸王宫，见范增也在，张良上前大礼拜见项羽和范增："霸王好！先生好！"

项羽坐着动都没动，问道："子房这次来是为汉王刺探情报呢？或是要讨好什么呢？"

"霸王误解啦！此次来访，子房既不刺探情报，也不为汉王讨什么好处，只是关中一别已有些时日，子房主要是来拜访项王，顺便也回故国新郑看看父老乡亲。"张良说。

"你走啦，那汉王现在干什么？是不是在操练人马，准备重新与我争天下？"项王问。

"项王放心，汉王不会与项王争天下了。"张良说。

"何以见得？"项王追问。

“据我所知，汉王去巴蜀和汉中时，把栈道都烧了，可见他要在那里安心为王了。”张良说。

“安心就好，别先入关几天，就把尾巴翘到天上，不知自己几斤几两了！”项羽说。

项伯见项王语气缓和了，忙帮张良说：“子房已经不跟汉王干了，想回韩国自己做点事儿。”项羽闻听此言，忙问：“子房先生想回韩国干什么？如子房不弃，在彭城干岂不比回新郑更有作为。”

张良看项王有意收留他，赶忙说道：“谢项王美意，但项王知道我是先王册封的韩国司徒，我本是当年韩王成差派去协助沛公西进反秦的，现在暴秦已除，各路诸侯都回项王所封领地为王去了，我也该回我的故国侍奉韩王了。”张良一提到韩王成，项羽立刻气上心头：“这个韩王成，只知道享乐，反秦他寸功未建，还厚颜无耻要我封他为王，成事不足，败事有余，他最不该派你去帮助刘邦先行入关，看哪天我要亲手宰了他！”

张良看项羽对韩王有气，忙解释道：“项王息怒，韩王尽管才能有限，但他对项王还是忠诚的，从来没说项王一个不字。如项王肯用他，他一定会忠心耿耿拥戴项王的。”

“谅他也不敢！”项王很自信地说。

“那项王何时起用韩王？我作为韩国司徒先谢谢项王。”张良说。

“那就先让他回新郑看好地盘。如再有不然，看我咋收拾他！”项羽说。

“谢谢项王！韩王一定会永记项王恩德！”张良说。

“不要谢我，要谢，他韩王成得谢你子房先生，不是看你的面子，他做梦去吧！”项羽给张良卖了个好。

韩王成在民宅已两天没有吃东西了，现在是又冷又饿又气，于是又发疯般责骂属下无能，连点吃的都弄不来，成心要饿死为王吗？还责怪属下刚才就不该让张良走，他还会管我们吗？说不定早和那项伯狼狈为奸，投靠项羽去了……

正当韩王要传旨杀这个斩那个时，几个楚军抬着饭菜走了进来，瞬时，满屋的人都呆了。

“还发什么愣？这是项王的季父项伯看在张司徒的面子上，叫给你们送来的！请慢用。”一个楚军很客气地说。大家这才如梦初醒，一下子都围了上来，抢碗筷的，夺勺子的，没来得及拿到碗筷的，竟用手抓着吃起来了。韩王一向都是坐等别人伺候着用膳的，这时也不再摆谱儿了，只见他大步上前，一把抓了三个窝窝头就往嘴里塞。

正当韩王和众人狼吞虎咽抢着用饭之时，一队手持长短兵器的楚军冲了进来，带头的上前一脚蹬倒饭桶，厉声喝道："统统跪下！"

韩王和众随从个个目瞪口呆，乖乖放下手中碗筷，跪在地上，谁也不知道又发生了啥事。

原来张良刚从项王府出来，项羽得到情报，说汉王已杀出巴蜀、攻占咸阳，不日将出兵东伐。真是晴天霹雳，刚才张良还说没事儿，这个张子房你敢哄骗与我……项羽怒不可遏。

"来人！速速追拿张子房！我要看看他长几颗脑袋。"项羽说。

这时，范增颇有些得意，对项王说："项王放心，这次跑不了他张子房，我早已派兵暗中包围了他居住的客栈。"

张良前脚进客栈，后脚就追来一队楚军，不容分说，将张良捆个五花大绑，张良想试探着问点什么，一个楚军干脆用毛巾把嘴也给塞上了，张良闭上眼睛，脑海里快速审视自己刚才是哪一点不慎，惹怒了项羽？

就在这时，客栈门外又快马驰来四个膀大腰圆的楚军，给先来楚军士兵晃了一下兵符，便上前提起张良就走，说是项王要亲自审问。四个楚军带着张良催马离去。

张良刚被提走，客栈又来了一队楚军，为首的也拿出一个兵符，说是项王要亲自审讯张良。知道张良已被提走时，两队楚军都愕然了。

当项羽得知张良不在客栈已被楚军提走时，还以为是亚父范增干的，他问范增："亚父，张子房押往何处？本王要亲自审他。"范增闻听此言，更是一头雾水，忙回禀项王："没有呀！我只暗中派人看守了客栈，并未再派人提审，这会是谁干的？"难道这又是我那个成事不足，败事有余的季父干的？项羽心里有些犯怵，突然他狠狠把茶杯摔在地上，大声喝道："传令，立即关上城门，全城搜捕张良！"

原来这都是张良为防不测，进城前就给何剑安排过的。兵符和楚军服装倒是从项伯那里弄来的。

项羽抓不到张良，怒不可遏。这时，范增上前道："项王息怒，想那张子房此时也不会走远，我们不是还有韩王成在手吗？张子房身为韩国司徒，我们拿韩王做诱饵，看张子房还会不会上钩？"于是，项羽带上范增快马来到韩王成住处，此时的韩王成，被楚军士兵反绑着，在墙角已哆嗦成一团，听说项王来了，自知小命难保，还没等项羽开口，他嗵的一声栽倒地上，吓死了。项羽见韩王成死了，气得拔剑连戳韩王成三下，然后命人抱来柴草，锁上屋门，一把火烧死了韩王几十个随从。

项羽回到军帐，为防汉王刘邦东进，立刻任命郑昌为新韩王，带十万兵马连夜赶往韩国。

张良在何剑的马背上，趁着夜色逃出彭城。何剑告诉他："项羽突然变卦，是他得知汉王已杀出巴蜀，占领了关中。请先生快拿主意，我们下一步咋办？这里到处都是楚军，怕天亮了项羽还会派兵追杀我们。"

张良沉默许久，然后小声对何剑说："现在汉王攻占关中，惹怒了项羽，若此时项羽带兵攻打汉王，怕是汉王危矣。所以，在我们离开楚境前，必须想办法把齐国田荣、梁地彭越反叛楚国的文书送给项羽。让项羽东西难顾，左右为难。"

何剑应答："听先生安排。"

当晚，张良来到一僻静处，给项羽修书一封，他在信中写道：汉王失职，欲得关中，如约即止，不敢东进。接着又以齐、赵反书给项羽写道；齐欲与赵并灭楚。

项羽见到齐赵两国反楚的文书，气得火冒三丈。究竟是西去攻打刘邦，还是北去平定齐赵，项羽确实犹豫了。他征求范增、钟离昧等人的意见，范增极力主张西征先灭了刘邦，再北进平定齐赵。钟离昧等人则认为，齐赵近在身边，又是联合反楚，不容小觑，刘邦尚远在关中，且项王已派新任韩王郑昌带十万人马前去迎战刘邦。应先平定齐赵，再伐刘邦为上策。项羽见范增、钟离昧各执一词，反觉得范增对刘邦一直有成见，钟离昧等人说的更有道理，于是决定先北伐齐赵，后西征刘邦。

张良彭城脱险后，化装抄小道再次投奔汉王，汉王见张良归来，感动不已，即封张良为“诚信侯”。以后，张良由于体弱多病，未曾独自领兵作战，而是作为主要谋臣，时时跟随在汉王身边。

项羽见到齐赵反书后由西征刘邦改为北伐齐赵

按语：张良的信适时转移了项羽的军事斗争方向，使项羽暂时放弃了西征刘邦，转而北进去攻打齐赵两国。这为刘邦东进发展壮大自己，争得了宝贵的时间。

十七、汉王拜将

张良火烧栈道，在汉军中引起了强烈反响，念好的、说坏的都有。军心不稳，逃兵增多，刘邦一时无措，萧何月下追回韩信，刘邦拜将助他走出了困境。

刘邦自褒中送走张良后，心里很不是滋味。一连几天饭不思，茶无味，夜不成寐。是呀，子房在时他们形影不离，无话不谈，遇到大事，子房总能给他提个醒儿，献个策。现在子房不在了，好多话没处说，也不愿说。军中因火烧栈道引发的不满情绪与日俱增。打吧，又打不过，不打吧，将士们又都不愿待在这荒芜之地。军心不稳，刘邦左右为难。

一天，樊哙告诉刘邦："这几天士兵逃跑的一天比一天多，昨天有几个将军也不辞而别了，请汉王早拿主意。"

又一天，军校禀告："丞相萧何逃跑了！"刘邦一听萧何跑了，气得连骂萧何："卑鄙小人，以后你千万别让我再看到你，不然看我咋收拾你。"

又过了一天，军校报告："萧何又回来了。"萧何走了又回，令刘邦莫名其妙。

启禀汉王："萧何有事禀报。"

"萧何，你去了又回，你到底唱的是哪一出？"刘邦问。

"汉王误解了，我萧何不辞而别，并非是逃跑，我是星夜兼程，追赶一个逃亡的人。"萧何说。

"跑他几个人算得了啥？也值得你去追？"

"我追回的是治粟都尉韩信。"刘邦闻听此言大惑不解："几天前跑了几个将军你都不去追，一个小小的军需官你倒去追了，人呢？"

"我已安顿他歇息去了，特来禀报汉王。"

“严加看管，明日就升帐军法治罪。”刘邦说。

萧何见刘邦这种态度，全辜负了他日夜追赶韩信的良苦用心，不由得激动地对汉王说：“汉王，我月夜追回韩信，不是为了将他斩首示众，而是因为韩信是个不可多得的将才。当初还是子房说服韩信投奔汉王的，韩信至今还拿着子房写给你的举荐信呢！”

“那他为啥还不送给我呢？”刘邦问。

“韩信说他要用自己的实力证明自己，不想靠别人的恩惠、举荐往上爬。”萧何说。

“这个韩信，还真把自己当人物了？那就说说他到底才在哪里？”萧何看汉王半信半疑，赶忙补充说：“说句实话，汉王要是想在巴蜀待一辈子，那就用不着韩信，如要夺取天下，那就必须重用韩信这样的人才。”萧何一语中的，把话说到了刘邦的心里。刘邦也稍带动情地说：“你以为我愿意待在这兔子不拉屎的地方，我又何尝不想杀回老家去！”

“既然如此，汉王就重用韩信吧，不然，他还会走的。”萧何说。

“那就依你所说，让他做个将军吧！”刘邦说。

萧何说：“不成，只封个将军还难留住他。”

刘邦想了一下说：“那就封他个大将军可以了吧！”

“这样就好！”萧何说。

“那就传韩信来拜将吧！”刘邦吩咐说。

“这样不行，汉王若真心要拜韩信为大将军，就必须选择吉日，斋戒沐浴，筑起拜将坛，举行隆重的拜将仪式。”张良在时，刘邦不管大事小事都想听听子房的意见，现在子房走了，便显得很无奈地说：“一切按你说的办。”

拜将那天，天气晴朗，红日高照，帅旗猎猎，鼓乐齐鸣。三军将士威武雄壮，列队等候新大将军的到来。片刻，只见韩信骑着一匹高头大马，身着大将军服，在仪仗队的护卫下走进了会场。等大家看清新大将军是韩信时，都着实吃了一惊。谁都没有想到这个昔日小小的军需官，今天竟被汉王拜为三军大将军。

韩信从汉王手中接过帅印，回头目视台下千军万马，他禁不住泪光莹莹。这个曾在项王帐下不被重用的执戟郎官，在投奔汉王后又去而复返，现在终于执掌了千军万马，一洗往日屈辱。

拜将完毕，韩信在汉王一侧坐下，汉王问道："以将军之见，我当如何应对当前局面？"

韩信见汉王问话，忙起身深施一礼后反问汉王道："如今汉王是否想举兵东进，与项羽争夺天下？"

汉王道："那是当然！"

韩信接着问："要打败项羽，汉王感觉有几成胜算？"

汉王停顿片刻，有些尴尬地说道："项羽现在兵多将广，就凭我们现有这点人马，要打败项羽，实在没有把握，弄不好还会被项羽灭了。"

韩信听到汉王回答后，又深施一礼道："汉王如此坦诚，令我感动，我也赞成汉王的看法。然而，汉王不必气馁，我曾在项羽帐下当过卫士，非常了解他的为人。的确，他愤怒的吼声，足以镇住千百人，他的勇猛也足以让人生畏。可他不会用人，这只不过是匹夫之勇罢了。他表面仁慈，实际上当人家有大功时，他又舍不得分封奖赏。现在他虽然以霸王之名，号令天下，但他是背义帝之约而行，极为不公。尤其他所到之处，无不烧杀掠抢，天下怨声载道。现在他虽然称王，但已失去人心，所以我以为他很容易由强变弱。而汉王你宽厚待人，上善若水，招揽重用天下贤才，哪还有什么城池不能攻破？用占领的疆域分封功臣，还有谁不臣服于你？用日夜思念东归的将士挥师东征，何愁打不败项羽？就拿目前关中雍王章邯、塞王司马欣和翟王董翳来说，他们原本都是秦将，后卖主求荣投降了项羽，让项羽在新安一夜坑杀了二十万关中子弟兵，关中百姓对他们早已恨之入骨。而汉王你去年入关是约法三章，救民于水火，关中百姓正盼着你回去为王呢！汉王，请下决心杀出去吧！"

韩信侃侃而谈，句句说到刘邦心坎上，直说得刘邦心花怒放，喜形于色。广场上众将士屏住气听韩信纵论天下，顿时，心中的压抑、愁云，一扫而光。不知是谁带头喊了一句："汉王，下决心杀出去吧！"顿时，广场上众将士手挥兵器，齐声大喊："杀出去！杀出去！"

刘邦看台上台下，群情激昂，呼唤声惊天动地。他没想到一个小小的韩信竟有如此过人的见识，更没想到一个拜将仪式，竟开成了一个东征的誓师动员会。于是，他决定采纳韩信的建议，即日起部署东征。

韩信执掌汉军帅印后，军威大振，经过一番谋划，他先是明火执仗派兵去修理烧毁的栈道，接着组织精兵绕道陈仓（今陕西宝鸡东），突袭秦将章邯的军队，一举平定三秦。拉开了楚汉战争的帷幕。

按语：如果说张良火烧栈道，造成了刘邦无意东顾的假象，麻痹了项羽对刘邦的警惕的话，那么韩信则又用明修栈道的假象，麻痹了项羽有意安排的秦将章邯等人的警惕，一举平定三秦。一个真烧，一个假修，无不彰显出张良、韩信卓越的军事才能。张良、萧何伯乐识马，举荐韩信，使刘邦得到了韩信这个军事奇才，这对刘邦打败项羽、统一天下具有重大意义。正如诗人高之均所言：

昨登戏马又秋风，
落叶飘飘意万重。
未得张良荐韩信，
焉能亭长成英雄。

十八、下邑之谋

彭城兵败，太公和吕后被虏楚营，溃逃路上刘邦三弃其子，自己也险些丧命。在刘邦身处绝境之时，张良高瞻远瞩，提出了“拉拢英布，联络彭越，倚重韩信，共同抗楚”的战略构想，为刘邦指明了夺取楚汉战争胜利的道路。

公元前205年4月，汉军趁项羽北伐齐、赵之际，乘虚攻占项羽都城——彭城。刘邦没有想到东征会如此顺利，更没有想到会如此轻而易举地占领项羽的都城。对着一连串的胜利，刘邦喜不自禁，他决定要设宴好好款待一下汉军将士。于是汉王天天设置酒宴大会部将宾朋。

张良因身体不好，又不喜欢饮酒，所以没去参加汉王的庆功宴会。

古代战争的胜利者，拥有支配一切的权利。汉军众将士在酒足饭饱之后，见到项羽从阿房宫劫来的珠宝、美女，便尽情享乐。……人一旦无节制地为所欲为，也便没有了理智。彭城，在占领者的整夜狂欢之后，黎明时分才疲倦地进入了梦乡。然而，刘邦做梦也没有想到，灾难突然会从天而降。

项羽对刘邦东进虽有思想准备，但没想到会这么快，他以为先让郑昌带十万兵马驻扎阳翟，一旦汉军东进，一定会替他抵挡一阵，待他河北平定齐、赵之后再西征刘邦不迟。可他没有料到郑昌如此不堪一击。现在突然得知刘邦已占领彭城的消息，真是气就不打一处来。他真恨自己当初在鸿门宴上，咋没听亚父之言一刀宰了这个刘季。项羽盛怒之下，即令分兵两路，一路继续攻打齐国，另一路由他亲率精兵三万，昼夜兼程，将兵彭城。

黎明时分，正当汉军酒醉酣睡之际，楚军出其不意发动了攻城。结果汉军毫无防备。

当楚军潮水般杀进城时，汉军才从醉梦中惊醒。有的还没有弄清是怎么回事就身首异处了；有的听到是楚军杀来，翻起身来不及佩挂甲衣，就往外跑，被涌来的楚军杀个正着；即使闻声穿戴好的，此时谁也顾不上谁，谁也不听谁的，整个汉营一片惊恐，一片混乱。

当刘邦被叫醒，告知项羽已杀进城时，他还难以置信。他不相信项羽会神兵天降。顷刻间，喊杀声由远到近，刘邦才慌忙在卫队簇拥下，乘马车向北门飞驰逃去。

尽管汉军也有一些队伍反应很快，迅速投入战斗，与楚军展开了殊死搏斗，怎奈大军已溃，只好边战边退。一路汉军被楚军追杀至谷县和泗水一带，沿途汉军士卒尸体遍野，血流成河。另一路向南逃跑的汉军，被楚军追赶到灵璧东面的睢水河边，汉军十多万士卒，被杀的，跳水逃命的，被淹死的一度使睢水为之不流，真乃惨不忍睹。

当刘邦在腾公夏侯婴和卫队的护卫下杀出北门时，才发觉这里楚军少得多，于是，夏侯婴立即召集沿路逃跑的汉军士兵组成了一支几千人的队伍，护卫着汉王继续向北逃去。

当楚军发现一支汉军护卫着一驾马车向北逃跑了，便料定是汉王刘邦，于是，很快调集三路人马追了上来。夏侯婴看情形紧张，便命身边几十个骑兵护卫汉王继续向北快跑，其余人马由他统领去迎战追兵。

到天黑时分，刘邦总算甩掉了楚军追兵，他拉开车窗帘子，向外看去，猛然发现眼前山川是那么的熟悉，他意识到这不正是自己的家乡吗？“腾公，我想回家看看，顺便把家里人也带出去。”

“大家听着，向沛县进发！”夏侯婴命令。

“腾公，有人看到子房没有？”刘邦又问。

“有人看见诚信侯病了，被何剑等人护着向东门去了。”夏侯婴答道。

“快派几个人去找找。”刘邦吩咐夏侯婴。

当晚，刘邦一行到了沛县郊外，因对城内情况不明，不敢贸然进城。待派去侦探的人回来说，城门大开，城内不见灯火，好像没有楚军时，刘邦才进的城来。刘邦来到魂牵梦绕的自家门前，只见老屋已是断壁残垣，劫后余灰，亲人已无踪影。刘邦伫立片刻，想到自己年迈的父亲和妻儿的安危，不觉潸然泪下，他赶紧抹去眼泪，回头对夏侯婴说："咱走吧。"

夏侯婴要安排人去找老乡给汉王弄点吃的，刘邦忙制止道："不要惊扰父老乡亲了，如此狼狈还有何颜面去见父老乡亲，快赶路吧！"

退出沛县后，刘邦他们又掉头向丰邑奔去。此时，刘邦疲惫地躺在马车上，沮丧极了。自从进入彭城已来，直到现在他的头脑才算彻底清醒，在那花天酒地、醉生梦死的日日夜夜里，张良和陈平都曾几次奉劝他要整顿军纪，统揽军政，但都没有引起他的重视。他一直认为项羽远在河北，正与齐国田横交战，一时半会儿难以脱身，借此机会也让为他征战卖命的将士放松一下，享乐享乐。何况攻占项羽的都城的确也是值得庆贺的大事。没想到竟遭如此惨败。马车在颠簸中奔驰，夏侯婴骑马跑在前面，突然，刘邦听到路边有凄惨的哭声，忙问："是什么人在啼哭？"

夏侯婴忙下马到路边看了一下，说："是两个孩子。"

刘邦说："问他们哭什么？"

夏侯婴走近两个衣衫褴褛的孩子，才看出是一男一女，问他们黑夜在这儿哭什么？那男孩说："他们随爷爷和妈妈从沛县逃出来，路上遇见楚军追杀，妈妈便把他们兄妹藏在了树丛里，等追兵过去后，就再也找不到爷爷和妈妈了。"

"你们姓什么？"

妹妹答："姓刘。"哥哥忙拉了一下妹妹的衣襟，想阻止她。

"你们父亲叫什么？"

哥哥说："你们先说你们是谁的军队，我才告诉你。"

夏侯婴见男孩有所顾忌，便又上前一步小声说："我们是汉军。"

"我不信，你们是楚军！"

"孩子，我不骗你，我们真是汉军，不信，你看这车里坐的就是汉王。"

刘邦赶忙拉开车帘，两个孩子一看，哇地哭了起来，大声喊道："父王！父王！"刘邦这才发现原来是自己的儿子和女儿。他赶忙下车把两个孩子搂在怀里，禁不住热泪盈眶。"快告诉父王，爷爷和妈妈哪里去了？"

儿子告诉他："郦食其伯父带我们从家里出来后，路上遇见了楚军追杀，妈妈把我们藏在树丛后，不知他们哪里去了。"刘邦四顾茫然，心想：老父和妻子吕氏如落入楚军之手，该如何是好？

黎明时分，旷野清静。夏侯婴隐约听到有马蹄声，急忙催汉王说："快带公子公主上车，后面有马队追来！"刘邦的马车没跑出多远，只听后面马蹄声急，眼见追兵越来越近，刘邦对两个孩子说："你们还是下去吧，如果父王被虏，以免你们跟着受累，你们千万不能说是我汉王的儿子，快逃命去吧！"

"不，父王，我们不下去，我们怕……"

刘邦不是心狠，因为他知道，此时让两个孩子跟着他，确实是凶多吉少，于时，趁马车上坡减速时，他抱起两个孩子放到了地上，两个孩子死死拉住车栏不放，苦苦哀求道："父王，别抛下我们！让我们跟你一起逃吧！"夏侯婴趁卫士回头截杀追兵之际，上前一手一个，又把两个孩子提起放在了车里。

"汉王，追兵不多，还是让孩子和我们一起逃吧！"

杀退了追兵，刘邦他们继续往前奔。快到丰邑城时，后面又有两支楚军分两路包抄过来，刘邦眼看难以逃脱，趁马车穿过树林，又猛然将两个孩子推下了车："逃命去吧！"

两个孩子刚一落地，夏侯婴又伸手抓起，塞进车里，并说："现在是什么时候，能扔下他们不管吗？"

树林路面不宽敞，两路追兵合作一路，速度慢了不少。等跑出树林，夏侯婴突然看到迎面又有一支马队，近前才看出，原来是驻军丰邑的吕后之兄吕周得知消息，带着人马前来接应汉王的。援军杀退追兵，便带汉王进了丰邑城，刘邦知道丰邑也不能久留，于是，安排将士饱餐一顿，带足干粮，又继续向北赶路。刘邦在车内搂着两个孩子，问长问短，沉浸在天伦之乐中。突然又听夏侯婴大声报告："南边又有楚军追来！"于是，汉王马车又狂奔起来，车内车外气氛也顿时紧张起来。不料，汉王马车陷入一片泥泞之中，不管怎样抽打辕马，都无济于事。几个战士只好跳下马帮着推了出来。这时刘邦已听得见后面追兵的喊杀声，他一急便又发起怒来："你俩真不听话，我早叫你们下车，只有保住父王，才能保住你们，何必要大家死在一起。"说着一下又把两个孩子推下了车。情急之中，夏侯婴说："汉王，马车目标太大，又只能走大道，还是请汉王骑马咱走小道吧！"刘邦知道此时也只有如此了。于是弃车上马，这时儿子跪在地上苦苦哀求："父王，要丢就把我丢下，你千万把妹妹带上！"这个心地善良的男孩，正是后来继承王位的惠帝刘盈。

夏侯婴再一次从泥泞中把两个孩子抓起，一前一后放到自己马上，催马就走。刘邦看在眼里，感动不已。刘邦换乘马后，很快钻进一片密林，摆脱了楚军的追杀。刘邦心情平静了许多。夏侯婴边走边收拢跑散的汉军士卒，就在这时，一个刚从楚军逃出来的汉军士卒报告，他看见太公、吕后和郦食其都被楚军抓获了，正押往楚军大营。

这个消息如晴天霹雳，令刘邦心如火焚，肝胆俱裂。这次彭城兵败，要算是他刘邦起事以来损失最惨重的一次，差一点全军覆没，连自己的父亲和妻子都被楚军俘获。两个孩子也几近小命难保。日后该当如何？刘邦思绪很乱。

当他们的队伍爬上一个岗丘后，看到一队汉军正在路边休息。刘邦一看是自己队伍，正要近前说话，何剑也早已认出是汉王到了，忙跑上前报告："启禀汉王，子房先生已在这里等候你多时。"听说诚信侯子房在这里，刘邦赶忙下马走上前去，张良本来是躺在担架上，得知汉王到了，忙起来迎上去，二人紧紧拥抱在了一起。

"汉王，让你受惊了。都是我运筹不周啊！"张良自责道。

"子房，别这样，我要早听你和陈平的意见，那会有今天的难堪。你身体咋样？还挺得住吗？"刘邦安慰道。刘邦深知，正是由于没听张良建议，过于自信才导致了这场惨败，所以，此时他打心眼里更敬重张良。此处荆棘丛生，无处可坐。卫士忙抬下马鞍让汉王坐下，汉王又让卫士抬一个，请张良也坐下，然后对张良说："这次彭城兵败，说明各路诸侯是指靠不住的，他们是见风使舵，谁强就投靠谁，现在看我们自己的队伍也损失差不多了，一时半会儿也难以恢复元气，项羽一定会乘机向我们发动进攻，我们该如何应对？用什么办法抗衡并消灭项羽？不知子房有何考虑？"

张良见汉王问策，沉思片刻道："是的，汉王彭城兵败，汉军受到重创，一时又难以恢复，霸王一定会乘楚强汉弱之际，大举向我进击。

汉王所虑极是，我们必须尽快联合一批足以与项羽抗衡，并能最终打败他的人。我以为眼下有三个人，只要他们能真心站到汉王这边，就不愁打不败项羽。”

刘邦这几日为逃脱楚军追杀，疲惫不堪，现在听张良一说，为之一振，忙问：“哪三个人？说来听听。”

张良说：“第一位就是九江王英布。”

“就是项羽手下那个最英勇善战的九江王吗？他不替项羽来打我们就算不错了，这个恐怕不行吧？”

“英布早就与项羽同床异梦，项羽想借英布之手杀掉义帝，好让他背上骂名。而英布却派人化装杀了义帝，说明他不愿和项羽站到一条船上。”刘邦点头表示赞同。

“另外，这次项羽北上伐齐，本来他命英布率兵一起去攻打田荣，但英布只派了一小部队去应付了一下，因此，项羽十分恼火，迟早要找英布算账，这点英布心里也很清楚。如果此时汉王派人去联络他，并封他为王，他一定会站到汉王这边。”

“好！那第二位是谁？”

“第二位是彭越。”

“不错，彭越本来就是项羽的死对头。”

“是的，齐王田荣反项羽时，彭越就和田荣联合在梁对楚作战。事不宜迟，汉王要速派人与彭越联系，答应他的条件。这样项羽又多了一个劲敌。”刘邦听到此，高兴地说：“我现在就派萧何去联络英布，看再派谁去联络彭越，那第三个呢？”

“第三个就是汉王在南郑筑坛所拜的大将军韩信。”

“是他？”刘邦有些意外，他没料到张良对韩信会有如此高的评价。张良说：“韩信是一位难得的将才，此人堪当重任。早年他在项营是个执戟郎中，就几次给项羽献策，但项羽根本听不进去。偶然一次机会听他诉说苦衷，我发现他是个人才，便举荐他投奔汉王。汉王筑坛拜将后，韩信明修栈道，暗度陈仓，已经显示出他的指挥才能，汉王要放手使用他，相信他一定能为你打开一个新局面。”

刘邦默然，他凭直觉感到韩信并不那么可靠。

“汉王若能将关东之地分封给这三人，还何愁打不败项羽！”

身处绝境的刘邦，经张良一番点拨，真如拨云见日，连日来心头的郁闷一扫净光。

张良这次在下邑为刘邦的谋划，为日后刘邦打赢楚汉战争指明了方向，使刘邦在绝境中重新鼓起了抗楚的勇气。史称下邑之谋，实为绝境献策。

张良绝境献策

十九、六封八难

刘邦彭城兵败，退至下邑，后因得到关中萧何、韩信的支持，很快便恢复了元气。公元前205年8月，他便攻占了中原军事重镇荥阳，开始与项羽逐鹿中原。

在荥阳西北有个敖山，秦始皇自占领中原后，就在敖山筑城建仓，大量储备军粮。后来，敖山粮仓成了秦国征战六国、平定天下的主要物资供应地。

汉王占领荥阳后，大将军韩信就立即控制了敖仓，并且又修建了从敖仓到荥阳城的甬道。韩信北征以后，又任命大将周勃与曹参把守敖仓。由此可见敖仓在战略上的重要地位。

对此，范增也多次提醒项王："刘邦之所以能在荥阳站住脚，就是因为有敖仓为他提供粮草，如果他断了粮道，就不战自溃了。"

于是，项羽一边派精兵去袭扰汉军粮道，夺取汉军粮草，另一边又亲率大军围困荥阳。

这样一来，汉军缺粮少草，形势一天比一天严重。刘邦焦虑不安，他派人去向霸王求和，项羽犹豫不决。依项羽的想法，现在北边齐患未平，身后又有彭越难服，不妨先与刘邦讲和，待平定齐、赵之后，再回头打刘邦不迟。但范增坚决不同意，以范增的意见，刘邦威胁最大，必须先灭了刘邦，其他都不是问题。

公元前204年，刘邦为了摆脱困境，他决定采纳高阳狂生——郦食其的建议，重新封原来六国之后为王，想借以牵制项羽。

这天，张良见何剑没按时回来吃午饭，便问："上午去哪里了？"

何剑兴致勃勃地说："去给宫里请了一位刻印的师傅，是我师傅朋友的徒弟。"张良有些诧异："现在汉王要刻什么印？"

何剑说："刻的是六国诸侯的金印。"

张良大为震惊，此时此刻汉王刻六国诸侯金印干什么？张良猛然想起，汉王兵败彭城后，曾流露出想把关东之地分给什么人的想法，想到此，张良放下碗筷，立即去见汉王。

刘邦正在吃饭，见张良匆匆进宫，忙问："子房看你走得这样快，有急事吗？"

张良与刘邦已是熟不拘礼，他便开门见山问："汉王请工匠刻金印干什么？"

刘邦以为张良有什么急事，一听是说刻印的事，便说："近来项羽切断我们的粮道，重兵围困荥阳，我派人去求和，他又不允，我想我们总得有个法子治治那项羽，正好郦食其给我献了一策，我认为是个主意。"

"是何良策？"张良问。

"那就是重新分封六国后裔为王，以此削弱牵制项羽的势力。"刘邦见张良满脸愤怒，忙问，"有什么不妥吗？"

正在这时，卫士禀报："郦食其求见。"

刘邦想，究竟六封行不行？还是让丽食其直接对张良说吧。于是，便传郦食其晋见。这位身高八尺，胡须花白的高阳狂生，平时自以为读了不少圣贤经典，自恃有才，在汉王谋士圈里，他根本瞧不起别人。对张良他内心虽不服气，但表面上还很恭维。郦食其见过汉王后，一看张良也在场，心里就有些发怵，他看汉王既不说让张良回避，张良也不说走，只好打开一个丝巾，取出一个刻好的金印，送到汉王面前："汉王请过目，如果可以，其他五枚照此很快就能刻好。"

刘邦自幼读书不多，不懂什么治印，随便看了一下，便递给了张良，并说："子房你看看，你说行就行。"郦食其没有想到，汉王会把最终的审定权交给了张良，这也是他平时最为嫉妒的，他张良凭啥就比我在汉王心目中的位置高？郦食其一直觉得自己是时运不好，怀才不遇。自陈留投奔汉王，算来也有些时日了，但多是在诸侯间当当说客，所以，功不成，名不就。前些天，他好不容易给汉王献策取荥阳，据敖仓，都被汉王采纳了，但是没想到项羽马上断了粮道，又把汉王围困了起来，说实话，他真怕汉王为此再怪罪于他。于是，当他风闻汉王准备把关东封给什么人时，便赶紧又给汉王献上六封诸侯王的主意。他想如果六封能够为汉王解围，那汉王能不奖赏与他？说不定汉王一高兴，封个什么侯、什么王也难说。更重要的是，当六国诸侯王知道这是他郦食其的主意时，那他自然不就成了六国的太上皇吗？

郦食其的如意算盘打得太美了。但他万万没想到半路又杀出了个张良。

“金印倒是刻得不错，只怕它会毁了汉王的大事！”张良毫不隐瞒自己的观点。

郦食其没想到张良会如此鲜明地反对他的六封，马上反问道：“为什么？难道汉王施圣德与天下也有错吗？”

刘邦用手势打断郦食其的反问，他觉得这么大的事，还是要听听子房的意见。

张良拿起汉王放下的筷子，蘸了点酒水，在饭桌上画了个圈，然后抬头逼视着郦食其说：“广野君饱学儒书，想必熟知历朝分封之事。”

郦食其听到张良说历代分封，没等张良说完，忙打断张良的话说：“是的，商汤讨伐夏桀还分封了他的后代于杞，武王伐纣还分封了他的后代于宋，先王都可以分封，汉王为何就分封不得？”郦食其振振有词，自以为天衣无缝，无懈可击。

张良看见郦食其得意的样子，也反问道：“昔日商武封桀纣的后裔，是因为能掌控住他们的生死大权。请问广野君，汉王今日能控制项羽、致命与项羽吗？”

郦食其目瞪口呆。

张良说：“这是第一个不可。”

郦食其听张良说了个第一，还会有第二，便赶忙以讨好汉王的口吻发问：“请问子房先生，今日汉王讨伐暴秦，难道有逊与商武伐桀纣吗？”

张良见郦食其有挑拨之意，更是气愤，道：“当年武王入殷，可以表彰贤人商容之德行，释放被囚禁的萁子，翻修忠良比干之墓，请问今日汉王可以这样做吗？这是第二个不可。”

郦食其无言以对，刘邦点头赞同，问：“还有吗？”

“有！当年武王能够发矩桥之粟，散鹿台之财，用以救济天下贫困之民，此时此境，汉王有力量行此善举吗？这是第三个不可。”

“还有，武王战胜纣王以后，偃武备而治礼乐，倒载干戈，表示不再用它，请问先生，汉王现在能偃旗息鼓吗？这是第四个不可。”

郦食其面色难看，刘邦面有愧意。

张良接着问道：“汉王如今能像先王那样马放华山，敢向天下人表示不再乘用吗？这是五不可。”

“同样，汉王如今能效法先王，让牛在桃林的山谷歇息，不再运送军粮吗？这是六不可。”

张良六条不可，确使刘邦清醒了许多，但他并未彻底被折服，又笼统问：“话虽如此，但当务之急是我们靠什么去牵制项羽，不然，我们何以渡过眼前难关？”

郦食其在沮丧中听到汉王的发问，立马又精神起来，反驳说：“汉王说得对，现今最紧迫的是要联络更多的人和汉王一道去战胜项羽。”

“先生说到要害处了！”张良激动得站起来道，“要天下豪杰与汉王共取天下，他们抛开父老妻儿，背井离乡，出生入死，为了什么？不就是盼望成功之后，能获得封土，如果汉王把土地分封给了六国之后，这些立功的人还有什么盼头？有谁还会出生入死去跟汉王打天下？这是七不可。请汉王三思。”汉王连连点头。

郦食其看已彻底败给了张良，便想起了张良的短板，想一举击垮张良：“我还有个不理解的问题，请教子房。”

“请讲。”

“我听说子房先生曾竭力拥立韩王成，还差一点为此丢了性命，而今，又一套接一套，说不可立六国之后，先生之言行，难道不让人费解吗？”

郦食其这一发问，的确击中了张良心灵深处那块伤疤，顿时他脸色变白，心跳加快，那令他痛心疾首、羞愧难当的一幕幕又浮现在他的眼前。他没有想到郦食其竟然会以此攻击和嘲弄他。不过，他转而一想，这有什么可隐瞒的，君子之过，如日月之蚀，让他说去吧！

张良坦然一笑，转而对郦食其说：“先生不愧是个辩士，能以子之矛，击子之盾，可先生何尝知道，我今天之所以力劝汉王不可立六国之后，正是汲取了昔日惨痛的教训。现在既是分封了六国之后，项羽弱小倒也罢了，如果项羽强大，六国之后还会倒向他，谁还会老老实实来向汉王称臣呢？这正是我要说的八不可。”

至此，郦食其已是哑口无言。他知道自己想通过六封得到汉王和六国后人赏识的梦想，已被张良八个不可打碎了。他恨张良，但也不得不佩服张良。

刘邦原想拿关东之地笼络一批人共同抗楚，所以，当郦食其献策六封时，那是正中下怀。他就当机立断，定下了这件事。现在听张良这么一说，饭也不吃了，吐出口中的食物，骂道：“竖儒几败而公事！”于是，他指着已做好的金印冲郦食其道：“赶快拿去销毁了！”

借箸代筹

按语：刘邦不愧是一代明智天子，闻过即改，取消了六封。这对夺取楚汉战争的胜利，建立大一统的汉王朝具有深远的意义。

二十、荥阳突围

当张良得知范增归途悲愤而死的消息时，心中也不由得感到一种凄凉。他长长叹了一口气，心想这真是世态炎凉，人情淡如水呀！然而，对于汉王的安危，张良丹心积虑，没有丝毫懈怠。

近日，随着荥阳战事吃紧，张良心急如焚，为了汉王的安全，张良考虑还是先让汉王突围出去为妥，只是何时突围？以何种方式突围更安全？张良还在细细谋划之中。因为张良知道此时此刻，容不得他有任何疏忽，毕竟楚营范增老奸巨猾，心狠手辣，阴险无比。

范增，居鄛（今安徽桐城南）人。自幼熟读兵书，谙练兵法，善出奇计，是项羽最主要的谋臣。当初范增曾是项梁将军谋臣，范增认真总结了农民起义军领袖陈胜的失败原因，建议项梁汲取陈胜自封为王的教训，拥戴楚王之后熊心为楚怀王。楚怀王即位就制定了各路义军西进反秦的路线图，并提出了“先入关者为王”的激励措施，极大调动了各路义军西进反秦的积极性。项梁死后，范增继而成了项羽的智囊人物。项羽在反秦斗争中，依范增谋略用兵，取得了节节胜利。尤其打败秦军主力王离，又软硬兼施，逼使秦军主力章邯部二十万大军投降，也使项羽达到了他人生最辉煌的顶峰。

楚汉战争中，范增的谋略对汉军构成严重威胁。鸿门宴上他极力主张杀死刘邦，几次暗示项羽没有得逞，就亲自安排项庄以舞剑为名，刺杀沛公；张良到彭城搭救韩王成时，范增暗里安排兵力，计划扣留张良；当得知刘邦杀出巴蜀，平定关中时，范增主张先西征刘邦，后讨伐齐赵；现在刘邦兵困荥阳向项羽求和，他又坚决反对议和，并主张趁机攻打荥阳，彻底消灭刘邦，以除后患。张良很清楚地看到，范增确实是汉王和汉军的心腹之患。如何能除去此人，至少使他的谋略不为项羽所重用，对这一点张良没少动脑筋。

公元前 204 年 4 月，张良抓住与项羽和谈这个机会，让陈平用重金收买楚军和谈将士，让他们尽量在项羽面前说范增的不是，以此离间他们的关系。特别是有一次，陈平得知项羽要派使者来见汉王，于是就先以最高规格安排酒席，把全牛、全羊、全猪都用上了，但当项羽使者到后，陈平有意惊讶地说：“吾以为是亚父使，乃项王使？”说完后出去了。没停多久，一名汉军军官带着人急忙撤去已安排好的酒肉，又叫人端上了一桌普通士兵吃的粗糙饭菜。来使一看很是气愤，没吃几口，便扔下筷子愤愤离去，回到楚营就在项羽面前说范增的坏话。果然引起了项羽对范增的怀疑，以为他暗中私通刘邦，便削减了范增的兵权。

范增是何等倔强的人物，岂能忍受这般窝囊气。于是他一气之下，去向项羽辞行，要求告老还乡。

项羽正对范增猜忌不定，见他又来使强，心中大为不满，便随口说道：“本王准你告老还乡，颐养天年！”

范增离开楚营心灰意冷，归途中便怨愤而死。

张良得知范增归途怨愤死去的消息时，心情很复杂。他没有想到范增会如此倔强，更没有想到项羽会如此无情。但不管怎么说，没有了范增，汉军少了一个很大的威胁，楚营其他谋士项羽根本没放在眼里，仅凭项羽的武断，刚愎自用，楚军的失败就是迟早的事了。

一天，张良看见陈平和将军纪信匆匆走来，便问：“助汉王突围，二位可有想法？”陈平、纪信一致认为，尽管范增已去，但几次汉王突围脱险，把项羽耍怕了，这次楚军铁壁合围荥阳城，必用奇计，方能奏效。张良点头表示赞同。经过三人一阵密谋，一个中外战争史上罕见的突围计划形成了。

午夜时分，荥阳城东门大开，火把照得如同白昼。突然，从城里跑出两千多女子，一时让楚军士兵看傻了眼。紧接着，由纪信装扮的假汉王，乘着汉王的銮舆连声喊道：“粮草已尽，汉王降楚。”边喊边向楚军大营驶去。

当西门楚军得知汉王带领两千多女子投降楚王时，都蜂拥赶到东门，要看一看汉王投降的壮观场面。刘邦乘机率几十骑飞马从西门出城，向成皋逃去。

项羽近日心情不错，他派精兵断了刘邦大军的粮道，他又用重兵把荥阳围得水泄不通，他觉得照此下去，用不了多久，刘邦不是冒死突围，就是开门向他求降。如冒死突围，正好杀他个人仰马翻，也叫刘邦领教一下他的刀法，以解心头之恨。如开门求降，这次也不能轻饶，是一刀宰了他，或是油炸火燎？到时再说。无论如何这次刘邦是插翅难逃了。正当项羽在中军帐想入非非时，门将禀报：汉王大开城门，投降楚军，项羽闻听此言，顿时心花怒放，他立刻升帐，等候受降刘邦。

然而，当汉王的銮舆来到楚军中军帐前时，却迟迟不见汉王下车，楚军将士忙上前拉开汉王銮舆的幔帘一看，才知上当，原来前来投降的是假汉王。项羽闻听前来投降的不是刘邦，而是假汉王时，气得火冒三丈，他提剑冲出帐外，对着纪信厉声喝道：“刘季现在哪里？”

纪信从容答道：“已出走！”

项羽得知刘邦又逃脱了，怒不可遏，命令将士用火把活活烧死了纪信。

刘邦逃出荥阳，经成皋又回到关中，在萧何支持下，重整队伍，不到半年，就又杀回成皋，在黄河边的广武与项羽形成了对垒之势。

刘邦因得不到韩信大军援助，仍是闭门不战。

两千多女子降楚，楚兵看傻了眼

按语：纪信死后，埋葬在荥阳城西孝义堡。刘邦登基后，感念纪信替死的忠烈，在纪信故里河南郏县冢头纪村筑纪氏台，置纪信冢，建纪信庙，以示旌表。

二十一、真假齐王

公元前203年，韩信大军进攻北方，如风卷残云。生擒魏王豹、赵王歇，逼降燕国，攻占齐国。连续的胜利，使韩信有些飘飘然，他派使者前往汉营，求刘邦封王，刘邦能封韩信为王吗？

当前的楚汉战争，表面上看，项羽明显处于进攻态势，而刘邦则处于守势。然而，从战略布局看，刘邦则处于进攻态势。刘邦的战略指导思想是：关中是后方，必须稳住；北方是决定胜负的关键，必须控制；只有保住这两头，才能在中原与项羽争霸天下。正是因为有这样的战略布局，所以，不管刘邦在中原如何被动，甚至遭遇彭城那样的惨败，都能很快恢复元气，转危为安。而这个战略构想的设计者正是张良。从下邑的绝境献策，到荥阳的辩推八难，张良始终牢牢抓住这个基本构想，毫不动摇。

萧何与韩信的确不负众望。

萧何坐镇关中，源源不断为汉军补充兵员，供给粮饷。

韩信大军进攻北方，势如破竹。他命将士用木头绑着陶罐从夏阳渡河，奇袭安邑，生擒魏王豹。然后，引兵北击赵、代，先破代兵，又南下井陉，夜半背水佯攻，调走赵军主力，出奇兵攻占赵军后方，生擒赵王歇，威震天下。韩信乘势派一位使者出使燕国，便使燕国望风披靡，不战而降。

韩信平定北方的消息，使项羽感到震惊，也使刘邦感到震撼。当人们绘声绘色传说韩信神奇用兵时，刘邦总是不由自主地想到自己的一连串败绩。彭城大逃亡时，三次将自己的一双儿女推下车去；荥阳突围，让纪信假扮汉王带两千女子，夜半从东门降楚，自己则从西门逃脱，使纪信将军被项羽活活烧杀；成皋被围，又只身与夏侯婴乘一辆车从北门逃出。这一胜一败，相形见绌，使刘邦感到难堪，甚至感到了威胁。他害怕有一天韩信也会成为他的催命鬼。

一天早晨，韩信还没起床，在被窝里突然被不期而至的刘邦收缴了兵权，后又命他收集赵兵去攻打齐国。

齐王田广本来已被郦食其说服，同意归顺汉王，所以，在军事上也就不再提防汉军进攻。正当齐王田广与郦食其在宫中饮酒庆贺时，突然传来韩信攻破历下，兵临临淄的消息。齐王田广以为是中了郦食其的计，一怒之下，把郦食其扔进了沸腾的水锅里。所以，当韩信平定齐国的消息报告给刘邦时，刘邦不仅不以为功，反而为过。这个韩信，明知道齐国已降，还带兵去攻打，这不是明明逼着田广杀死郦食其吗？明知道我被项羽围困，为啥不赶快前来解围？你韩信究竟是何居心？

一天，刘邦与张良、陈平在军帐议事，忽然卫士禀报："韩大将军使者晋见！"待使者礼毕，刘邦问："韩信派你来干什么？"

"韩大将军要我来向汉王禀报：齐伪诈多变，反覆之国也，南边楚，不为假王矢以镇之，其势不定，愿为假王便。"意思是说：齐国的田氏家族诡诈多变，反复无常，它的南边又与楚国相连，项羽又时时在窥视着它，如果，不设一个假王去镇住它，随时都有可能发生反叛。请汉王封韩大将军为假王，才能使他有力地控制和治理这个地方。

来使只顾低头禀报，没有看到刘邦的脸色铁青，火冒三丈。

这不是得意忘形，露出了狐狸尾巴，打了一点胜仗，就开始伸手要王了？再立一点战功，恐怕就要爬到我头上拉屎拉尿了！"砰！"刘邦猛然拍案，使者大惊，立即住口，低头哆嗦不止，生怕汉王降罪与他。

刘邦怒叱道："吾困于此，旦暮望若佑我，乃欲自立为王。"意思是："我被项羽围困在这里，日夜盼望他来解围，他倒想立王了！"

这时，刘邦突然感到他的左右脚同时被张良和陈平踩了一下，他顿时感觉到了两位谋臣的意思，没在继续说下去。张良赶快小声在刘邦耳边说："宁能禁信之王乎？不如因而立，善遇之，不然变生。"意思是："目前你能阻止他立王吗？不如顺着他，对他好一点，否则会发生意外的，请汉王三思！"

刘邦这才醒悟过来，又骂曰："大丈夫定诸侯即为真王耳，何以假为。”意思是说：“韩信平定了赵、齐诸侯国，算得上一个大丈夫，要封王，就应该是真王，何必封假王呢？”

张良、陈平点头称是，来使也由惊转喜。

刘邦接着说：“就命诚信侯为使，前去城阳为韩大将军受印封王。”张良领受使命后，即对来使说：“请先到馆驿休息，待金印刻好，即刻启程。”

韩信奉命北征，下魏破代，灭赵降齐，杀龙且，败楚兵，纵横驰骋，所向无敌。然而，面对一连串的胜利，韩信内心深处却高兴不起来，因为他已感到他越是胜利，刘邦对他就越不放心。几天前，他派使者去见汉王，想讨个假齐王以震住齐地田氏家族，使者走后，他又坐卧不安，他怕刘邦非但不答应，还会引起对他的更深猜忌，甚至是杀身之祸。因此他又后悔不该去求封那个假齐王。

这天，韩信正在军帐一人独坐，算着派去的使者已有些时日了，不知吉凶如何？

忽然，门卫禀报：“盱眙人武涉求见。”武涉大礼见过韩信后，坐定。

韩信问：“先生来自何处？有何见教？”

“请将军屏退左右。”

等只剩韩信他们二人后，武涉才展开了他的话题：“将军知道，普天下百姓因为苦于秦国苛政，才揭竿而起，共同反秦。秦被灭亡后，各反秦有功之士，都封侯拜王，回到了自己的封地，罢兵休战。汉王刘邦本来是分封到了巴蜀汉中，可他不仅攻占了关中，现在又引兵出关，看来他是不吞并天下诸侯，不会罢休呀！”

韩信一听来者话语直指汉王，便喝道：“大胆！敢在本将军面前胡说八道，小心脑袋。”

韩信的态度，并没吓住武涉。他继续说道：“大将军暂且息怒，今天将军就是杀我，也请容我把话说完，我也是为将军好。”韩信也知道这些说客，早把生死置之度外，便说：“还有什么话快说！”

“好，恕我直言，像在鸿门宴上，不知有多少回了，汉王都是项王的瓮中之鳖，消灭他易如反掌，但每次项王都有情有意，给了他一条活路。然而，他不但不知恩图报，每次逃脱后又翻脸无情，现在竟与项王对兵中原，如此不讲信誉、无情无义的人，还值得信赖吗？”

“那么，依先生之见，我该怎样？”

“不错，将军现在是被汉王重用，并且你也拼命为他攻城掠地，但是，你想过自己的结局吗？恐怕最终也难得汉王信任吧？”

“先生以为我如何能够幸免？”

“恕我说句不敬的话，将军之所以能保留性命至今天，有一个很重要的原因。”

韩信吃惊地问：“什么原因？”

“这就是有项王在，汉王还不敢杀你！”

韩信没想到这个素不相识的武涉，对汉王会有如此的看法，接着问道：“何以见得？”

“这还用说，难道将军还没看出，你今天所处的位置举足轻重，就像站在刘、项之间的第三人，以你的能力，你倒向汉王，则汉王胜，你倒向项王，则项王胜。”

“既然如此，先生以为我倒向谁好？”

“将军过去与项王有过交往，也算是故友啦。现在汉王名誉上又拜你为大将军，彻底翻脸也难免有人说将军不义。我以为将军目前最好的选择是与楚汉三分天下。千万不能再助汉攻楚，那绝不是一个明智的选择。”

武涉的话，的确说到了韩信的痛处。韩信凝思片刻，无不感激地说：“深谢先生的指点，不过，要我现在背叛汉王，我于心不忍。因为汉王对我有知遇之恩。当初，我在项王帐下也当过执戟郎中，那时我说的话，项王根本不听。帮他出主意，他从没有采纳过。我到汉王帐下后，汉王筑坛拜我为大将军，让我做三军统帅，不然，我也难有今天。所以，还是请先生代我向项王表示深深的歉意吧！”

武涉看一时难以说动韩信，便说了句：“那就请大将军好自为之吧！”说完起身离去。武涉走后，韩信的辩士蒯通有些遗憾，因为他知道韩信内心的矛盾和痛苦。于是，他主动以一个奇特的方式再度去说服韩信最好与汉楚三分天下。开始，蒯通有意把话题扯开，闲聊中故意说道：“很久以前曾经有位高师，给我传授过人相术。”韩信内心矛盾，前程未卜，听蒯通说会给人看面相术，便很感兴趣地问：“先生是怎样给人看相的？”

蒯通便乘机言道："相人三句话；贵贱看骨法，喜忧看脸色，成败看决断。从这三个方面去推究一个人，十有九准。"

韩信闻听此言，高兴地说："不错，那就请先生给我看看如何？"

蒯通欣然从命："请排除左右干扰。"左右去后，韩信急不可待地问："我的面相如何？"

蒯通有意认真看了韩信一番，又围着转了一圈后说："若看将军之前相，不过封侯而已，且又多难。如看将军之背……"蒯通欲擒故纵，欲言又止。

韩信急切地问："看背又怎样？"

"将军之背，则贵不可言！"蒯通有意把背字说得特别重。韩信见蒯通要故弄玄虚，便说："直说无妨，到底怎样个贵法？"

蒯通稍停顿片刻，说道："看将军之背应是君王之体。"韩信闻听此言，忙摇头否认："先生此言差矣！时下，楚汉相争，杀得难解难分，我韩信连个侯王还不是，哪还有君王之体？"

蒯通说："将军不必过谦，想将军一定明白鹬蚌相争，渔人得利的道理。刘、项二人越是杀得难解难分，不正是对将军越有利吗？将军应该看到，刘、项连年征战，互有进退，百姓生灵涂炭，苦不堪言。将军你即赋有圣贤之才，又兵多将广，占据着富庶的齐地和刘、项都难以控制的燕赵大地，若将军能顺应百姓渴望安宁的愿望，暂且罢兵息战，待刘项在中原杀得筋疲力尽之时，再后发制人，到那时谁敢不听从你的号令？将军重新封立诸侯，普天下都会感激将军的厚德，一起来齐国朝拜。到那时，怕是你不想做君王也得做！"

韩信对蒯通的话听得是清清楚楚，明明白白。他打内心佩服蒯通对战局走向的分析。但他还是制止住蒯通的话："谢谢先生的指点，现在要我放弃汉王，我于心不忍，汉王毕竟对我有知遇之恩。今后的路咋走？容我三思。"此后，韩信一连几日都夜不成寐，食之无味，他翻来覆去，想了又想。他一方面觉得自己毕竟是靠汉王才有了今天，背叛汉王于理不通。但另一面他又感到，汉王对他的不信任也越来越明显。那次在修武汉王突然造访兵营，从被窝里夺走兵权，舍此还能说明什么？

正当韩信思想深处的纠结越理越乱之际，这天韩信接到报告，说张良作为汉王特使，专程为他授齐王印，已快到城阳了。韩信喜出望外，即命大开城门，三军列队欢迎，他要率领众部将出城迎候。

韩信迎接张良进入城阳城，张良紧接着就为韩信举行了隆重的授印仪式。当韩信接过金灿灿的齐王大印时，顿时热泪盈眶，的确，这也太出乎他的预料。他原想汉王能封他个假王就不错了，没想到不仅封了，而且还是真王。尤其，还是派张良为特使来授印，说明汉王还是重视他韩信的。想到此，韩信心里不免有些庆幸自己没有公开接受武涉的游说和蒯通的劝说，不然，事情绝不是这样收场了。

授印仪式结束，韩信设宴款待张良一行。席间，张良故意问韩信："当初，将军请汉王分封齐王时，为何要冠一个'假'字？"

"那还不是怕汉王怀疑我有野心吗！"

"汉王说了，要当就当个真王，冠个假字干什么！"

"那汉王放心吗？"

"有什么不放心的，要是不放心，汉王会筑坛拜你为大将军吗？齐王原来在楚，不过是一个执戟郎中，在汉现已拜相封侯，位极人臣。"

"正因为如此，我才不背叛汉王！"

"齐王认不认识项王帐下一个叫武涉的说客？"韩信一听张良这样问，猛吃一惊，忙问："武涉怎么了？"

张良说道："这个武涉在我们来城阳的路上，带人袭击我们，还声称是齐王派他们干的。结果，被何剑活捉了。"

韩信听说武涉这样栽赃与他，厉声道："他前几日是来过这里，想游说我背叛汉王，投靠项王，或与刘、项三足鼎立。可我深知汉王对我有知遇之恩，没有听信他的游说。没想到这小子还陷害于我，真不如当时就一刀宰了他！"

"齐王息怒，武涉这区区小计，无非是想离间齐王和汉王的关系罢了。"韩信闻听张良此言，万分感动，上前紧紧拉住张良的手说："知我者，子房先生也！"

张良说："这样也好，我回去把他献给汉王。"

韩信有些诧异，问："这种人不杀掉，献给汉王何用？"

张良道："不能杀，这正是齐王忠于汉王的最好证明。"

韩信感激不尽，语重心长地说："子房先生如此知我，爱我，真乃吾生之幸，只是今日一别，不知何时再听先生教诲？”

张良道：“望齐王先好好守住北方，别让项羽夺去，楚汉决战在即，后会有期！”

临别，韩信托张良给汉王送了很多贵重礼品，自然也给张良送了一份厚礼，韩信千恩万谢，与张良挥泪相别。张良圆满使齐归来，把韩信送给汉王的和送给自己的礼品全部献给了汉王，汉王自是高兴。然而，他内心深处对韩信的疑虑并未完全打消。

楚汉对垒，在张良谋划下正在悄然发生变化。

韩信千恩万谢送别张良

按语：张良的隐忍是智慧的高度体现。他力劝刘邦忍下一己之愤，封韩信为齐王，稳定了韩信抗楚的大局，这对赢得楚汉战争的胜利具有重大意义。由此我们可以看出，张良的隐忍关键时刻作用在刘邦身上，起到了扭转乾坤的作用。

二十二、烹父逼战

韩信被刘邦封齐王后，项羽的压力不言而喻。项羽为了赶在韩信南下之前消灭刘邦，竟以烹杀刘邦父亲和妻子的手段，逼其出兵决战。然而，有张良在，项羽能得逞吗?

公元前 203 年，韩信在北方的胜利，使项羽感到震惊，他知道韩信的未来走向，将直接影响到他与刘邦在中原的战局。为争取韩信能弃汉投楚，起码是保持中立，项羽迅速从众多谋士中，挑选了武涉去游说韩信。武涉游说无果，不敢回去再见项羽，便网罗些散兵游勇靠打劫度日，后被何剑活捉。蒯彻见难以说动韩信，便装疯卖傻，从此流落民间。

刘邦派张良为特使授封韩信为齐王的消息，如晴天霹雳，使项羽对韩信心存的侥幸，彻底破灭了。这样一来，项羽心里清楚，韩信大军南下助刘是迟早的事了，所以，他必须赶在韩信到来之前解决刘邦，不然，要打败刘邦就更难了。于是，项羽派精兵切断敖仓通向荥阳的粮道，使汉军给养得不到补充，他亲率大军围攻刘邦于荥阳，刘邦孤军无援，给养中断，荥阳城岌岌可危。

一天天刚亮，项羽命令在城楼高台上支起大锅，把水烧开，然后把太公、吕后都捆绑在高台的木桩上，一切准备就绪，项羽便开始向汉营喊话。刘邦刚起床，闻听阵前军校报告，赶紧拉着张良到阵前去看，他老远就望见楚军阵前大锅鼎立，热气腾腾，不远处太公和吕后被捆绑在木桩上，父亲银白的须发在晨光中格外醒目。刘邦知道这个一夜坑杀 20 万降卒的屠夫，是什么事都干得出来的！想到如此年迈的父亲将被项羽烹杀，他心如刀绞，肝胆俱裂，情急之下他猛然大吼道：“全军将士冲杀过去，一定要把太公救出来！”

“汉王息怒！”张良急忙大声制止。

“子房，平日我听你的，这次你拦不住我！难道我能眼睁睁地看着太公被烹，做个不孝之子，留下千载骂名吗？我刘邦岂能受这般羞辱？”

“汉王知道项羽为什么要这样做吗？”

“不就是逼我出战！”

“说得对！韩信北方大胜后，项羽自知不妙，极力想拉拢韩信弃汉投楚。派武涉游说韩信无果。如今你又新封韩信为齐王，项羽知道韩信南下只是迟早的事了。现在彭越又断了项羽的粮道，他压力更大。他已是狗急跳墙，想在韩信南下之前，尽早和汉王决战。汉王如倾巢出动，就正中项羽奸计。到时候，不仅救不了太公，连自己也保不住。形势明明对汉王极为有利，为什么要用一时冲动葬送这难得的好局面呢？请汉王三思！”

张良一番话，使汉王冷静了许多。他陷入深深的痛苦之中。这时，军校又进来报告：“项王说，如汉王再不出去应战，他就要把太公投入大锅了！”刘邦心急如焚，自己枉自为王，枉自做大军统帅，连自己的老爹、妻子都不能保全，岂不成为千古笑谈？想到此，他用乞求的口吻说：“子房，请你为我走一趟，问问那疯子，他都有啥要求？只要能放太公和吕氏，我什么条件都依他，哪怕还回关中去！”

张良说：“这可不行！”

刘邦激怒了，他冲着张良说：“你也太不近人情了！如果现在是你的父亲，你会如何处置？”

张良说：“汉王，不是我不去救太公，更不是我贪生怕死不敢去。只是此时去求项羽，不会有什么好结果。”

刘邦问：“那该怎么办？难道只能看着他烹死太公不成？难道你让我做个不孝之子，留下千载骂名吗？”

张良回答说：“对于此时此刻的项羽，你越怕他，他越不怕你，他越不怕你，他就什么事都能干出来。相反，你越不怕他，他就越怕你。他越是怕你，就不敢轻易杀害太公。”

刘邦这才冷静下来，认为张良说的有道理。于是，装出一副无所谓的样子，来到阵前。

项羽远远看到刘邦，便大声喊道：“今不急下，吾烹太公！”意思是今天你如果不赶快投降，我就烹杀了太公！

刘邦对项羽也大声喊道："吾与羽受命怀王，约为兄弟，吾翁即若翁，必欲烹尔翁，幸分吾一杯羹！"意思是，我刘邦当年与你在怀王那里曾约为兄弟，我父即你父，如果你真要烹太公，就请分我一口汤喝好吗？

项羽见刘邦玩世不恭，耍无赖的样子，怒不可遏，就命人要把太公往锅里抛。

项伯急忙走上前劝项羽说："天下事未可知，且为天下者不顾家，虽杀之无益，只益祸耳！"意思是天下的事未可预料！还是留有余地的好。况且有志争夺天下的人是不顾及家人的，既是杀了太公也没啥好处，只会徒增祸患罢了。

项羽这才没敢放肆。大骂刘邦无赖、流氓后，愤然离去。

项羽向刘邦喊话："今不急下，吾烹太公！"

二十三、主帅中箭

项羽想用烹父、烹妻的办法激怒刘邦和他决战，由于遭到张良的坚决阻止，汉军未动一兵一卒。项羽满以为能成功的想法，又破灭了。项羽一计不成又生二计，他要出其不意暗害刘邦。

楚汉两军继续对垒，项羽如坐针毡。有时，他后悔那天不该听信季父项伯的话，那天要是真烹了刘邦他爹，说不定刘邦真会出来和他拼命，那也能痛痛快快杀个人仰马翻，总比这不死不活要强。

项羽知道这种不战不和，对他来说无疑是坐以待毙，所以，他每天都要派几员大将到汉营骚扰骂阵，但都被汉军弓箭手赶了回来。今天，他设下机关，又要强行挑战刘邦。

项羽精心安排之后，便约刘邦隔着广武涧近距离对话。刘邦因为老爹、妻子都在项羽手里，所以，听说项羽有约，也不得不来。

项羽远远看到刘邦，便急不可待喊道："刘邦，那天我没有烹杀太公，算得上仁至义尽了吧！"

刘邦也远远拱手说："感谢霸王不杀太公之恩！"

"别说这些好听的，你要真感谢我，那干脆让我们痛痛快快来一仗！"

"霸王为什么要急于打仗呢？还是不伤和气的好！"

"刘邦，你不要再耍无赖了！到底是谁急于打仗？你不急于打仗，你咋不在巴蜀做你的汉王？你攻占关中、攻占我的彭城，你就不怕伤和气？你吃喝嫖赌十足流氓一个，还想独霸天下当皇帝，真是可笑之极！"项羽把憋在心里的恼火，一口气喊了出来。

刘邦也激怒了："重瞳，你再出言不逊，我可不奉陪了，约我有啥话快说，有啥屁快放！"

项羽破口大骂："刘邦，你以为我愿意在这荒郊野岭陪你这个缩头乌龟，有种的你就出来，咱一对一拼个你死我活！”

刘邦也喊道：“你这个疯狗！就知道拼，拼，拼！告诉你吧，夺取天下靠的是大智大勇。像你这种蠢货，只配去斗牛！”

项羽勃然大怒，骂道：“你个不讲信用的小人，戏下分封之后，诸侯都各安其地。唯有你狼子野心杀出关外，搅得天下不宁，我等理当共讨之，共诛之！”

刘邦也骂道：“好你个十恶不赦的杀人魔王，我不声讨你，清算你的罪恶，你倒反咬一口？”

项羽道：“我有什么罪？要说我有罪的话，就是鸿门宴没有一刀宰了你，现在又让天下百姓跟着你饱受战乱之苦。”

刘邦道：“你没罪？我问你几个问题，你能答上来，算你没罪。”

项羽道：“你说！”

刘邦说：“第一，我和你开始都奉怀王命令西进反秦，并和怀王约定先入关者王之。我明明先入关，你凭啥违约分封我去巴蜀？第二，楚怀王任命宋义为将军，你为副将，北上救赵，你有什么权力杀掉宋义？第三，救赵之后，为啥不回报怀王，竟胁迫诸侯军入关？第四，怀王有令在先，不管谁先入关，不准烧杀抢劫。可你入关后火烧阿房宫，掘开秦墓陵，洗劫秦府库。第五，秦王子婴及其群臣明明已经投降，你为何还要杀死那八百多秦朝官员及家眷？第六，秦军将领投降后就能封王，但投降的士卒你却放不过，新安一夜你就坑杀 20 多万。你还有一点人性吗？”

项羽早已听得不耐烦了，大声喊道：“降卒杀不杀是我的事，关你屁事！少扯淡，快决斗吧！”

刘邦说：“我还没有说完。你把好的地方分封给你的将领，驱逐原有的诸侯王这是第七。将义帝赶出彭城，自己在那里称王称霸这是第八。派人到江南又杀了义帝这是第九。执政不公，主持盟约不守信，为天下所不容，这是第十。”刘邦不管项羽听了没听，一口气历数项羽十大罪状。最后还说：“你项羽才是罪恶滔天，大逆不道，十恶不赦之人！”

项羽闻听刘邦历数他的十大罪状，气得脸都变成白色了。没等刘邦说完，他大吼一声，手中的剑同时向前一挥。张良见状赶忙拉刘邦离开，刘邦正要转身，不料迎面冷箭飞来，刘邦躲避不及，被一箭射中……

刘邦被部下救起，簇拥着抬回帐中。军中郎中赶快解开被鲜血浸透的上衣，箭头射在左胸上，幸好没伤着要害处。郎中为刘邦取出箭头，敷上药，包扎好。刘邦疼得满头冷汗……

项羽也一夜没有睡好。下午，他分明看见刘邦被一箭射中，是被人簇拥着抬走的。他想刘邦要是真死了，这不就一箭定乾坤了吗？不战不和的局面不也就结束了吗？没等天大亮，项羽就派人速到汉营去侦探，有消息立即报告。

昨夜，刘邦浑身烧得滚烫，一夜不停哼哼。张良等人守在身边，也一夜没敢离开，生怕发生不测。天刚亮，何剑进帐报告："昨夜军中舆论纷纷，都说汉王伤得不轻，各种说法都有。"天亮前，楚军骑兵接连摸营，一时闹得人心惶惶。

张良带上何剑来到一座小山头上，俯视两军阵地，察看楚军动向。待张良回到帐中，郎中正为刘邦换药，侍从端上早饭，刘邦摇头不吃。张良请刘邦无论如何也要少吃一点，这样才有精神。刘邦勉强喝了几口汤，又示意端下去。

张良叫所有侍从都退下后，刘邦知道子房一定是有话要说，忙问："子房，外面怎么样？"

张良说："外面气氛紧张，汉营人心浮动，楚军蠢蠢欲动。"

"那，该如何是好？"

张良说："别无良策，当前关键是稳定人心，镇住敌人！"

"那该……怎样……才能做到？"

"请汉王坚持起来，乘车在汉营走一圈，慰劳将士，这样既是给将士们看，也是给楚军看。"

"恐怕……不行吧……"

"请汉王一定要忍痛坚持住，非常时期，事关大局，唯有如此，才能稳定局面！"

刘邦沉思片刻，忍着剧痛，让侍从给穿戴整齐。

少顷，汉军营地出现了一队威严的卫兵护卫着一辆敞篷车，只见刘邦穿戴整齐，神态自如地坐在车上，张良等一批文臣武将走在身旁，视察着一个个营地，每到一处，士兵列队整齐，接受汉王检阅。

项羽和楚军将领们在远远观望。当刘邦快要巡视完所有营地时，一路上紧紧盯着他的张良，看见刘邦紧咬牙关，头上的冷汗珠子大滴大滴往下淌，两手牢牢抓住车轼，身子颤抖得越来越厉害，张良知道刘邦已经支撑不住了，于是低声而有力的命令推车的士兵："快，快回大营！"

受检阅的士卒一片欢呼，目送汉王离开。

车刚刚驶进大营，刘邦便倒在随从人员身上，大家赶忙把他搀扶到床上，刘邦呻吟不止……

当天，张良命令部队加强戒备，严防楚军乘机偷袭；深挖沟，高筑墙，闭门不战。之后，又安排何剑带人护送刘邦回成皋养伤。

刘邦受伤，张良巧献起兵之计

按语：张良在主帅受伤，形势对汉军极其不利的时候，临危不惧，用疑兵之计，化险为夷，拯救了汉军。

二十四、鸿沟议和

公元前203年末，楚军粮尽，难以支撑。项羽接受了鸿沟议和的条件。项羽撤军东归是迫不得已，刘邦撤军回关中是糊涂。这时，唯有张良清醒地看到战略反攻的时机已经到了。

刘邦回成皋养伤已近半年，伤口基本痊愈。但广武的楚汉对峙仍在进行中。

彭越切断楚军粮道后，项羽已难以维持大军生计，种种迹象表明，项羽准备撤军。

刘邦想在项羽撤军前，无论如何也要救出太公和吕后。于是，他派汉营中最善辞令，最善外交的陆贾去游说项羽，结果几天下来，陆贾无功而返。项羽是个杀人如麻的屠夫。太公和吕后在项羽手里救不出来，令刘邦寝食难安。一天，刘邦召集张良和陈平商议如何搭救太公和吕后。刘邦说："既然谈不成，现在项羽又难以支撑，我不如带精兵突袭楚营，救出太公和吕后，二位以为如何？"

张良说："我以为不可，现在项羽越是想撤军，就越是想和汉王决战一场。战，正中项羽下怀。"

陈平赞同张良意见，说："目前，不是打的最好时机。"

刘邦很是不满意说："谈又谈不成，打又打不成，那太公还救不救了？"

张良说："当然要救！"

刘邦追问："那还有啥救法？"

张良说："还是去谈，要有耐心。"

刘邦不以为然反问："连陆贾去都没谈成，谁还能比陆贾强呢？"

张良说："我以为陆贾没谈成，一是项羽要拿太公和汉王讲条件，二是谈的方法简单了。"

陈平懂了："我以为子房的意思，是说不能单刀直入说你放太公吧，那样项羽认为我们是在求他，达不到他的目的，他当然不会放人。"

张良说："对，要投其所好，现在项羽正想退兵，我们就去和他谈退兵。当退兵条件基本谈妥时，再提出送还太公的事，要让项羽明白，要想言和退兵，就必须送还太公。到那时他不得不答应了。"

"此法甚好，我现在就派陆贾二次使楚！"刘邦急不可待地就要派人去找陆贾。

张良说："最好是换个人，若还是陆贾，项羽一看，以为又是来谈归还太公的事，怕是没谈他就把门关死了。"

"那谁去合适呢？"刘邦问。

"我看侯成可以！"陈平推荐说。

"侯成，不错，也是个能言善辩的人，可以叫他去。"刘邦表示同意。

张良即代刘邦写了一封致项羽的议和信，让侯成带上，又嘱咐一番后，侯成受命前往楚营。当侯成赶到楚营，项羽一听说刘邦又派使者来了，气就不打一处来，大声吼道："刚把那个姓陆的打发走，现在又来个姓侯的，让他回去告诉刘邦，再派一百人来也没用，不放他爹，不放就是不放。有本事让他使！"

这时，项伯带着侯成正好进帐，侯成赶忙上前大礼见过项羽，便大声说道："汉王命臣前来与项王谈和。"

项羽一听和谈，心里猛然一惊。尽管他心里渴望和谈，但此时嘴上却说："我不想和谈，我要与刘邦决战。"

侯成说："其实，汉王也不想与项王争锋，这里有汉王写给项王的亲笔信，命臣与项王好好商谈罢兵休战的事。"

项羽让项伯把刘邦的信读了一遍。显然，项羽的气消了不少。对项羽来说，这封信来的正是时候，原来他想退兵，没有冠冕堂皇的理由，现在言和退兵，名正言顺。于是，他便问道："汉王议和有什么条件？"

侯成说："汉王议和有两个条件。如项王同意，天下从此便可以罢兵休战了。"

"都什么条件，说来听听！"项羽很关切地问。

“第一就是楚汉要划定一个共同遵守的边界，彼此相安，互不侵犯，共享太平。项王以为如何？”

“那汉王想以哪里为界呢？”

“汉王想以鸿沟为界，西归汉，东归楚。不知项王是否认可？”

项羽以为刘邦第一个条件不算苛刻，尤其以鸿沟为界，可以使他从困境中解脱出来，这正是他眼下的急需。但他嘴里却不说出来，接着又问：“那汉王第二个条件是啥？”

“第二嘛……”侯成有意停顿一下，才说：“既然两国罢兵议和了，那就请项王放还太公、吕后。”

项羽一听又是放太公，立马大怒道：“原来如此，换汤不换药，我项羽没那么好骗！你回去告诉刘邦，我就是不放他爹，要孝敬他爹叫他来我这里！”

项伯见状，忙从身后碰了下项羽，提醒他别把事情弄僵了。

项羽发火，侯成倒显得从容镇定，他面带微笑道：“项王息怒。人谁没有父母，没有亲情，若楚汉言和休战，可汉王的父亲、妻子还羁押在楚营，汉王能与项王相安无事吗？这样楚汉积怨日深，两国就会永无宁日。相反，如项王放了汉王的父亲、妻子，不正向天下显示了项王您的仁德之心吗？天下人看到你对汉王尚且如此，能不争着归顺于您吗？”

侯成一番入情入理的话，使项羽气消了许多。项伯趁项羽沉思之际，赶紧上前小声对项羽说：“如不放还太公、吕后，鸿沟为界就白定了，大军粮草所剩无几，继续陷在这里会很危险的。千万不能因小失大，意气用事。”

项伯这人就是这样，每到关键时刻，总是有意无意帮着刘邦这边说话。

项羽见季父也这样提醒，于是，很无奈地对侯成说：“那就以鸿沟为界，放人。”

侯成一听项羽同意放人，自然是十分高兴。他一面派人回去禀报汉王。一面让项伯引路去见太公、吕后，让他们准备立刻出发。太公、吕后一听项羽同意放他们走，真是大喜过望。

侯成请项伯找来两辆车，拉上太公、吕后先走。他又按理去辞谢过项王，便赶紧离开楚营。

出得楚营，侯成便命车手加鞭快行，生怕项羽反悔追来。跑过一程后，忽见前方尘烟滚滚，马蹄声急，走近一看，原来是张良怕事情有变，派樊哙带人前来接应的。

汉营到了，只见刘邦带着文武大臣在迎接太公、吕后。当刘邦看到自己日夜思念的父亲、妻子时，完全忘记了君王的尊严，他大步上前，抱住太公，一声爹还没喊完，已是泣不成声。

“太公，恕儿不孝，让太公在楚营吃尽千般苦头，都是儿的罪过。”

太公在车上也是热泪盈眶。“季儿，为父没想到今生今世我们父子还能相见。”

张良上前扶起汉王，众人回到汉营。顿时，营区一片欢腾，众将士人心大振。

侯成回得营来，让人刮目相看。他仅凭自己三寸不烂之舌，兵不血刃，救出太公、吕后的确是奇功一件。别人说他该封侯封王了，他自己也感觉，理当重赏。于是，他时刻准备着汉王召见。然而，一天天过去了，好像汉王都不知道这事儿一样。这天，侯成实在沉不住气了，他找到张良想问个究竟。张良也感觉奇怪，侯成完成如此两件大事，汉王怎会不了了之？

太公和吕后回到汉营，楚汉又实现了鸿沟议和，刘邦心情轻松多了。一天，刘邦邀张良等文臣武将饮酒。席间张良找了个机会问道：“汉王，侯成使楚，不辱使命，有功当赏。”

刘邦说：“我没说不赏，今天咱只喝酒不说事。”

张良看刘邦推脱，便说：“汉王，有功不赏，以后有谁还会去争先建功立业？”

刘邦看张良一副认真的样子，知道此事不能再拖，便顺口说道：“完了你去替我宣布，就封他个……平，平，平国君吧！”

张良不懈其意，赶忙问道：“平国君？是啥意思？”

刘邦不知该怎样回答才好，半晌才把他厌烦侯成说了出来：“我觉得，像侯成这种能言善辩的人多了，一个国家都可能凭他一张嘴被颠覆。你想，连项羽这种人他都能说动，乖乖地照他说的去做，真是太可怕了！所以，我封他个平国君。”

张良一听，大吃一惊，心都凉了半截。他没有想到侯成使楚立下如此大功，招来的却是汉王的不满和嫉妒。俗话说得好，伴君如伴虎，真难呀！张良还想说点啥，话到嘴边又咽了下去。他有些激愤，但又不便发作。于是，又饮了几杯酒，便借口退了出来。一路上，张良由侯成，又想到韩信对他倾诉的苦衷，想到像萧何那样忠诚，汉王也仍不放心。张良自然也想到自己，平日为汉王出那么多主意，尽管与汉王相处得情同手足，从没感到汉王对他有不信任的地方。然而，张良心头还是掠过一个想法，即使以后打败了项羽，他也应远离朝政……

当侯成得知刘邦要封他为“平国君”时，吓得脸都白了。当他回过神儿来，只见他向张良深深鞠了一躬道：“谢谢子房先生，成告辞了！”几天后，张良才知道，侯成没敢向汉王辞别，竟然隐居江湖去了。

项羽由于大军断粮，议和协议已签订，便在一个夜里撤离广武，向东而去。早晨，刘邦得知项羽撤军的消息，赶忙拉上张良来到前线。登高一望，果然昔日十里楚营高大的营门和哨楼不见了，那如林的旗幡，那迎风飘扬的楚字大旗不见了，茫茫荒野，一片狼藉。刘邦心中有一种说不出的滋味，一个和自己厮杀了几年的对手，说走就走了，他真还有点落寞感。

对于未来，刘邦心中无数。难道从此真能够以鸿沟为界，楚汉分而治之？不管咋说，项羽退兵休战总是一件好事，刘邦宣布大宴三天，以示庆贺。

三天刚过，晚饭后，张良带上何剑到营房察看，只见营地上，一堆堆篝火，烤着牛羊肉，到处都飘散着酒肉的香味。喝得醉烂如泥的士卒，东倒西歪，几乎看不到岗哨。张良触景生情，联想到彭城溃败，他不由打了个寒颤。他吩咐何剑，速到各营传达汉王命令，严加防范，违令者斩。

当张良叫上陈平来到汉王大营时，此刻大营内灯火辉煌，汉王正和诸将一边饮酒，一边看歌妓表演。汉王见张良、陈平进来，便邀他们入座。

张良告诉汉王：“现在各营地到处都是喝得醉烂如泥的士卒，没有岗哨，万一项羽回头杀来，后果不堪设想。”

刘邦不以为然道 :“子房，现在我就命令加强岗哨。不过，问题没那么严重，料定项羽不敢再来。让大家乐一乐不碍事。反正过几天我们也要回关中了。”

张良问道 :“汉王相信天下真能从此太平吗？”

刘邦对张良提的问题没有一点思想准备，一时瞠目结舌答不上来。

张良说 :“如今，汉王已拥有大半个天下，诸侯归附，士气旺盛。而项羽军粮殆尽，士卒疲惫。这不是消灭他的最好时机吗？请汉王三思！”

陈平也补充说 :“子房说得对，如失去这个机会，等项羽缓过气来，就等于养了一只虎，将来再给自己带来灾害。请汉王当机立断！”

刘邦猛醒 :“你们说得对！你看，这酒喝多了，差点误了大事！”当夜，刘邦与张良、陈平共同制定了联合诸侯、共击项羽的战略。

楚汉鸿沟议和

二十五、固陵危急

张良纵观全局，建议刘邦适时抓住战机，乘项羽粮尽撤兵时，约韩信、彭越围歼之。楚汉战争刘邦由防御、对峙，开始转入战略进攻。然而在固陵刘邦又险些“翻船”。

公元前202年初，项羽与刘邦鸿沟议和后，便匆匆撤军东去。刘邦接受张良、陈平建议联络韩信、彭越趁楚军东撤之际，消灭项羽。当汉王率军追到固陵（今河南淮阳西北）时，发现韩信、彭越并未如约赶来，计划的“三打一”变成了“一对一。”当项羽突然得到刘邦率军追来的消息时，这个本来就容易激动的人，简直变得像一头狂怒的雄狮，他挥动宝剑，又砍又杀，营中一根高高的灯柱被砍成了几截。

“人有这样不讲信誉的吗？我刚放走你老子、妻子，你就翻脸无情。派人求我时说得多好听，鸿沟为界，罢兵休战，互不侵犯，共享太平……我项羽为什么总是上你这个无赖的当？下一次我再捉住你家什么人，立即剁成肉泥，决不再发善心！”

近日，刚弄到一点军粮，项羽命令将士吃饱，掉头去迎战汉军。刚到固陵就与汉军遭遇上了。刘邦没想到项羽会这么快回击汉军。所以，突然遭遇，显得准备不足。

项羽趁汉军立足未稳，率精兵杀入汉军，只见汉军招架之下，人仰马翻。突然，项羽远远看见刘邦，仇人相见，分外眼红。项羽催马直冲刘邦杀来，刘邦手下几个将领一看项羽逼近汉王，赶忙上前阻挡。项羽挥刀砍来，汉军几员大将纷纷落马，绝非项羽对手。刘邦一看几员大将瞬间被项羽挑落马下，大吃一惊，赶紧掉转马头，在众将护卫下向山上逃去。

项羽追了一阵，不见了刘邦，怕有埋伏，急忙收兵。刘邦跑了一大阵，见楚军不再追赶，便召集残兵败将，找了一个险峻之处安下营来。命令士卒连夜深挖壕，高筑垒。惊魂未定的汉军，在深沟高垒中蜷伏喘息，楚军把汉军团团围住。项羽天天骂阵挑战，汉军只能坚守不战。楚汉战事骤然又起波澜。

刘邦懊悔苦恼极了。本想追赶消灭项羽，反倒被项羽追杀，损兵折将不说，自己还差点丢了性命。如今被困这里，大军粮草供应中断，项羽天天骂阵逼战，如何是了？约好联合围歼项羽的韩信、彭越为何不见一兵一卒？刘邦派人请来了张良，听听子房有啥办法。

“诸侯不至，如之奈何？”刘邦急切地问。

诸侯不至，如之奈何

张良想了想，很直率地告诉刘邦：“汉王设身处地想想，如果汉王是诸侯，而无封地，你愿意出兵吗？”

刘邦理直气壮说：“不是已封韩信为齐王，彭越为魏相国吗！难道这还不够？”

张良回答：“是的，韩信虽封为齐王，但并非汉王本意，他心中不踏实。彭越虽为相国，但魏王豹已死，他想封王，可汉王却迟迟未封，这样他们会前来替汉王卖命吗？”

刘邦觉得张良说得在理，便说：“你以为怎样才能让他们出兵？”

张良说：“我以为当务之急，是派使臣前去告诉韩信、彭越，如果能齐心协力打败项羽，那么事成之后，从陈以东直到东海归与齐王韩信；把睢阳以北至谷城都给彭越，并晋封其为魏王。如此，则楚易破也。”

于是，刘邦让张良即刻为韩信、彭越各修书一封，派人连夜快马告之。果然，韩信、彭越得封地后，同意率大军前来合击项羽。同时，淮南王英布与汉将刘贾进兵九江，招降了楚军守将周殷，二者合兵也前来接应刘邦。

项羽本想在固陵与刘邦决一死战，无奈刘邦坚守不战，项羽自知再拖下去，与楚军不利，于是，从固陵拔营东去，不料行至垓下（今安徽灵璧县南沱河北岸）时，正与增援刘邦的韩信、彭越、英布三路大军遭遇，项羽顿感不妙。

韩信、彭越、英布三路大军很快对楚军形成了包围之势，刘邦从固陵赶来，军威大振。这时，刘邦不由得想起，当年彭城兵败，溃逃路上张良的绝境献策。今日看来，果真如此。

楚汉战争形势急转直下。

二十六、四面楚歌

公元前202年，刘邦按张良的意见，以分封疆域调韩信、彭越及英布大军，合力将项羽围困于垓下。但项羽率残部顽强抵抗。为瓦解楚军斗志，最大限度孤立项羽，张良又实施了四面楚歌的心理战。

深秋的月夜，月色朦胧。山岗上呼呼作响的寒风，摇曳着光秃秃的树枝在夜空中不停地晃动。在垓下这方圆几十里的地盘上，安扎着几十万大军的营寨。位于中间的是楚军大营，周围一层一层的是汉军大营。当年在戏下，是楚军四十万对汉军十万；今天在垓下，是楚军十万对汉军三十万。并且，当下的楚军粮草不足，疲惫不堪，没有援兵。而汉军则是有备而来，人多势众，士气正旺。楚汉战争博弈 4 年，离落幕不远了。

这时，楚营中除了在营房外站岗的哨兵，屋内士兵也难以入睡，他们又冷又饿，睡着了又被冻醒，有的想生火取暖，又怕惹着项王，有的干脆背靠背抱团取暖。连日来，每天一顿饭还难以吃饱，饥饿更加重了寒冷。他们都知道汉军已将他们层层包围，如此外无援兵，内无粮草，他们不知道项王还能支撑多久。

突然，他们听到了家乡的民歌声，帐外一看，远远的汉营那边，一堆堆篝火烧得正旺，歌声正是从那篝火边传来的。

九月深秋兮四野飞霜，天高水涸兮寒雁悲怆。
最苦戍边兮日月彷徨，披坚执锐兮孤立山岗。
离家十年兮父母生别，妻子何堪兮独守空房。
虽有良田兮孰与之种，邻家酒食兮孰与之尝。
白发倚门兮望穿秋水，稚子忆念兮泪断肝肠。
胡马西风兮尚知恋土，人在客乡兮岂忘故乡。
一旦交兵兮刀刃而死，骨肉成泥兮衰草濠梁。

勿守空营兮粮道已绝，天将灭楚兮玉石俱伤。
当此之夜兮追思反省，及早散楚兮免死他方。
汉王有德兮降兵不杀，放汝归乡兮任其翱翔。

多么熟悉的音律，多么亲切的歌声，好久没有听到这乡音了。听着听着，他们仿佛回到了故乡，看到了那熟悉的山川，河流，田园，村落；看见一张张父老忧愁的脸庞在把自己呼唤，看见妻儿落泪的眼神在把自己期盼……，于是，他们由三三两两结伴而行，到大群大群的出走，向那令他们向往的温暖的篝火和亲切的歌声走去。

深夜，项羽的爱妃虞姬也听到了楚歌声，她轻轻摇动着项羽："大王，醒醒，大王，你听，这是谁在品箫唱歌？深更半夜哪儿来的江东民歌声？"

项羽醒来一听，大吃一惊。从汉营中传来这四面楚歌，莫非楚地已被汉军全部占领了？

项羽睡意荡然无存，起身披挂铁甲，他心情糟糕透了。这些天来，一连串的坏消息像噩梦般缠着他，使他从来没有过地压抑。他弄不懂，既然他是一位所向披靡的将军，但胜利为啥不是他的？这难道就是命运吗？他已经越来越感到绝望，似乎大限将至。是不是这一切来得太快了，他才刚过而立之年啊！当年他和叔父在会稽看到出巡的秦始皇时，他曾充满豪气地说："彼可取而代之。"而如今，不仅没能代之，反身陷重围，处于一个泗水亭长无赖的包围之中。天哪！我究竟哪一点不如刘邦？

儿女情长，英雄气短。看着身旁如花似玉的绝代佳人将和自己在这血与火中销毁，这位一夜坑杀二十万降卒眼都不眨的铁汉，此刻心也碎了。他一手仗剑，一手抚摸着虞美人，慷慨悲歌：

力拔山兮气盖世！
时不利兮骓不逝！
骓不逝兮可奈何！
虞兮虞兮耐若何！

项羽昂首挺立，血红的眼里泪光闪烁，一位叱咤风云，万军之中如入无人之境的英雄，此时显得是那样的无助、无奈。

虞美人已泣不成声，她也哽咽着附和着项羽的悲歌：

“汉兵已掠地，四面楚歌声。大王意气尽，贱妾何聊生。”这在中国历史上，一对身陷绝境的英雄与美人的悲歌二重唱，成为流传千古的旷代绝唱。

歌罢，大营内一派肃静，帐外北风仍在呼呼作响。项羽昂着头，双目紧闭，任凭泪珠顺着脸颊流下，洒在铁甲上，双手抽搐抖动不停，不经意，剑柄从手里滑落了下来……

突然，他听到一声撕心裂肺的惨叫，猛然睁眼一看，虞美人执剑自刎已倒在血泊中……

月亮西下。

黎明时分，楚汉两军的阵地被黑暗笼罩着，突然，楚营里一支八百骑的队伍，用布衣包裹着马蹄，悄悄地，神不知鬼不觉地突破了汉军的包围圈。

天亮时，刘邦才知道项羽带几百人跑了。更令人惊讶和感动的是，项羽是带着虞美人的尸体突围的。真不枉这位美人，如此钟情于这位叱咤风云的英雄。尤其，在楚汉决战的最后时刻，为了使项王不再为她分心，她不惜献出自己年轻的生命。后来，人们为了纪念这位绝代美人的钟贞爱情，在不少名胜地，修了十分精致的虞美人的坟墓，其实，那只不过是一种附雅。据说，两千年后，定远县一个农民挖地时，挖到一个很简陋的墓穴，一块很粗糙的石头上刻有“虞美人之墓”几个字。这就可以想象，当时项羽带着虞美人尸体突出重围后，既简单又深情地将她安葬了，以此避免胜利者的凌辱。

第二天，随项羽突出重围的将士，对昨夜突如其来的楚国民歌议论纷纷，谁也说不清，深秋夜半汉营为啥唱楚国民歌？但他们看到的是，这歌声确实把人心唱散了，听歌时不少士卒都泪流满面，歌罢三五成群的士卒都偷着去了汉营。

突出重围后，项羽并无喜色，相反，压力更大。十几万大军没有了，仅靠逃出来的这些人，怎能再与刘邦的几十万大军抗衡？令项羽百思不得其解的是，像他如此神勇无敌，却不能战胜只会耍嘴皮、耍无赖的刘邦？难道这真是天意？

项羽相信的是两军交战，靠的是将士的勇猛，靠的是真枪实刀，但他不知道战场上仅靠武力是不够的，两军决战，更是将士心理素质和精神力量的较量。一个精神崩溃、心力衰竭的队伍，不可能还会有良好的战斗力。对于昨夜张良组织的四面楚歌，他做梦也想不到、想不通。

就这样，项羽率八百骑垓下突围，到达阴陵时，项羽一行迷了路，就向一个农夫问路，当农夫得知他们就是在新安坑杀二十万降卒的项羽队伍时，故意骗他们说："往左走！"结果使项羽一行陷进大沼泽之中，因此又被汉军追上了。项羽一行边杀边退，到渡淮时，跟上来的只有一百多骑。到东城（定远县东南）时，仅剩二十八人。最后到乌江（今安徽和县境内）边时，仅剩二十六人。

这时项羽就想东渡乌江，乌江亭长把船停泊在岸边等着他，并对项羽说："江东虽然狭小，土地方圆千里，民众几十万人，却也足够用以称王了。望大王你火速渡江！现在只有我有船，汉军到来无船渡江。"听亭长这么一劝，项羽反倒笑着说："上天要亡我，我还要渡江做什么？况且，我与江东子弟八千人渡江西征，而今惨败，只剩寥寥几人归还，纵使江东父老怜爱我，仍然以我为王，我又有何面目见之？"于是项羽就把自己所骑的骏马送给了亭长。命令他所剩的二十多个骑兵都下马步行，手持短兵器与汉军交战。

就这样项羽与汉军短兵相接，在连续斩杀汉军一百多人后，自己也伤痕累累了，他已无心再战。此刻，他猛然看到对面那员大将，正是昔日他的部下吕马童，便大声叫道："你不是骑司吕马童吗？"吕马童一听项羽叫自己名字，顿时慌了神，不由后退两步，不知说啥是好。正当吕马童难堪之际，刚好王翳赶到，吕马童赶紧告诉王翳说："这——就是项王。"

项羽便坦然对王翳说："我听说汉王有令，凡得我人头者，赏千金，封万户，我就成全你吧！"说罢便挥剑自刎，轰然倒地。王翳、吕马童等见状，顿时目瞪口呆。

当王翳刚拣起项羽的头，围上来的人便一哄而上，挣着分割项羽的尸体，好到汉王那里显示功劳，以讨得重赏。

当刘邦看到王翳等人把项羽血淋淋的尸体分五块摆在他面前时，他惊呆了！难道这就是叱咤风云的西楚霸王吗？

刘邦恨项羽，尤其项羽主持分封时，封他到巴蜀为王，当时若不是张良拦住，他真想去和项羽拼了！然而，今天真正看到项羽尸体时，他又恨王翳他们太残忍。项羽战败，落得如此下场，自己也多次身陷绝境，不论是鸿门宴上，彭城溃逃，还是荥阳、成皋突围，就是前不久固陵遭遇战，都险些被虏、被杀，假如自己被虏、被杀，难道也是如此模样吗？想到此，刘邦不由暗自伤神。

项羽死后，楚地都归顺了汉，唯有鲁地不降。刘邦得报大怒，如今他已统领天下，难道一个小小的鲁还敢与他抗衡？随即，刘邦就要发兵，踏平鲁地。

张良忙制止说："汉王息怒！鲁国乃孔子故国，是个礼仪之邦，汉王应以安抚为要。何况，今后天下一统了，更需要以仁义治天下，而不是像暴秦那样严刑酷法。"

于是，刘邦便命令将项羽首级送至鲁地，鲁国父老看到项羽确实死了，才投降了。

在如何埋葬项羽问题上，文臣武将说法不一，刘邦也很矛盾。张良建议说："为了安定人心，昭示汉王你的仁德胸怀，同时，当初项羽也是义军首领，共同反秦，功不可没，楚怀王（熊心）曾封项羽为长安侯，号鲁公，应该予以厚葬，并举行隆重的葬礼。"

刘邦觉得张良说得很有道理，便同意按鲁国之礼厚葬项羽。殡葬这天，刘邦率领文武臣下，身着缟素，为项羽送行。项羽安葬谷城后，坟墓前石碑上还刻着"鲁公之墓"，以示纪念。时年，项羽仅 31 岁。

四面楚歌图

按语：项羽是个可歌可泣又可叹可悲的人物。当年，巨鹿之战中，他以5万楚军对秦军主力50万，项羽破釜沉舟，大败秦军，生俘秦30万大军统帅、秦之名将王离，逼降秦20万大军主将章邯，使秦王朝失去了擎天支柱。巨鹿之战胜利后，项羽召见诸侯军将领时，将领们进军帐都是跪着用膝盖前行，没有一个敢抬头仰视项羽的。自此，各路诸侯都隶属项羽，项羽成了诸侯军的上将军。就是这样一个为推翻秦王朝立下盖世之功，英勇无比的项王，楚汉战争四年后又败在了刘邦的手下，所以有人说：项羽能称王，除非没有刘邦；如果有刘邦也能称王，除非没有张良。确实楚汉战争的胜负给后人留下了太多的思索。唐朝诗人杜牧在《题乌江亭》诗中写道：“胜败兵家事不期，包羞忍耻是男儿。江东子弟多才俊，卷土重来未可知。”诗人对项羽能过江东而不过感到惋惜。而宋朝王安石则不同意杜牧的看法，在《乌江亭》诗中写道：“百战疲劳壮士哀，中原一败事难回。江东子弟今虽在，岂于君王卷土来。”宋朝李清照为表达对项羽的崇敬之情，在她的词里写道：“生当作人杰，死亦为鬼雄。至今思项羽，不肯过江东。”而毛泽东在他的诗词中写道：“宜将剩勇追穷寇，不可沽名学霸王。天若有情天亦老，人间正道是沧桑。”

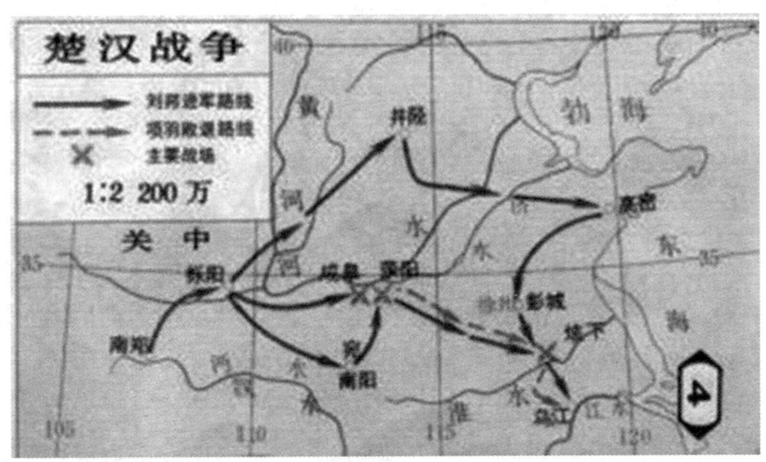

楚汉战争示意图

二十七、寻师报恩

张良随刘邦在谷城安葬项羽时，猛然想起了恩师临别的嘱咐，匆匆告别汉王，策马奔向谷城山，去寻找那昼思夜想，无以报答的黄石公。

张良在项羽葬礼完毕，回谷城路上，看到东南方有一座苍翠峥嵘的青山，拔地而起。他赶忙下马询问路人，这座青山叫什么名字?

"谷城山！"一老者告诉张良说。

"啊，谷城山！"张良一听谷城山三个字，顿时呆了。站在那里，瞩目眺望，往事涌上心头……

刘邦见张良神情异常，惊愕地问道："子房，你怎么了？"

听汉王问话，张良才回过神来。

"汉王，我有一件急事，需马上去谷城山一趟！"

刘邦不得其解，便说道："今天这么晚了，明天我们一起去，我正想找个清静的地方换换神儿！"

"不行，我有急事，今天就要去！"

刘邦看张良态度坚决，不好强拦，便说："那你多带几个卫兵，速去速回！"

张良见汉王应允，便吩咐卫兵好生护送汉王回城，只与何剑打了个招呼，二人便策马向谷城山驰去。很快谷城被甩在了身后，人烟越来越稀少，张良、何剑沿着峡谷急驰，山谷中林壑清幽，空气清新，清脆的马蹄声，惊得鸟儿飞向远方。张良寻师心切，只嫌马慢。他想这次无论如何也要找到恩师，如他还健在，就为他养老送终，如已仙逝就为他守灵三载……

当他们又跑过一个山坳时，张良望见一道瀑布从山上飞流落下，水声在峡谷中激起震耳的回响。张良走近，抬头看见，飞瀑落下的河谷边，一块黄石像一个背手昂头，观看瀑布的高士站在那里。张良不觉一震，忙下得马来，围着黄石仔细端详。

啊！十三年了。

正是那十三年前的黎明，他在圯桥三次赴约，老人说他孺子可教，才授给他《太公兵法》。临别，老人特意嘱托，认真读懂了这卷书，即可为帝者师。十年后，必有王者兴，十三年后你路过谷城山下，见到的那块黄石便是我！

张良告诉何剑，这就是恩师！说着便大礼向黄石拜了下去。何剑也赶忙跟着跪拜。

“恩师，张良看你来了！恩师，遵照你的教诲，如今我已成为帝者师了，我辅佐汉王夺得了天下，恩师，你现在哪里？”

张良抚今追昔，感慨万千，不仅潸然泪下。

天渐渐暗了下来。张良、何剑正要离开，忽然看到瀑布那边有一个人，背上背的显然是今天收获的猎物。张良绕过瀑布激起的水雾去看时，凭多年的熟知，一眼便认出是侯成。张良赶紧大声喊：“侯公！侯公！我是子房！”

其实，侯成也早已认出是张良。当年，侯成使楚，按张良嘱托，与项羽即谈妥了鸿沟议和协议，又救出了太公、吕后。本想大功告成，汉王定会重赏，可万万没想到汉王却封他个平国君，吓得他没敢辞别就隐退山林了。两年来，他以青山为伴，住山洞，饮泉水，食野味。令侯成欣慰的是，在这茫茫大山，他结识了一位年近古稀的老人。老人经多见广，目光如炬，人生百态，一眼洞穿，且常常是来无影，去无踪，深不可测。侯成与老人相识后，几次询问老人尊姓大名，何方人士？老人只说是个老铁匠。这令侯成半信半疑。直到三个月前一天夜里，老人临终时才托付他，日后如遇张良前来寻我，就说……老人话音微弱，侯成还没听清，老人就归天了。侯成由此断定，老人与张良关系非同一般。

侯成今天下得山来，远远就看见瀑布边有人，于是悄悄躲在一边观看，原来是张良、何剑在大礼叩拜黄石。他不解其意，也不便打扰，只是远远看着。

侯成听到张良喊他，赶忙放下背上的猎物，三步并作两步，上前便紧紧抱住了张良。还没等张良问话，侯成已是泣不成声。

张良深知侯成憋有一肚子委屈，忙安慰道："侯公，委屈你了，不过你走后，汉王也多次问到你，后来知道你隐退了，汉王也面有愧色，说：'开个玩笑，何必当真呢！'"

侯成冷静了下来，问道："汉王真是这样说的？"

"我的话也不信了？"张良说。

"不敢！不敢！"侯成赶忙解释说。

张良停顿片刻，又说道："我看，干脆等我办完事，咱们一道回去见汉王算了！"

侯成说："谢谢子房美意！回去就不必了，在山野两年，清静安逸，我已习惯了。看，只顾说我的事，请问子房，不和汉王在一起，来此干什么？"

"来寻人的！"

"找到了吗？"

"还没有！"

"不知子房到这深山老林要寻什么人？"

"找我的恩师！"

"恩师？"侯成吃惊地说。

张良看侯成若有所思的样子，忙问道：" 侯公在此两年，可否知道此处有一位年近古稀的老人？"

侯成这才忽然想起前不久去世的老铁匠。忙对张良说："有！有！是一位老铁匠，对吧？"

"对！对！"张良、何剑异口同声答道。

"那我恩师现在哪里？"张良急切地问。

"恩师，他，他……"侯成语结，一时不知该怎样告诉张良。

"侯公，快说，我恩师他到底怎样了？"张良催问。

"老人，他，他，已过世了。"侯成说。

闻听恩师去世，张良悲痛不已，泪如泉涌，半晌哽咽着问侯成道："侯公，我恩师是什么时间离开人世的？"

"三个月前。"侯成说。

"那，葬在何处？"

侯成转身指了指远处那座高入云端的山顶。

张良道 :“侯公，辛苦你给带个路，我们俩要去看看恩师！”

侯成看天色已晚，便劝说道 :“去山顶的路崎岖陡峭，白天都很难走，晚上更不行了。”

张良看天色确实晚了，便问侯成 :“侯公晚上住在哪里？”

侯成指了指右边山岩，答道 :“不远，就在那里！”

“如侯公不嫌弃，我们俩今晚就在你这里借宿一宿可以吗？”

“子房见外了，我盼都盼不来你这大名鼎鼎的张子房，哪里还会嫌弃！”

张良、何剑随侯成回到住处，侯成用山珍野味招待张良，三人岩洞歇息不提。

第二天一大早，张良便叫醒了何剑，侯成准备了好多吃的，叫何剑背上。由于山路崎岖，林木丛生，马是不能骑了。张良他们徒步向山上走去。开始，大家走得很快，没走多远，就大汗淋漓，不得不停下来喘口气。中午，攀登山顶时，道路更加陡峭，几乎是无路可走，无处攀爬。有几处都是侯成在前边拉着，何剑在后边推着，张良才爬了上去。

黄昏时分，张良他们终于爬上了山顶。在顶峰背阴处，侯成找到了一个岩洞，他先进去，把堵在洞口的大石推向山间深壑，然后，何剑扶着张良进了岩洞。洞内光线很暗，侯成让何剑到附近捡了些干草、干树枝，取出火石，嚓！嚓！打了几下，燃起了一堆火。

张良没等喘口气，就问侯成 :“我师父就在这里吗 ?”

“是的！”侯成向洞里指了指。

张良、何剑便急切地借着火光，向洞内寻去。越是向里走，里边越黑暗，越阴冷。走到大约一半时，洞的墙壁上滴下来的水珠在洞里汇成了一片水坑。趟过水坑，地势越走越高，这时他们才看到，洞的尽头有一根一丈多长的，双人才能合抱的木头，横着躺在洞里。

侯成一手抚摸着棺木，一手拿着一根燃烧的干柴，给张良介绍说 :“我听老人讲，他已在这里十多年了，八年前，他听到秦始皇死了时，是一个人坐在山顶岩石上，喝了个酩酊大醉，后来冻醒了，才知道是喝多了。前些天，他又听说汉军包围了楚军，可楚军顽强抵抗，后来汉军唱了一夜楚歌，唱得楚军散了人心，这才逼得项羽跑到乌江边自尽了。老人又在山顶岩石上自斟自饮，还说孺子不负所望，可歌可泣！就是在这天夜里，老人开怀大笑，子夜时分，老人无疾而终。这棺木是老人生前就准备好的，这么颗大树，他把树心挖空，嘱咐我，在他死后，将他放在里边，若张良来寻，就带他到这里来，开馆见上一面，然后，连同棺木在洞前一起焚化。"说着，侯成把火把递给何剑，用力推开了树棺的上半拉，只见，树心挖空，老人安卧期间，宛如熟睡一般。

此时，张良、何剑再也控制不住自己了，扑上去抚摸着老人尸体，哭着连连喊道："恩师！恩师！我们看你来了，你醒醒，再睁眼看看我们吧！恩师，我们来晚了，让您在这里受苦啦！"

侯成赶忙制止张良说："你师傅有言在先，不论是他的弟子，或是朋友，在他羽化西归的时候，都应高高兴兴，不然，他的在天之灵也会不安。"

张良、何剑强忍悲痛，和侯成一起把老人棺椁移至洞口，何剑又抱来一大堆枯树枝，侯成让张良亲自点燃了树枝，火苗借着山风，呼呼作响，瞬时窜出一丈多高的烈焰，风助火势，越烧越旺。

张良远远看着大火将恩师的棺椁吞噬，心都碎了，他恨自己来晚了，没能赶上当面向师父谢恩。张良深知他是在人生最失落，最无奈，最低谷的时候遇到恩师的，他之所以能报国雪恨，之所以能有功成名就的今天，正是恩师支持、教化的结果。否则，他可能至今都无所事事，甚至还躲在下邳的山林里饮恨人生。

火焰最终熄灭了，地上只剩下白色的灰烬。张良和何剑正想把灰烬装好带走时，突然一股山风刮来，把灰烬吹向那洞下的茫茫山林。张良有些吃惊，但很快领悟到这也许是师傅的心愿。

张良让何剑、侯成重新回到洞里，打着火把，看看洞里师傅还有什么遗物，何剑在洞的一边找到一个破陶罐，拿到洞外一看，感到眼熟，很快何剑想起这陶罐正是当年他跟师傅打铁时用来猝水用的陶罐，是师傅把它带到这里的。何剑手捧陶罐，不由得又睹物生情，珠泪簌簌。

很快侯成也在洞壁上看到了刻写的文字。

天地玄黄，
山下有石。
唯天不老，
必有来人。

张良朗诵了一遍，兴奋地说："这肯定是恩师所刻。你把每句最后一个字连起来，正是黄石老人，第二句，山下有石。第四句，必有来人。这正是恩师料定我会来的！"何剑、侯成完全同意张良的判断。张良念着石刻，仿佛又见恩师音容笑貌，不禁黯然伤神，凄然泪下。

天很晚了，侯成建议赶快点上火把下山。何剑看张良，张良说："师傅在这里生活十多年，今晚我们就在这洞里过夜，陪陪师傅吧！"

何剑打着火把，在洞外弄来些干草铺在洞里，并把外衣脱下来让张良穿上，躺在铺好的草上，将就着歇息。何剑又找来些干树枝，在靠近洞口处生了一堆火，一来取暖，二来也可防止野兽来袭。三人洞里过夜不提。

第二天，汉王几次找张良议事，下边人都说谷城回来路上离开后，就没见回来。汉王知道，项羽死后，原来十多万楚军大部分流落民间，也有部分残兵败将逃进了山里，汉王怕张良何剑二人上谷城山，遇到什么意外，他后悔当时没多派几名武将与他随行。想到此，刘邦立即找来樊哙，让他马上安排三路人马，即刻进山接应张良。

张良思念恩师

二十八、定都关中

当刘邦的旧部以狭隘的乡土观念鼓动刘邦定都洛阳时，张良却以政治家的眼光，为了汉室江山的长治久安，说服刘邦最终定都关中。

公元前202年，春回大地，万物复苏。

韩信为了化解刘邦对他的猜忌，表示对刘邦的忠诚，依照张良主意，联名淮南王英布、梁王彭越等诸侯王，拜请刘邦登基称帝。刘邦经过一番谦让后，说："看在这事儿对天下老百姓有好处。"才半推半就面南称帝。

刘邦登上帝位后，召集文武大臣商议定都之事。刘邦刚一发话，群臣便议论纷纷。

有的说："还是回咸阳去，那里保险。"

有的说："咸阳宫殿都被项羽烧了还去干啥。"

樊哙站起来，扯着大嗓门说："以我看干脆把国都定到洛阳算了，这里居天下之中，离我们老家也近，何必再跑到关中去，大家说对不对？"樊哙的意见，说到了多数人的心窝里，众武将纷纷表示赞同。因大多数部将都是关东人，所以都希望能定都洛阳，回家也近点。

有一位文职官员见多数人都赞成定都洛阳，为讨好众人，也附和着说："洛阳不仅居天下之中，历史上还曾是周代古都。洛阳东有成皋，西有崤山、渑池，北靠敖仓，南向洛水。四周都有天然屏障，还有充足的粮食，这儿的确是个定都的龙凤宝地。大家不妨想想，当年周公在此定都，周朝延续了数百年，而秦始皇定都关中，江山传至子婴就灭亡了，都城可不是随便定的，请皇上明察。"这个文职官员讲得有理有据，完了又是一片赞许声。

这时，刘邦的部将虞将军告诉刘邦说，他有个齐地老乡叫刘敬，是去陇西戍边的，得知皇上定都的事，他很想见皇上一面。刘邦当即召见了刘敬，并询问他定都的事。

刘敬问："皇上打算定都何处？"

刘邦说："准备定都洛阳如何？"

刘敬说："陛下定都洛阳是想与周王朝一比隆盛威势吗？"

刘邦道："也算是吧！"

刘敬说："我以为不妥，因为陛下夺取天下的途径与周朝不同。周朝的祖先积累德政善行十多代，以至到文王、武王时期天下诸侯自行归附，终于灭掉殷商，到了周成王才建都洛阳。而陛下从丰、沛起兵反秦，席卷巴蜀，平定三秦，又楚汉逐鹿中原，大小征战上百次，为此多少人肝脑涂地，尸骨露于野，百姓苦不堪言。况且，秦地依靠华山，濒临黄河，四面都有险要关隘为屏障，如果有紧急情况发生，百万军队即刻调动停当。依靠秦地原有的基础，凭借那里富饶的土地，这里有天然府库的优势啊！陛下定都关中，即使关外有乱，关内秦地仍然可以据有。同别人打斗，不卡住他的喉咙，从后背击打是不能大获全胜的。现在陛下定都关中，就等于扼住了天下人的喉咙且又攻击他的后背。"

刘敬一番与众不同的见解，使刘邦意识到定都确实是件大事，明天必须听听子房的意见，再做定案。于是刘邦对众大臣说："大家都说了自己的意见，多数都主张定都洛阳，但这个事大，明天我还要找子房谈谈，听听子房咋看这个事。"

张良因身体虚弱，刘邦专门让萧何在洛水之滨一处人烟稀少，松林茂密的山岗上建造了一处院落，这里远离闹市，安宁清静，便于张良调养。

第二天，吃过早饭，刘邦只带了少数随从，便匆匆去见张良。

何剑见皇上驾到，慌忙上前迎驾，并禀报皇上说："师傅在林中静坐，请皇上屋内少侯，我立刻去请他回来。"

刘邦忙制止道："不用惊动子房，其他人也不用跟随我，我自己随便走走。"说完，便信步向林间走去。

二月的山林，松枝新绿，嫩芽青翠，鸟鸣山幽，泉水叮咚。刘邦迎着满面春风，来到山顶，放眼望去，松林尽头，山岩俯卧，山下洛水东去，川流不息。不远处，张良盘腿坐在一块磐石上，双手护膝盖，二目凝视，身体一动不动，在他身旁一个药锅里煎熬的药，散发出缕缕药香。旁边还放着一摞竹简，一根竹箫，只见张良静坐之后，山头品箫，那箫声悠扬委婉，飘荡在山林间。刘邦听着那熟悉的箫声，不由得又想起了张良用四面楚歌瓦解楚军的那一幕，刘邦抚今追昔，感慨万千。

张良隐约觉得身后有人，回头一看，见是皇上到了，赶忙起身相迎："啊！陛下到了，怎不先派人告知一声？"

"不妨事，不妨事！今天我们君臣之礼就免了。子房，快告诉我，身体恢复得怎样了？"

"好多了，谢陛下关心！"

"近日我在南宫憋得心烦，你这里好清静呀！"

"是呀，陛下征战多年，鞍马劳顿，现在天下一定，以后也要多调养身体才是！"

"子房，现在我才知道，治理天下，并不比打天下容易。就拿分封这事来说，那些有功的要封赏，无功的说没有功劳有苦劳，也要封赏，功大的要封，功小的也得封。就这事封与不封，封大封小搞得我焦头烂额，寝食难安。对，还有昨天商议定都那事，两种意见各说各的理，都把我说糊涂了。你也不在，我还真不知咋定才好。"

张良一听是定都的事，知道是件大事，便问刘邦："陛下，那两种意见都主张定都哪里呢？"刘邦如实把昨天樊哙等多数文武大臣主张定洛阳，刘敬等少数主张定都关中的意见告诉了张良。刘邦问张良："子房看这两种意见哪个更好？"

张良思索了一下，很直爽地告诉刘邦说："多数人主张定洛阳，那是庸人之见，刘敬少数人主张定关中，这才是真知灼见。"

刘邦一听张良也主张定关中，便问："何以见得？"

张良几乎是胸有成竹地告诉刘邦说："洛阳虽然地势稳固，但中心地区狭小，方圆不过几百里。田地贫瘠，尤其它四面受敌，因此这里不是用武之地。而关中地区东有函谷关，西有陇山，沃野千里，南有巴蜀的富饶资源，北有胡地草场畜牧的地利。依仗三面险要的地形防守，只用东方一面来控制诸侯。倘若诸侯安定，可通过黄河、渭河水路转运天下粮食西上供给京都；若诸侯有变，也可顺流而下平定之。

至于周都洛阳能延续数百年，而秦都关中只有十几年的说法，他们只看的是现象，实质上秦朝的短命，并非是定都关中的错，如此残暴、腐朽的统治，不管都城在哪里，天下百姓都不会答应，这就注定它一定是个短命王朝。”

刘邦听完张良一番高屋建瓴的分析，如拨云见日，当即就决定定都关中。第二天就率文武大臣西进擽阳了。

张良手书“玉盆”

按语：张良亲笔书写玉盆二字，用来形容关中的富庶与险要。意在劝说刘邦定都关中。

二十九、封仇息怨

一个被刘邦恨得咬牙切齿，多次寻找机会要杀掉的人，却意外地获得封侯。张良妙计安天下，使不满者的怨气顿时烟消云散。

刘邦登基称帝后，为确保刘氏江山万古千秋，就采取分封同宗子弟为王的用人策略。像封堂兄刘贾为荆王，封宜信侯刘喜为代王，封文信君刘交为楚王，长子刘肥为齐王，等等。然而，不知是什么原因，刘邦还有一个侄子刘信却没有封王。一天刘信实在沉不住气了，便跑到爷爷那里抱怨，想让爷爷问问当了皇上的叔叔，是不是把他给忘了。第二天，太公借邦儿给他请安的机会，问刘邦："前些日子，刘贾、刘喜、刘交诸子和长孙刘肥陛下都已封王，唯独陛下的侄子刘信未封，是不是陛下日理万机，把这事给忘了？"

刘邦沉默了许久，摇摇头说："孩儿没有忘，只是觉得……"

刘邦每次看到刘信时，儿时一件小事就袭上心头。刘邦尽管高刘信一辈，但刘邦是小叔，刘信是大侄子，二人年龄相差无几。有一次，天近中午，刘邦正和侄子玩得满头大汗，只见嫂子端了一碗煮好的汤圆，把侄子叫了过去，一勺一勺吹着让侄子吃。当时他也饿极了，馋得直流口水，他多想嫂子能叫他一声，让他也吃上一口。但狠心的嫂子连看都没看他一眼，直到侄子吃完汤圆，把汤也喝了，嫂子才拍了一下儿子屁股说："滚，跟三叔好好玩！"

就这一羹之恨，竟让刘邦忌恨在心，所以他故意不封侄子刘信，是想给嫂子一点颜色看。

恩恩怨怨，在亲情中尚且如此，在君臣中就更难以理清了。

一天，刘邦与张良在南宫的复道上散步，远远看到有三三两两的臣子，聚在一起，像是在议论着什么，开始刘邦并不在意，见多了，刘邦便问："子房，你看诸将三五成群、窃窃私语，他们在干什么？"

张良想了一想说："陛下真是洞察秋毫，只是……"张良看了看后边跟随的侍从。刘邦立刻明白张良的意思，便屏退侍从，问："他们在干什么？"

张良环顾四周无人，便很直率告诉刘邦说："他们在谋反！"

听张良一说，刘邦大吃一惊，忙问："天下刚安定，为什么还要谋反？"

张良很镇定地说："陛下可以设身处地想想，当初，陛下起于布衣与此属取天下，今陛下已为天子，而所封之人都是自己亲近或喜爱的老友，而诛杀的都是与您有仇恨的人。这些人怕不仅得不到封赏，又恐因往常的过失而被怀疑，以至被杀掉。所以相聚谋反！"

刘邦这才感到问题的严重，忙问张良："事已至此，该如何是好？"

"当务之急是稳定人心！"张良说。

"对！稳定人心。"刘邦深知失去人心的严重性，当年项羽是何等的强大，正是他的作为不得人心，所以才一步一步由天下无敌变为孤家寡人，最后走向了乌江自刎。

"那么，以子房之见，眼下怎样才能稳定这些人呢？"刘邦问。

张良想了想反问道："陛下，你平生最憎恨的人是谁？"

"这还用问，谁不知我最恨雍齿，当年他背我投魏，困辱我，不把他杀了，怕我死了也闭不上眼睛！"刘邦说。

张良笑了："陛下至今还不忘他据丰邑降魏的事吗？"

"当然！不管他立多少功，早晚我要宰了他。"刘邦很坚定地说。

"那就先封赏雍齿吧！"张良说。

"子房，你这是什么意思？他雍齿就是立天大的功，我也不会封赏他！"刘邦说。

"陛下，我是这样想的，与陛下既是宗亲，又有功劳者，你封多少，在那些人心浮动者看来都无所谓，如果你把雍齿封赏了，这些人，立刻会说连陛下最憎恨的人都能获得封赏，我们这些人还有什么不放心的？"

刘邦只是点了点头，他觉得张良说得有道理，但毕竟在感情上难以接受。

于是刘邦说："子房，这个事让我再想想。"

雍齿看到群臣争功邀赏，心里矛盾极了。他知道论罪他当死，论功他当赏，终日忐忑不安，总感到是凶多吉少。那还是刘邦起兵反秦之初，刘邦引兵杀往薛城，令雍齿守住丰邑。谁知刘邦前脚一走，雍齿就易帜投靠了魏国，后来刘邦回来，雍齿就带领家乡子弟抗拒刘邦，使他两次攻城不下，在家乡父老面前脸面丢尽。最后还是张良谋划，在项梁那里借得五千精兵，才夺回丰邑，雍齿仓皇逃到魏国去了，要是那次就被刘邦捉住，肯定是碎尸万段。有意思的是，山不转水转，后来雍齿又转到了刘邦麾下。雍齿降魏后不久，又由魏投赵，赵国张耳与刘邦关系甚好。一次刘邦与楚交战，战事吃紧，请求张耳派兵增援。结果派来的竟是雍齿，刘邦一见雍齿，就火冒三丈，恨不得立刻杀了他。还是张良劝阻刘邦："人家是友军将领，来援助你的，你把他杀了，谁还敢来援助你。如今楚汉相争，利用一切可以利用的力量，打败项羽应是第一紧要的。"经张良这么一劝说，刘邦只好暂时把对雍齿的仇恨记在心里。

雍齿也知理亏，所以在以后楚汉作战中，一直是冲锋在前，屡立战功，刘邦虽然有气，一时也找不到报复的机会。项羽死后，刘邦登基做了皇上。雍齿自感刘邦一定会找他算账的，所以终日提心吊胆，寝食不安。这天，他来到张良在郊外的住处，想请张良替他求个人情，准予他告老还乡，免他一死。

张良说："将军战功卓著，只待皇上封赏，享不尽荣华富贵，何谈告老还乡，免予一死呢？"

雍齿说："只因当年在丰邑，一念之差，与皇上积怨甚深，十多年了，尽管两军阵前我拼死杀敌，但我感到皇上并无摒弃前嫌之意，说不定哪一天，皇上一怒，我将是他的刀下之鬼。"

张良说："在丰邑与皇上反目成仇，对皇上确实伤害至深。同乡故友，见利忘义，实在不该。"

雍齿说："大错铸成，悔之晚矣。"

张良说："当年为荣华，求封侯，不惜背叛故友，今日为免死，求还乡，不惜抛官弃爵。将军为何前后判若两人？"

雍齿痛心疾首地说："我雍齿正是为这荣华富贵，才弄得有命难保的。我只求解脱，请子房无论如何帮我讲个人情，我雍齿有生不忘先生大恩大德。"

张良说：“我可以把将军的话转告皇上，但皇上如何处置我就无能为力了。”

“多谢子房先生，多谢了！”

雍齿走后，张良把雍齿夜访他的话告诉了刘邦。刘邦说：“如果不是现在人心不稳，雍齿还有那么一点用处，我真想立刻将他碎尸万段！”

“大处着眼，从长计议，当忍则忍，陛下不正是这样打败项羽的吗？”张良说。

“是的！这要多谢子房及时献策，我们才有了今天。不过每当我想起过去那些往事时，还真有点后怕！”刘邦说。

第二天，刘邦上朝了，自从封了二十多位诸侯王和四位刘姓王后，这些日子只要上朝，群臣都会蜂拥而至，即使病了也都不愿告假，生怕错过了这一千载难逢的升迁机会。刘邦看了看鸦雀无声的群臣，首先让侍臣宣读了尊太公为太上皇的诏书。接着，看在太公的面子上，勉强封侄子刘信为羹颉侯，未封土地和城邑，只是个空头衔。之后，刘邦突然厉声喝道：“雍齿！”

雍齿由于正在考虑自己的事，高度紧张，雍齿听到皇上叫他，赶紧上前一步，深施一礼，用颤抖的声音应道：“臣在！”

“你知罪否？”

雍齿一听刘邦问知罪否，便知刘邦是要给他算旧账了，看来今天是必死无疑了，干脆豁出去了，于是便大声说道：“自张耳派臣领兵助陛下灭楚以来，大小征战几十次，从未怯阵过，先后斩杀、俘获楚将楚卒数百人。臣不知罪从何来？”

刘邦见雍齿卖功，感到又好气，又好笑。于是问道：“雍齿，当年在丰邑你背我降魏，算不算有罪？你还敢赖账不成？”

“陛下，此一时，彼一时也！当年我背叛您故该死，但这几年与项羽交战，我可是仗仗冲锋在前，杀敌无数阿！这不等于我将功补过了吗？”

雍齿冒死辩解，招来众臣一片唏嘘。

刘邦知道雍齿儿时就是铜嘴铁牙，无赖一个。为显示仁德之心，于是，话锋一转，说道：“雍齿，朕念你破楚有功，昔日之过不再追究，说吧！你要何封赏？”

雍齿万万没想到刘邦会放过他，经刘邦这么一问，反倒“扑通”一声跪地痛哭起来。

“臣身犯不赦之罪，哪里还敢向皇上求封赏？只求皇上恩准我还乡为民就算万幸了。”

刘邦表现出一副宽容大度的样子说：“这么大年纪了，还哭什么？知道有罪就好，乡里乡亲，我不计较，朕决定封你为益州什方侯！”

雍齿简直不敢相信自己的耳朵，赶紧又跪地像捣蒜一样叩谢皇上：“谢皇上不杀之恩！谢皇上封赏！”

封过雍齿，刘邦有意催促丞相、御史说：“定功行封之事要抓紧进行，不得有误！”

散朝之后，群臣走出南宫，一个个面带微笑，心里踏实多了。就这样，张良帮助刘邦化解了一场分封内乱，稳定了汉初政权。

雍齿受封

史学家司马迁评论此事说：“在刘邦取得天下，以个人的爱憎进行封赏和诛杀而埋下危机时，张良借机进忠言，献良策，使皇上去掉偏袒私情的过失，使臣下免除猜疑恐惧的念头，使国家无忧患，利益延及后世。张良真是善于劝谏啊！”

三十、恩威除患

垓下一战，楚军十多万人马，除项羽等极少数人马突围战死外，其余一夜间烟消云散，如何安顿这些残兵败将，关系到社会稳定，政权安危，张良献策恩威并施，除去了这一大隐患。

张良建议刘邦封仇息怨，很快稳定了刘邦旧部情绪。由此，张良又想到了项羽的部下，十多万人马，一夜间树倒猢狲散，如这些残兵败将得不到安顿，他们肯定还会寻机作对，后患无穷。

一天，刘邦很高兴地告诉张良：封一个雍齿，安定了一批人，值！

张良说："这是陛下宽宏大量，能容人之过，也是我们臣子之福！不过，由此我又想到了另外一个问题，那就是项羽的旧部，那十多万人马哪里去了？如果不理顺这批人的情绪，那终究还是个祸根。"

张良话刚开个头，刘邦就接过话茬说："这确实是个大事，近日我得到确切消息，钟离昧就藏在韩信那里，我有一个不祥的预感，现在虽然项羽死了，但他那么多的部将哪里去了？弄不好一有风吹草动，这些人还会跳出来惹是生非。"

"陛下所虑极是！如今楚虽亡，陛下一定要让过去的楚国臣民人心安定，不然，还要生变。"张良说。

刘邦告诉张良说："前天夏侯婴就对他说，鲁地有人找他为季布和丁公兄弟俩求情，不知如何处置为好。"

张良听完刘邦介绍季布和丁公兄弟俩的情况，倒觉得这是一个极好的机会，可以很好地利用它。于是便对刘邦说："季布是个秉性耿直之人，虽然彭城溃逃时他追杀过陛下，然而，此一时，彼一时，当时他身为楚将，能不为楚尽忠吗？如今他求着陛下了，若陛下不给他个出路，那就等于逼他跑到南粤去，投靠敌国，给那些与陛下作对的人效力。这不又多了一个隐患吗？"

“我也觉得是这个理，照这样说来，我们不仅应该赦免季布，连钟离眛也该赦免吗？”刘邦问。

“眼下钟离眛尚未向陛下求情，不能赦免！我们赦免季布后，肯定还会有过去的楚军将领向陛下谢罪，到那时，如钟离眛出来向陛下谢罪了，说明他和韩信并无反心，如仍然藏匿不出，说明另有目的。陛下就可见机行事。”

张良的话，一下子把刘邦点醒了。刘邦很快颁布诏书赦免了季布。季布也前来当面向陛下表示了忏悔并表示愿为陛下效劳。

丁公是季布异父同母的哥哥，也是楚将。他与季布恰恰相反，他不是有仇与刘邦，而是有恩于刘邦。当年刘邦彭城溃逃时，丁公曾经在彭城西面追杀过刘邦，当时是短兵相接，刘邦感到事态危急，便回头对丁公说：“两个好汉要相互为难困斗吗？”丁公看刘邦是在求他，于是领兵撤去，有意放了刘邦一马。刘邦称帝后，他也想去请赏，但考虑自己是个楚军败将，怕有不测，没敢直接露面去请赏，而是先托人去说情。现在见有仇于陛下的弟弟季布不仅没被追究，还得到了封赏。他再也坐不住了，于是匆匆赶到洛阳南宫，奏请面见皇上。

刘邦一听是楚将丁公，知道这位楚将曾放过他一马，心里不禁为之一振，想起张良的献策，刘邦灵机一动，这不正好用丁公之头，以平息楚臣的顾虑吗？于是，他传丁公上殿。这位丁公闻听皇上召见，想必皇上没忘旧恩，于是春风得意，走上殿来。

刘邦待丁公自报姓名后，故作大怒，喝道：“给我绑了！”

丁公顿时慌了手脚，以为是刘邦认错人了，赶忙喊道：“陛下，我是丁公！是彭城救过您的丁公呀！”

刘邦拍案怒斥道：“朕知道你是丁公，你身为楚将，不为楚尽忠，反而卖楚，正是你们这种人，才使霸王失去了天下，留你们这种吃里爬外的人有啥好处？推出去斩了！”并说：“后世为人臣子者如有二心，也定斩不饶。”

可笑丁公，聪明反被聪明误，成了刘邦稳定人心的牺牲品。

丁公和季布二人，对刘邦一恩一怨，反被一斩一赦，昭告天下后，确实把昔日项羽手下将士的怒火浇灭了。

三十一、位封留侯

汉高祖刘邦登基后，封功臣，因张良无战功，刘邦说：子房数次献策救我于危难之中，立国之功难以理计，王者之师，功高盖世，自择齐三万户。当群臣争功不已时，而张良却坚辞不受三万户，只选了个小小留县，以作纪念。

项羽死后，刘邦又在定陶夺了韩信的兵权，并将他的齐王改封为楚王，了去了一大心病。然而，随着胜利的到来，列侯诸将中邀功争封赏的像瘟疫一样席卷而来，该封赏的封不了，不该封的缠得刘邦心烦意乱。一日，刘邦在南宫大宴群臣，想借此杀杀文臣武将中的邀功之风。

经过八年征战，今天终于以胜利者的姿态赴宴的文臣武将，心里都是别样欣喜。在那个年代，连科举都没有建立，贵族可以世袭，而对于绝大多数平民百姓来说，要想取得荣华富贵，唯一的机会就是杀敌立功。如今终于胜利了，只等皇上分封功臣了，大家怎会不兴高采烈呢？大块的肉，大碗的酒，如风卷残云。这与当年在进军汉中路上，送张良回新郑时凄凉压抑的酒宴比，完全是两种心情，两重天。

刘邦也和大家一样，开怀畅饮，等喝到酒酣耳热时，他给大家出了个题目，让大家讨论讨论，目的很清楚，是想让那些邀功争封赏的人，头脑清醒清醒，别以为天下都是他一个人打下来的！

刘邦大声说道："各文臣武将，今天我们君臣欢聚一堂，庆祝胜利，那么，我想给大家提出一个问题，你们想想，然后实话实说，不用顾忌，说错了朕也不怪罪你们。"

"好！好！你说吧，陛下，啥问题？"

刘邦说："题目不难，你们说说，朕为什么能取得天下？"刘邦话音刚落，便有人站起来说："这还不简单，人的命，天造定，大王能当皇上，天意吧！”

一片赞许声。

“还有！”一位同乡哥们补充说，“你们不知道，大王左边屁股上有七十二颗黑痣，所以能当皇上。”笑声哄然而起。

还有一位信天命的又举例说，“项羽可谓天下神勇，所向无敌，然而他为啥不能战胜大王，据说项羽在乌江自刎前，曾对他的部下说，这是天意，天要亡我！”天命似乎成了定论。

这时，有一位文臣想讨好刘邦，他又提出了一种说法：“大王称帝，主要是大王天资聪慧，智慧超凡，文韬武略，无所不精，所以大王能轻取天下。”听到有人赞美，刘邦特意站起来看了看这个言者。

又有一个文官危言耸听地说：“前天晚上我做了一个梦，梦见王母娘娘告诉我，汉王是个奉命下凡救民于水火，解民于倒悬的神仙，他会成为真龙天子……”

还没等这个儒生说完，王陵便厉声喝道：“真是胡言乱语，妖言惑众！大王要我们谈得天下的原因，是要以史为鉴，对照古今，知晓得失，绝不是让我们信口开河，痴人说梦的！”王陵接着说道，“我以为大王能得天下，主要是大王能与天下共利，大家想想，这几年我们每攻下一个城池，大王就把它封赏给了有功之臣，所以使得人人疆场杀敌效命。而项羽却恰恰相反，他嫉贤妒能，战胜却不封赏，得地又不分利，他怎不最后落个孤家寡人，失去天下呢？”

王陵说完，又是一片赞许声。

刘邦看再没有不同意见了，便说：“大家说得都对，但也都不对。朕以为，得失天下的关键在于用人。论运筹帷幄之中，决胜千里之外，我不如子房；论镇守国家，安抚百姓，源源不断供应军粮，我不如萧何；能统帅百万大军，攻无不克，战无不胜者，我不如韩信。此三人都是人中豪杰，我虽然在某一方面不如他们，但我却能使用他们的长处。有最杰出的人为我谋划，有最可靠的人为我筹运军饷，有最勇敢的人为我指挥打仗，我怎么会不得天下呢？而在楚军中，也有范增那样的能人，但项羽却不予重用，他怎会不败呢？都已深陷绝境了，还不承认是自己的过错，反倒说是天要亡他，岂不可笑吗？”全场悄然无声，众大臣无不心悦诚服。

大宴之后的第三天，刘邦决定对张良、陈平等人予以封赏。由于张良身体不好，又住在城外，刘邦担心张良不去上朝，于是，他专门派人告诉何剑，这天一定要让子房上朝。由于最近皇上召集朝臣商议之事都与封赏有关，关系到每个人的前途命运，所以都是闻讯即来。

今天果然又是封赏。

刘邦先封赏了陈平等人，最后才点到了张良。张良由于身体不好，正坐着闭目养神，皇上第一次叫他，他竟心不在焉没有听见。还是旁边的人推了推他，皇上叫你呢！他才睁开眼，站了起来。刘邦看他难受的样子便说："子房有病就免礼了。"

张良忙拱手称谢。

刘邦说："运筹帷幄之中，决胜千里之外，这就是张良的盖世之功。朕决定让他自择齐三万户为侯。"刘邦话音刚落，肃静的朝臣中顿时一阵嗡嗡声，万户就不简单了，还封三万户，而且还是在富庶的齐地，让自选，这也太优厚了吧？皇上把张良看得也太高了。一时惊叹者有，羡慕者有，妒忌者有。朝堂上出现了从未有过的骚动，犹如一块巨石投入水中。

张良使劲站起来说："谢陛下恩典！子房无功不受封，请陛下收回成命。"

世上哪有封侯不受的人？除非是傻子！

刘邦见朝臣议论，张良又不受封赏，便以更肯定的语气说道："子房数次献策救我于危难之中，立国之功难以理计，王者之师，功高盖世，不论怎样封赏，都不过分。"

听刘邦如此一说，张良顿感不是，忙说："皇上误会了！臣决非贪功邀宠之徒，臣历来不贪钱财，视功名如浮云，人所共知。近年来，臣体弱多病，只求陛下让臣归隐足矣，别无他求！"

听张良一番话，刘邦也有些动情，他以知己的口吻说："朕素知子房生性恬淡，淡泊名利，但子房为大汉立国建有盖世功勋，不封赏不足以服众，不封赏朕于心不安，望子房千万不要再推辞了！"

张良也深情地说："想当年博浪沙刺秦，亡命下邳，遇沛公起兵反秦，遂投靠沛公，所幸的是陛下虚怀若谷，能采纳臣的计谋，才取得了天下，也使臣有了些功劳。若不遇明主，错投到项羽帐下，不成了第二个范增吗？人天生有才，但若无用才之人，才有何用？功又何来？”朝臣中一阵赞许声。

张良略加停顿，继续说道：“若陛下实在要封赏臣，就把臣投奔陛下的留县，封给我做个纪念吧！臣实在担当不起三万户封赏！”留县是个很小的县城。张良竟不要齐地三万户，只要一个留县，而且句句肺腑之言，真情动人。

刘邦两眼湿润，说话都有些哽咽：“子房，朕封你三万户都还感到亏待你了，可你只愿受封个留县，作以纪念，子房，当着群臣的面，朕有言在先，你什么时候愿意重封三万户，朕决不食言！”

张良也立刻大声回应道：“谢陛下！我也当着群臣的面再说一句，如果陛下实在要封赏我，就把留县封赏给我，我永不反悔！”

于是，刘邦大声宣布道：“好，朕就封张良为留侯！”

刘邦接着说道：“子房，过去朕只以为你的才智非常人所及，今天，朕更加感到，你的德行更是常人所不能比的！”

散朝后，张良回到了山庄，当得知张良三万户不受封，只要个小小留县时，妻子淑云的眼都哭肿了。

本来淑云带着两个儿子一直在下都生活，西进关中路上，刘邦忽然想到，张良这些年一直是单身陪伴他转战南北，现在胜利了，也该让他们夫妻团聚了，于是，他没来得及告诉张良一声，就派人把淑云她们母子接到了擽阳。

淑云来到擽阳半月多来，尽管与张良住在城外山林之中，但她每天总是乐呵呵的，因为她知道这苦日子不会再有多久了。这些年丈夫帮助刘邦打天下，出生入死，现在胜利了，刘邦咋也得给封个王呀侯呀，到那时她当上了王侯夫人，荣华富贵还用说嘛？刚才，当淑云得知丈夫齐地三万户不受，偏偏要个小小留县时，气得差点昏过去。

“淑云，你今天怎么了？我没有封侯你还不哭，我今天封侯了你咋还哭？”

“为什么？你不为自己，也得为我和两个儿子想想！”

“那你们是没吃饱，还是没穿暖？”

“我算看透了，做你的妻子，儿子一辈子都别想那荣华富贵！”

张良一下子明白过来，他感到淑云已不是下邳城外逃难时那个能吃苦耐劳的淑云了。那时，她虽贵为韩国千金，但能不辞艰辛，顽强地生活下去。如今，给她个侯爷夫人，她倒又哭又闹过不成了。人就是这样，逆境时再苦再累也都认了，顺境时就欲壑难平。这真是知足者常乐，不知足时，蛇吞象！

哭罢，淑云收拾行装要走了。

张良想了想，知道妻子无法理解自己，也无法适应自己今后淡泊无为的生活。干脆就让她带上两个儿子到留县去，去吃留侯夫人的俸禄吧。人各有志，既是夫妻也不能勉强。

张良受封留侯

按语：大汉立国，刘邦大封有功之臣。汉初三杰之一的韩信虽战功卓著，但被害于长乐宫。萧何先后获封三次，也不过一万五千户。其他像王陵、陈平身为左右丞相，也都是万户侯。而对张良的封赏，刘邦开口就让“自择齐三万户”。由此我们可以看出张良在刘邦心目中至高无上的位置。

三十二、立嗣之争

张良深深厌恶皇室内部的权力之争，他以超然的态度，在立嗣问题上，智保太子，为汉初政权的稳定，做出了又一重大贡献。

刘邦有八子一女。

吕雉生了一男一女。即太子刘盈和后来的鲁阳公主。

刘盈有个同父异母的长兄齐王刘肥。刘肥虽是长子，但却不是太子，刘肥母亲何许人也？据说是刘邦在当泗水亭长时，与一民妇同居所生。后来，因吕后之父懂些相面术，他观刘邦面相非同一般，于是就把女儿吕雉嫁给了刘邦。

刘邦的第三个儿子，就是戚夫人所生的如意，即赵隐王。

刘邦的第四个儿子，就是薄夫人所生的刘恒，即代王，也就是后来的文帝。

刘邦再后面的四个儿子，就是其他几位后妃所生。分别是梁王子恢、淮阳王子友、淮南王子长、燕王子建。

刘邦当上皇帝，吕雉成了皇后，刘盈成了太子。在八个儿子中，刘邦当初看中的就是刘盈和如意。

吕雉成为皇后，刘邦也是迫不得已。近八年戎马生涯中，其实吕后很少在他身边。当初，吕后带着两个孩子在家乡，后来和太公一起被项羽掳去，作为人质扣留了一年多。鸿沟议和后，项羽放还了太公和吕后，然而，当吕后看到刘邦身边多了个如花似玉的戚姬时，就有一种无法言状的妒火涌上心头。每当吕后气势汹汹，指桑骂槐时，戚姬便赶快躲起来，以泪洗面。对此，刘邦是看在眼里，气在心上。没等吕后在成皋住上几天，刘邦就以前线太危险为由，赶紧派人送太公和吕后去了关中。

戚姬是一位定陶美人，温文尔雅，多情动人。陪伴刘邦以来，金戈铁马，腥风血雨，不管战争环境多么艰苦，危险，她都没有半点怨言，不离不弃。有戚姬陪伴，不管有多苦，多险，刘邦总能感到一丝暖意，一种安抚。因此，刘邦最心爱的就是这位戚姬。

在楚汉争霸的岁月里，废长立幼问题虽在刘邦脑海中闪现过，但战争形势瞬息万变，胜负难料，考虑这事还为时尚早。现在刘邦登基称帝了，他不能不考虑传位问题。虽然刘盈已是太子，但刘邦总觉得他太温顺，太懦弱，缺乏阳刚之气，将来很难担当起治国安邦的重任。而如意倒像自己的性格，勇敢，刚毅，胸怀大志。刘邦决心废长立幼，还有一个说不出口的理由，就是为了自己心爱的戚姬。刘邦登基后，戚姬每当想到吕后那气势汹汹的样子，就有一种不祥的预感，于是难免唉声叹气，伤心落泪。而刘邦又偏偏看不得戚姬落泪，只要她一哭，刘邦便六神无主，不知如何是好。

这一天，刘邦见戚姬又在独自落泪，便赶紧上前问道："爱妃有什么伤心事尽管讲出来，朕一定为你做主。"

"这件事早已定过了，还是不说为好！"

"这是什么话，现在天下事没有朕说了不算的，你只管说就是了！"

戚姬擦了擦眼泪，用哀求的眼光看着刘邦："陛下知道，你整整大我二十又二，如意儿尚且年幼，陛下在时，当然没人敢欺负我们母子，但是谁能保证陛下百年之后，我们孤儿寡母不受人欺凌呢？"

刘邦心中明白，吕后生性好强，肚量小，胆子大，心狠手辣。他死后戚姬根本不是她的对手。更何况，现在吕后就已为戚姬得宠而表现出了越来越明显的妒忌和敌意。为了江山，更为了自己心爱的美人，刘邦终于下定决心废太子盈，改立如意。

这一天上朝，刘邦就将废立太子的事提了出来。在刘邦看来，只要他提出来，群臣就一定会齐声应和，绝不会有半个不字。然而，令刘邦万万没有想到的是，等他话音刚落，文武大臣一大半"刷"的一下，都跪了下来。尤其像萧何、曹参、周勃、王陵等一批重臣，一致认为立嫡以长，自古如此，废长立幼，大逆不道。

然而，刘邦为此事已蓄谋很久，决心已定。于是他厉声喝道："朕今天就要废长立幼，自古如此，朕就不如此，怎么样！"群臣见刘邦发火了，一时无言以对，朝堂上瞬时静极了。

刘邦下令草诏，就在这时，从群臣中又传出“不可！不可呀！”的喊声。刘邦一看是御史大臣周昌，他知道这是个刚直敢言的大臣。

周昌有些口吃，平时说话不明显，越是遇急事，就越结巴得话不成句。只见周昌出列，跪地，大声道：“臣不善——善言，然而知其——其不可，皇上废长立——立幼，臣不——不奉诏！”周昌的结巴，引来哄堂大笑，连刘邦也忍不住笑了起来。刘邦看群臣对废立之事，大多数都不同意，且态度坚决，知道不可再一意孤行，于是趁周昌逗笑之机赶忙收场说：“废立之事关乎国之长远，大家再好好想想，下次再议！”

下得殿来，刘邦心里烦透了，他百思不得其解，他以为废立之事原本就是皇上的事，众大臣咋就如此关心，如此众口一词？他无颜再去见戚姬，更不愿见吕后。为难之时他又想到了张良。

下午刘邦派曹参、周勃去城外山庄请张良。张良见皇上派两位重臣来请，感到皇上一定是又遇到了什么大事难事，叫上何剑便一同下了山。

刘邦见张良到来，很是高兴，吩咐侍从赶紧备酒。

张良大礼见过刘邦，刘邦说：“子房，快坐下，你我就不必那么多礼数了。”

张良说：“皇上国事繁忙，今日叫臣前来，不知有何吩咐？”

刘邦知道啥事也瞒不过张良，干脆就把上午朝堂之上废立太子的事，如实告诉了张良。也把他为什么要废长立幼的道理又讲了一遍。最后还对张良说道：“子房，这废立太子之事，乃朕一大心病，还望子房为我谋个良策才是。”

张良深知立嗣问题事关国家最高权力的传承，直接关乎皇室成员的根本利益。历朝历代为此都是争得乌烟瘴气，有的还大动干戈，骨肉相残。这确实是帝王家一个谁也治不好的顽症。张良本不愿卷入其中，但现在皇上面对面地要他说个一二，他实在无法回避，更不想当面让皇上难堪，于是，他接过酒壶，将两个酒杯斟得满的不能再满。

刘邦刚要伸手去端，便笑了起来：“子房，你看你斟的酒！你给朕端起来，我看你有没有本事别让它洒出来！”

张良说：“臣绝对没有这个本事，不可移，移则倾！臣告辞了！”

张良说完起身要走，刘邦忙招呼道："子房，别走啊，朕问你立嗣之事你还没告诉朕呢！"

张良笑着看了看酒杯，转身走去。

刘邦望着张良走去的背影，若有所思地伸手去端酒杯，刚一端起，酒立刻洒了出来，刘邦似有所悟。啊！不可动，动就要出事。这不就是张良的意思吗？张良走后，刘邦又陷入了深深的忧伤和困惑之中。刘邦本来想请张良出面摆平这件事，了去他一大心愿，没想到张良也如此反对废长立幼。刘邦感到此事只能从长计议了。

就在殿前激烈争辩的时候，一墙之隔的东厢房里，吕后也在屏息静听。她的心都快蹦出来了。她十分清楚，这场废立之争，直接关系到她们母子的命运。她必须密切关注事态发展，想尽一切办法保住儿子的太子位置。众大臣在殿上的表现，令她出乎意料，更让她感激不尽的是御史大夫周昌的"臣不——不奉诏"的勇气。然而，吕后深知丈夫刘邦的倔劲，他要干的事，不管有多难，他都要变着法儿去干成。何况废长立幼他已是蓄谋已久，决非临时动议。金銮殿上他最后说的下次再议，足以说明他不会就此罢休。怎么办？周昌的不奉诏，只是权宜之计，要从根本上解决问题，良策在哪里？吕后为此茶食无味，寝不安枕。最后她眼前一亮，想到了张良。

吕后立即叫来哥哥吕泽，如此这般密谋一番，吕泽迅速离去。

张良辞别刘邦，乘车回山庄。快要出城时，马车停了下来，何剑报告说："建成侯吕泽拦路晋见。"

张良一听就很不高兴。他厌烦这帮皇亲国戚，平日飞扬跋扈，仗势欺人，一遇军国大事，又束手无策。吕泽平日鼻子翘到天上，处处摆出一副不可一世的国舅架子。今日拦车必是为废立太子之事而来。于是张良吩咐何剑："就说我发病，急需回去用药，改日一定登门拜访。"

何剑按张良吩咐回话后，吕泽仍死皮白脸不肯让路，并哀求道："吕后有急迫之事请教留侯，无论如何请赏脸！"说着竟然跪了下来。

张良不得已随吕泽来到他府上。

吕泽请张良上座坐下，屏退左右后，便开门见山地说："先生是陛下谋臣，陛下对先生是言听计从，如今陛下要废立太子，此乃经国大事，不知先生是如何为陛下谋划的？”

张良说：“昔日我为陛下谋划，那是楚汉相争，面临强敌，陛下当时身处危难之中。而今，天下已定，陛下要废立太子，那是陛下至亲骨肉间的事情，我们做臣子的不便多言。”说完张良就要起身告辞。

吕泽一看张良要走，又赶紧给张良跪下，苦苦哀求：“看在皇后和太子的份儿上，请子房一定要帮助想出个万全之策。”

张良本来就不赞成刘邦废长立幼，现在吕泽又以皇后、太子名誉死活缠住不放，无奈之下，他给吕泽讲了一个商山四皓的故事。那是刘邦刚得天下时，曾派人去请四个德高望重的老者入朝辅政，这四个老者因为当初刘邦瞧不起读书人，对儒生不恭，把尿撒到别人帽子里，所以厌恶刘邦，不愿入朝侍奉他，四个人相约都逃到商山隐居了起来。从此被世人称为商山四皓。

张良告诉吕泽：“至今陛下仍然十分推崇这四个人。现在如能请这四人出山辅佐太子，陛下肯定会大吃一惊，就知道太子能保住江山。到那时，他自然就会放弃废立的打算了。”等张良讲完故事，吕泽对张良那真是千恩万谢。

吕后依照张良指点，动用她能掌控的人力、物力，很快聘请了商山四皓出山辅佐太子。果然，有一天，当刘邦看到四皓已辅佐太子时，就感到太子羽翼已成，难动矣！

在张良的巧妙周旋下，刘邦终于放弃了废立太子的想法。一场可能发生的内乱避免了，这是张良为稳定汉初政权做出的又一大贡献。

刘邦劝戚夫人：太子羽翼已成，难动矣

三十三、从上击代

公元前197年9月，代相国陈豨自立为代王，建都代县（今河北蔚县东北），反叛汉朝，刘邦闻讯大怒，率军亲征，张良又抱病从上击代，出奇计攻开马邑城。

按照惯例，刘邦每次出征，都有张良伴行。陈豨叛乱时，尽管张良已多病在家休养，但刘邦还是很想让张良随行。张良得知陈豨反叛，皇上要他随行出征的消息时，心想，既然皇上明明知道他在家养病，还坚持要他随行平叛，说明皇上对这次平叛信心不足，没有胜算把握，于是，张良二话没说，让何剑带上药罐子，毅然从高祖出征平叛。

陈豨是个乱世英雄，起于反秦，发展壮大在楚汉战争。当初，因有战功，被高祖任命为阳夏侯，后又被改封为代相国，监管赵国、代国边境部队。多年来他经营赵、代之地，拥兵自重。陈豨身为边陲监军，那一定是皇上信得过的人，那么陈豨为何还要反叛皇上呢？事情还得从韩信说起。

韩信自褒中被刘邦拜为汉军大将军起，可谓英雄有了用武之地。他以明修栈道，暗度陈仓之计，一举平定三秦，继而挥师出关，大破赵、魏，攻占齐地，最后又以十面埋伏之计，置项羽于死地，真可谓是为大汉立国战功无与伦比。然而，他并未得到刘邦的信任和重用。相反，韩信越打胜仗，刘邦对韩信重兵在握越不放心，几次夺回兵权，甚至想杀死他。多亏张良从中周旋，才使韩信躲过一次次劫难。项羽死后，刘邦更是感到，韩信一日不除，他就息不安枕。

公元前 201 年 10 月，有人告发韩信谋反。本来刘邦就知道韩信窝藏楚将钟离昧，现在有人告发韩信谋反，刘邦是深信不疑。他立即召集众将领，想听听他们的意见，大家都说 ：“赶快发兵，把这小子活埋罢了！”

因张良已隐居山林，不在朝堂，刘邦就询问陈平意见，陈平道："有人告韩信谋反，韩信知道吗？"

"不知道！"刘邦说。

陈平稍停片刻又问刘邦道："陛下的精锐部队与韩信的部队比谁的更厉害？"

"超不过他的。"刘邦说。

"陛下的将领们，用兵之才有能比过韩信的吗？"陈平问。

"没有赶得上他的。"刘邦答。

"现在军队不如韩信军精锐，将领又比不上韩信，却要举兵攻之，这是要逼他起兵反叛呀！我为陛下感到危险！"陈平说。

"那该怎么办呢？"刘邦问。

陈平看众人的目光都聚集在他的身上，便说："我有一策，不知是否可行，请陛下定夺。"

刘邦屏退众人后，陈平道："古时候天子有时巡视诸侯镇守的地方，要会见诸侯。陛下也假装巡游云梦，在陈地会见诸侯，而陈地在楚国西部边界，韩信听说天子怀着友好心情出游，会见诸侯。必定是全国安稳无事，便会到郊外迎接谒见陛下，等他拜见时，就趁机捉拿他，这不是一个力士就能办到的吗？"刘邦一听陈平假巡之策，认为甚好，即刻派出使者去通告沿途诸侯到陈地聚会，说陛下将南游云梦。

楚王韩信闻听这个消息后，很是怀疑刘邦的云梦南游，心里害怕极了。不知是去好，还是不去好。这时他的部下有人劝韩信说："杀了钟离昧去见皇上，皇上必定欢喜，如此就不会有什么祸患了！"韩信没有更好的办法，就听从了这个建议。十二月，刘邦到陈地会见诸侯，韩信果然提着钟离昧的头来见皇上，还没等韩信拜见完毕，刘邦即命早已埋伏在屏风后的武士冲出来把韩信捆绑结实。

韩信对刘邦这一手，思想上也有准备，也没准备，他没想到刘邦会这么快，会以这种粗暴的方式来对他。他由衷而又无奈地长长叹了一口气，说道："果如人言，狡兔死，走狗烹；高鸟尽，良弓藏；敌国破，谋臣亡。今天下已定，我故当烹！"意思是果然如人们所说，狡猾的兔子死了，奔跑的猎狗就遭烹杀；高飞的鸟儿没了，优良的弓箭就被收藏；敌对的国家攻破了，谋臣良将就要灭亡了。如今天下已经平定，我本来就该被烹杀了!

刘邦看韩信不服，便说："有人告你谋反。"随即就给韩信带上镣铐枷锁，装在副车上返回了。

刘邦以巡游会诸侯为名，抓捕韩信，在诸侯王中反响强烈，为稳定人心，刘邦到洛阳时，就又赦免了韩信，并重新封其为淮阴侯。韩信云梦被抓了又放，令其又恼、又恨、又后悔。他深知刘邦害怕他的才能，于是就声称有病，自此，不参加朝见和随侍出行。

七月的一天，代相国陈豨拜访韩信，韩信很热情地接待了陈豨，二人从上午谈到下午，越谈越投机，临别时韩信突然握着陈豨的手，屏退左右，仰天长叹道："还有几句肺腑之言能和你说吗？"

陈豨说："只要是将军你的指示，我都听从！"

韩信说："你现在所处的位置，集中了天下精兵，而你又是陛下信任的大臣，如果有人说你反叛，陛下肯定不信，然而，再有人说，陛下就会起疑心，第三次说，陛下必定会愤怒地率大军来攻打你。请让我为内应。"陈豨深知韩信的军事指挥能力，于是就说："遵奉你的指教！"

陈豨得到韩信的支持，自以为有了靠山，又得到之前叛逃匈奴的韩王信的帮助，于是同年九月，便公开反叛汉朝，自封为代王。陈豨反叛后，韩信见陈豨果然不负所望，于是也立即组织力量，准备接应。不料韩信的舍人得罪了韩信，韩信将舍人囚禁起来，欲杀之。舍人的弟弟得知后，便向吕后告发了韩信。吕后准备抓捕韩信，又怕不成，于是与萧何密谋，由萧何写信通知韩信说："皇上平叛，陈豨已死，各位列侯群臣都来庆贺，你虽有病，也要坚持来参加庆贺。"

韩信当年正是靠萧何的举荐才被汉王筑坛拜为大将军的，所以他对萧何的话是深信不疑。当韩信前去入朝时，被吕后早已安排好的武士捆绑了起来。一番严刑拷打后，被斩杀于长乐宫内。这真是成也萧何，败也萧何。韩信临死，十分后悔当初没听从武涉、蒯通的劝告，现在竟为一个小女子所骗。

时年十一月，刘邦大军抵达邯郸。陈豨派部将侯敞率一万余人依仗地利优势与汉军运动作战；派张春率一万余人渡过黄河进攻齐地聊城，借以吸引分散汉军；派王黄率骑兵千余在曲遇游动袭击汉军。他却屯兵马邑（县名，今山西朔县）城，等待接应韩信并肩作战。由于叛军在东部兵力有限，不久便被汉军击溃。太尉周勃乘胜取道太原去平定代地。然而，兵至马邑却久攻不下。后刘邦亲自督军几次强攻，也不奏效。

张良知道，陈豨多年来拥兵自重，经营代地，近日来，传言他又与韩信暗中有所来往，说不定他已得到韩信指点，如果真是这样，那马邑就不是一个简单的城邑了。张良想到此，给刘邦献策说：“佯攻掩护，智取马邑。”

刘邦十万大军浩浩荡荡，以秋风扫落叶之势打得陈豨叛军溃不成军。可是现在却被一个小小的马邑城所累，刘邦感到大伤脑筋，听张良这么一说，顿时眼前一亮，精神大振。

刘邦立即命樊哙从代地百姓中选出十个青壮年，带到刘邦大营，这些人，见刘邦攻不下马邑，要拿他们出气，都胆战心惊，担心小命难保。其中有六人吓得浑身筛糠，问话时语不成声，只有四人表示愿为皇上出力。刘邦即封四人为千户侯并赏万金。这一下，在场的文官武将都大出所料，纷纷表示不可，说论功行赏，自古有之。现在此四人寸功未立，若封千户侯，赏万金，让正在效命疆场的众将官知晓，后果不可设想。刘邦见众人一致反对，只和张良交换一下眼神，便大声说：“此四人有功无功，朕心里有数，大家不必担心。”

第二天夜里，只见马邑城东门快速走来五个身影，经短暂对话，这五人便被接进城内。原来守卫东门的门将也是本地人，和护送他父亲的四个人都是老乡，都认识。两军交战之际，四个老乡冒死护送家父进城，门将是感激之至。酒饭款待之后，门将问四个老乡下步做何安排？四人便乘机将刘邦大军如何层层包围马邑讲了一遍，接着又述说了刘邦军队如何爱护乡亲百姓，最后四人又纷纷拿出万金送给了门将，希望门将为自己、为家人留一条活路，不要再为陈豨卖命。门将听完四人述说，又见花花白银，既感激，又惊恐。嘱托四人道：“此事不宜声张，容我细细想想。”

陈豨反叛后就立即派人联络韩信，希望韩信也立即起事，以为策应，不料三次所派联络人员，均无音讯，眼看城外部队溃败，城内粮草又所剩无几，陈豨像热锅上的蚂蚁，是又气又急。突然，校尉官慌慌张张进帐报告："汉军大规模在西门外集结，大有攻城之势。"陈豨知道，一旦西门失守，必将全城倾覆。于是，他传令："南、北、东三门只留少数人守门，其余主要兵力马上驰援西门！"陈豨要在西门给汉军一次更大创伤。当城内大部队都到西门集结后，东门外突然一股汉军迅速扑向城门，留守东门士卒，不仅人手太少，更重要的是他们早已被四个老乡说得无心再战。眼看城门难保，为了给自己留条活路，他们干脆打开城门，缴械投降。进城汉军分头杀向南门和北门，早埋伏在南北两门外的汉军冲进城内，顿时城内杀声冲天。陈豨正在西门城楼上观察城外汉军动向，忽听背后杀声四起，转身一看，汉军已潮水般从东向西涌来。惊恐之下，陈豨一边命令部队顶住，一边在几个部将护卫下向北门撤去，想从北门溜出城去再说，不料北门也已被汉军攻开，他的守城士卒死的死，降的降。陈豨本想拼死杀出城去，但实在是寡不敌众，很快他和几个部将便被汉军生俘。

马邑城破，陈豨被俘，刘邦平叛凯旋。回京都路上，得知韩信被吕后斩杀于长乐宫的消息时，刘邦是一半惊喜，一半怜惜。不过他多年的心病，总算让吕后给解决了，他不能不刮目相看自己这个女人。

从上击代

三十四、挚友重托

公元前196年7月，黥布叛乱，刘邦无奈带病东征，然而，顾虑重重，当张良赶到新丰为刘邦送行时，刘邦又授张良为太子少傅，托付张良辅佐太子坐镇京师。张良虚实结合，巧妙与吕氏家族周旋，确保了京师的稳定。

张良因体弱多病，平日里很少上朝，但他仍然难以忘却他和刘邦共创的帝业，内心深处仍然关注着大汉帝国的安危。

黥布叛乱时，刘邦染病已多日没有上朝了。朝中大臣想进宫探视，一律被挡在宫外。一时间人心惶惶，流言四起。吕后得知皇上病重的消息，先是叫来吕泽，兄妹俩密谋一番后，吕泽离去，吕后才来探视刘邦。把守宫门的卫士本来奉命一律挡驾，但一看是皇后驾到，慌忙跪地拜驾。吕后进得宫来，一看刘邦躺在床上，戚夫人满面忧郁在一旁为皇上擦拭，顿时沉下脸来。戚夫人一看是皇后驾到，赶忙以礼相见。吕后对戚夫人的礼节，不屑一顾，上前对刘邦说："臣妾听说皇上病了，特地为陛下熬了一剂汤药，请皇上趁热喝了吧！"随行宫女捧上药罐，戚夫人忙倒了半碗，双手送到皇上面前。刘邦睁眼看了一下，摇了摇头。戚夫人见药碗还在向外冒着热气，她轻轻吹着，并用嘴唇试了一下热凉。吕后本来就对戚夫人有气没处发，一见她尝药，顿时无名火起："陛下，臣妾一片诚心，亲手为陛下熬药，望陛下能早日康复，哪知好心被当成驴肝肺，有人竟尝起药了，难道是怀疑我药中放毒，要毒死皇上不成？"戚夫人闻听此言，顿时吓得伏地哀求道："皇后息怒，臣妾只是尝一下热凉，绝不敢怀疑皇后。"

刘邦一看吕后是有意找事，便对吕后说："把药放下，你回去吧！"

"陛下好不公道，皇后要被撵走，妃子却要留下，这不乱了朝纲吗？"

刘邦盛怒，猛地坐了起来，用手一拂，把药碗推到地上，药溅了一地："都给我出去！"

吕后这才退了出来，戚夫人赶紧也跟了出来。临走，吕后又狠狠瞪了戚夫人一眼。

当刘邦听到黥布谋反的消息时，先是一惊，而后又好像什么事都没有一样。刘邦对黥布谋反早有所料。只是现在他抱病在身，无能为力了。近来，刘邦躺在病榻上，不止一次想到，如果真的有一天他不在了，这个他历尽艰辛打下的天下，还会不会姓刘？刘邦的心病要比身病重得多。他心里矛盾极了，既然你们都说太子不能废，那好，现在有人谋反了，那就让太子挂帅前去平叛好了。想到此，刘邦便把文臣武将召集到他的病榻前，对众大臣说："这次黥布谋反，朕多病不爽，让太子挂帅前去平叛，你们以为如何？"

众大臣一惊。因为不知道皇上说的是真心话，还是气话，一时大家都不敢盲目表态。

消息传到吕后那里，她权衡再三，始终搞不明白，是让太子挂帅好，还是不挂帅好。于是，她赶紧把吕泽叫来，让他去太子那里听听商山四皓的意见。

当吕泽把皇上要太子挂帅平叛的消息告诉商山四皓时，四位老人交换了一下眼色，同时摇了摇头。他们向吕泽分析说："千万不能去。因为太子挂帅平叛打胜了，那又该如何？你是嗣君，那是应该的，反之，如打败了，就要从此受过，正给皇上一个废立太子的口实。更何况太子要率领的是当年跟随皇上打天下的将领，如今让太子指挥这些老臣老将去打仗，能指挥得动吗？"

吕泽问："既然这样，那该如何向皇上交代呢？"

四皓又为吕泽出了个主意。

吕后果然依计而行，先把那天送药，责怪戚夫人的事向皇上道了歉。为了讨好皇上，又派人把戚夫人请了回来。并在皇上面前夸赞戚夫人贤惠能干，这些年来她在家侍奉太公，后又被项羽扣作人质，全靠戚夫人出生入死，在身边侍奉皇上等。经过一番铺垫，待刘邦心情好转后，吕后才向皇上哭求道："皇上，让太子挂帅平叛你放心吗？黥布是一员久经沙场的猛将，又善于用兵，如他知道是太子将兵，势必会更加猖狂西犯。何况，这次随太子出征的诸将都是昔日跟随皇上的老将，他们能听太子调遣吗？现在虽然皇上有病，但是，即使皇上躺在车里，诸将敢不尽力吗？再说，皇上就是吃点苦，那还不是为了妻子我……”

刘邦本来就是一半心病，一半身病。吕后的赞美和哭诉，让他又好气又好笑。你现在才知道你儿子不行了，现在也会哭鼻子来求我了，连韩信你都杀得了，咋不辅佐你儿子挂帅东征？刘邦气归气，毕竟吕后用戚夫人这把钥匙打开了他的心结。

第二天，宫门大开，刘邦带病上朝，决定亲自率军东征，命太子留守京都长安。

出征那天，太子和群臣到霸上送行，刘邦坐在车上，又下意识地寻找张良，因为这已是他多年养成的习惯，每次大战前，只要张良在身边，他心里就踏实。就连去年平叛陈豨，张良仍是带病随他出征。当军至马邑时，久攻不下，最后还是张良出奇计攻克了马邑。这次张良不会来了，因为他知道张良病得厉害，就没有再告诉他。刘邦带着一种失落感，命令部队出发。

当大军行至新丰时，刘邦接到报告，说后边有一辆车追来了。刘邦命令停止前进。等追赶的车靠近后，刘邦一眼认出是张良。他惊喜得顿时忘掉了病痛，赶忙下得车来，上前紧紧抓住张良的手，泪光莹莹喊道：“子房！子房！”刘邦心潮起伏，再也说不出话了……

张良是早上在林间漫步时，听何剑说的，今天太子和众大臣都去霸上为皇上送行，皇上要御驾亲征，平叛黥布。

“这么大的事为啥不早说？”张良严厉责问何剑。

“留侯有病，不是杜门谢客吗？”

“我是有病，但皇上带病东征平叛，事关江山社稷，我就是有一口气，也总该去送送行吧！”何剑赶紧备车，拉上张良向霸上驶去。当他们赶到霸上时，众大臣已经散去，何剑想调转车头回家，张良立刻命何剑向新丰追赶。马车在路上颠簸着急驶。何剑不时回头看张良脸色苍白，牙关紧咬，一副难受的样子。几次想停下来让他稍事休息，每次都被张良拒绝了。

何剑完全懂得张良的心情，在军国大事上他从来不含糊。

当皇上首先跳下车，紧紧抓住张良的手时，张良也难掩激动之情，任其老泪纵横。多少年出生入死的战友之情，此时不是用语言可以表达的。“皇上，臣没能赶上在霸上送你，是臣的罪过！”

“子房，别这样，朕知道你病重，不忍心惊扰你。但是，你知道朕哪一次出征不是你我同行？这次没你伴行，我心里还真不踏实！”

“皇上，要不然这次还让臣陪着你吧！臣一定万死不辞！”

刘邦未置可否，只是默默地望着张良。“不！子房，这次你就不用陪朕了！我走后，还真有事要托付与你。”

“啊！”这倒是出乎张良意外。

“皇上请讲！”

“我这次东征，心系两头，其实黥布倒并不可怕，真正放心不下的是长安。”张良以为刘邦忧虑的是京都的安危。刘邦摇了摇头却说：“京都我已命太子留守，关中安危，我也已征集三万兵马驻在霸上，护卫太子，想来应无大碍。”

“那皇上忧虑的是什么呢？”

刘邦心事重重，默然许久，长长叹了声气。

张良坦率地问：“皇上还在忧虑立嗣之事吗？”

刘邦想了一下说：“是，也不是！”

张良说：“皇上，容臣直言相告，虽然我不赞成皇上废长立幼，但我决不支持后妃与嫡庶之间倾诈弄权。皇上东征，太子留守，我一定为皇上照看好戚夫人母子，皇上尽管放心去吧！”

刘邦仍然摇摇头，张良更困惑了。“那么皇上所忧何来，能直言相告吗？”

刘邦在挚友面前，终于把他日夜忧思之事说了出来。刘邦说：“我相信，只要我还有一口气活在世上，就没有人敢欺负戚夫人母子，所以这并不是我目前的担心所在。我之所以对太子刘盈不满意，除情感因素外，主要还是他太善良，太没心计，正因为他的善良，软弱，才会有人借太子名义为所欲为。到了那一天，结党营私，排斥异己，甚至连江山都不姓刘了。”

张良瞠目结舌：“未必会有那么严重吧？”

“子房！你和她接触少，不了解她，比如韩信，你知道自打项羽死后，我一直都想除掉他，但没有办到，而韩信却轻而易举地被这个女人杀了，真是海水不可斗量，用人不可貌相呀！”

刘邦把话说到这个程度了，张良当然听明白了。

“那么，臣能怎样为皇上分忧呢？”

刘邦说：“子房为朕之故交，挚友，如今虽然抱病在身，但无论如何在我离京都期间，再劳心辅佐太子，以免我牵挂。”

张良说：“叔孙通本来就是太子太傅，他的才足以胜任。皇上尽可放心。”

刘邦直言不讳说：“叔孙通的确是个贤臣，但他一个人恐怕无济于事，何况他只是位儒生。因此一定请你竭力相助，朕任命你为太子少傅，当然，这个职位委屈你了，但朕相信子房不会计较，请子房不要再推托，这件事交给你是再合适不过了。并且，也只有交给你我才放心！”

张良看皇上如此语重心长，回答道：“皇上知道臣淡泊名利，不会计较官位高低，只要是皇上之托，臣一定忠于职守，不辱使命。”

刘邦没再说什么，只是紧紧拉住张良的手，久久不放。而后，二人互道珍重，分开。

开始，吕后、吕泽一听说皇上东征，命张良为太子少傅，简直欣喜若狂，因为他们知道张良是反对废长立幼的，而且请商山四皓还是他的主意。再加上太子太傅叔孙通也是反对废太子的，这样太子的地位有了可靠保证，当然，这不也意味着吕后控制朝政的力量大大加强了吗？在这样的错误判断之下，正如刘邦所料，他离京后，吕后果然秘密招募了一支队伍，日夜加紧训练，准备趁皇上离京之际，扑杀留在京都的异己大臣。一时朝野内外杀气腾腾，朝中大臣人人自危。

面对这突如其来的严峻形势，张良高度关注，沉着应对。张良先是拜访了太傅叔孙通和商山四皓，向他们说明情况，沟通看法，保持一致，全力稳住太子。毕竟太子本质不坏，只是年龄才 17 岁，性格过于温顺，容易被人利用而已。同时，他密诏住坝上的三万护卫军的将领，令部队加强戒备，随时听从调遣。最后，他命何剑带人密切注视皇后和吕氏家族的动向，有情况立刻向他报告。

一天，张良服药后正躺在床上闭目养神，何剑报告：“建成侯吕泽求见！”

张良虽然打心眼里就烦这个处处以国舅自居的吕泽，但张良考虑此时是非常时期，既然找上门了，不如看看吕后又有何安排，知己知彼嘛！于是吩咐何剑："有请建成侯。"

吕泽进屋，张良坐了起来。

"留侯身体不好，就请躺下吧！"吕泽说。

"建成侯有何见教，就请直讲吧！"张良还是开门见山说道。

吕泽满脸堆笑说："留侯身体欠安，皇后吩咐我登门探视，现在留侯是太子少傅，重任在肩，皇后请留侯一定要多多保重身体才是！另外，上次留侯力保太子，皇后深表感激，今特让我带来白璧一对，不成敬意，望留侯不要嫌弃！"吕泽边说边从礼箱中取出白璧，送到张良面前。

张良一见白璧，往事又涌上心头，问吕泽道："你知道这对白璧的来历吗？"

"不知道。"

"这是当年在鸿门宴上，皇上托我送给项王的礼物，后来项羽战败后，项伯把它又献给了皇上，这可是镇国之宝啊！"

"原来如此！"

"如此国之瑰宝，不可随意示人，更不可妄动，皇后怎能随便送人？再借给我一个胆，我也不敢收此礼物，还是请建成侯给皇后带回去吧。不然将来皇上知道了是要杀头的！"

吕泽连连称是，讨了个没趣，匆匆退去。

一日，从东征前线传来一个令百官不安的消息，说皇上为流箭所伤。

本来皇上就身体有病，现在又受箭伤，真是雪上加霜，万一皇上有个好歹，将如之奈何？京城的气氛愈发紧张了。张良不动声色地做着各种应变准备。

又过了一天，张良接到报告说，吕后突然病了，让太子前去长乐宫探视，结果太子回来心事重重，像变了一个人！张良决定去见见太子。

张良来到太子寝宫时，远远就看见一名宦官守在门外，一见张良走来，赶忙进去报信。待张良进得屋来，才知道原来吕泽也在，还没等张良开口，吕泽便抢先说道："留侯来得正好，太子正要派人去请留侯呢！"

"啊！太子有什么急事？"

"刚才，母后又派国舅来说，说……"太子看着舅舅结巴着说不出来。

吕泽赶紧接过话头说："皇后得到密报，朝中有一批武将，听说皇上东征箭伤病危，要乘机作乱，如不及时处置，一旦皇上驾崩，局面将不堪收拾。"

太子惊恐地看着张良，他知道父王都那么相信留侯，他一定是个可以信赖的人。于是，太子以求助的口吻对张良说："少傅快告诉我，如何是好？"张良装出一副吃惊的样子问："真有此事？我怎么一点都不知道？"

吕泽说："谁不知道你留侯是当今皇上的心腹之臣，谋反之事还能找你谋划吗？"

"那是，那是！"张良又问，"有证据吗？"

"当然，当然会有的。留侯不必多虑。"

张良为弄清吕后的具体安排，又跟踪问道："那么皇后打算怎么处置这批乱臣贼子呢？"

"留侯放心，连韩信这个能让项羽和皇上都畏惧三分的大人物都束手就擒，被砍了脑袋，这帮人又算得了什么！哈哈，哈哈！"吕泽大笑着说道。

太子不知所措，上前拉住张良手央求道："少傅快拿主意，我怕……"

吕泽说："太子怕什么。完了你还要当皇上，像你这么软弱，怎能镇得住江山？"

张良停顿片刻，便笑着告诉太子："太子不用害怕，我就是专门来向太子报告好消息的！"

"什么好消息，快讲！"太子急忙问。

"我刚得到淮南前线传来的消息，说黥布叛军已被皇上的征讨大军击溃，向江南逃窜了！"

太子露出了笑容。

吕泽顿时面如土色，慌忙问道："皇上不是身负重伤，危在旦夕吗？"

张良答道："这恐怕是有的人所期盼的，然而，皇上不日将胜利归来，还是本分些好！"

吕泽坐不住了，找了个借口，匆匆离去。

张良这一手果然奏效。笼罩在京都长安那种充满杀气的紧张气氛，骤然缓解了。不过，只有张良知道，这只能是扬汤止沸，而不是釜底抽薪。随着东方战场久久没有消息，谣言重起，京都气氛又紧张起来。当然张良也开始昼夜难眠。大夜将尽，晨曦初露。何剑来到张良床前，见他瞪着眼，一动不动躺着。

"留侯闭上眼睡一会儿吧，不然病会加重的！"

"皇上那里有消息吗？"

"还没有。"

现在前方的消息是解决京都问题的关键。如前线战事顺利，皇上能很快得胜还朝，京都乱象自然就烟消云散；如皇上真的病危驾崩，也可联络朝中大臣，利用霸上三万护卫兵马，遏制吕后杀戮，也不至于再当第二个韩信；但最怕的就是像现在这样不死也不归，那才真难制止吕后，因为她有一个冠冕堂皇的口号，就是有人要趁皇上将兵在外，太子年少，阴谋造反，这样他把谁杀了，都顺理成章。即使将来皇上回来也说不出半个不字。何况，杀掉韩信她已经有了一次成功先例。

何剑紧急关头向张良提了两条建议，一是先把三万部队调进京都，看吕氏家族还敢不敢轻举妄动。二是即刻通知京都文武大臣，做好防卫，以免束手就擒。

张良连连摇头，说："不可！不可！没有真凭实据，我们凭什么说吕后要扑杀大臣，凭什么调动部队，这不正给吕后一个口实吗？"

"那我们也不能坐以待毙！"

"后发制人！只能如此！"

又一天过去了，张良眼观六路，耳听八方，不敢有丝毫大意。这天黎明，一封十万火急的快件，送到了京都，何剑赶忙送给张良。

张良端详许久，不知是吉是凶。

“快拆吧！看看前方是胜还是败？”何剑在一旁催促。

张良深吸一口气，唰！把信拆开，何剑一旁高举红烛照明，两眼直盯着张良的脸，想从他喜怒哀乐中看出信的内容，但只见张良看着看着，两手一伸，信纸落地，脸上两行泪水流了下来。

何剑哇的一声哭了出来，难道皇上……

张良如释重负地说：“皇上明日回京！”突然，张良要何剑带路，他要马上去见太子。

太子得知皇上明天回京，半晌没说一句话，张良感到吃惊，忙问：“太子！你怎么了？”

太子见张良问话，突然呜呜哭了起来。

“皇上凯旋，太子本该高兴，为何啼哭？”

“父王回京，我，我就完了！”

“原来如此呀！真是个孩子。”张良赶忙劝道，“太子一定要振作起来，不能自暴自弃。我一定会在皇上面前尽力保举太子，你马上做好迎接皇上的准备，明天我们一起到霸上迎接皇上！”

“谢谢少傅！少傅对太子的教诲，我终生不忘。”

第二天，宫中大摆宴席，庆祝皇上平叛凯旋。席间，刘邦不见张良，便问太子：“留侯少傅在哪里？”

“禀父王！少傅身体欠安，已回山庄用药去了！”

刘邦知道，这几个月一定苦了张良。

辅佐太子坐镇京师

三十五、功成身退

张良用自己的聪明才智，辅佐刘邦推翻暴秦，打败项羽，建立了统一的汉王朝。按说张良大功告成，封侯晋爵，享受荣华富贵理所当然，但张良淡泊名利，不恋富贵，功成之后选择了身退。

刘邦平定黥布叛乱回到京城，庆功宴上没有见到张良，第二天便轻车简从来到山庄看望张良。刘邦到达山庄时，张良刚服过药躺在床上休息。听何剑说皇上来了，张良赶忙起身整理衣冠去迎接皇上。当张良大礼跪拜时，刘邦赶紧上前扶起张良道："子房，在这里就不必这些礼数了，快说说这些天是不是把你累坏了？"

张良道："陛下平叛凯旋，为臣未参加庆功祝贺盛宴，请陛下恕罪！"

刘邦说："黥布贼子，果然凶狠剽悍，刚一对阵就连伤我几员大将，并用暗箭射杀于我，幸好近卫发现及时，猛推我一把，流箭擦身而过，只受了一点皮伤。受伤后，我才记起在新丰送别时你说的'避其锋芒，善于周旋，寻机灭之'的话。于是便佯装败退，边打边撤，黥布果然头脑简单，有勇无谋，以为我们真败了，便紧追不舍，这样在一处山坳里我们打了他一个伏击，黥布这才率残部 100 多人向长江南岸逃去。此次平叛有惊无险，最后总算打败了老贼。"

张良道："陛下抱病亲征，平定乱臣贼子，劳苦功高，可歌可泣！"

刘邦道："京师怎样？我离开这段时间，你也一定过得不轻松！"

刘邦说完向随从挥了挥手，示意他们都退下。张良见刘邦退去随从，知道他是想了解点京师的真实情况，便说："这一段京师总体还算平稳，但有些事还真叫陛下言中了，看来陛下的忧虑是对的。"

张良的话，刘邦心知肚明，但他还是说："具体说来听听！"

张良看刘邦要追问细节，便说："没有形成事实，陛下还是不听为好，免得烦心。”

刘邦道：“子房，说句心里话，吕氏家族的事，真的烦得我寝食难安，欲杀又不能。你以为如此下去，我该如何是好？”

张良见刘邦今天又如此坦率与他商讨吕氏问题，便满怀感激地说：“谢陛下信任，吕氏家族问题，本是你们皇亲国戚之间的家务事，我们身为臣子者，对此不便也不敢多言。陛下小处不计，大处着眼，酌情处置便可。”

刘邦对张良的回答并不满意，略带生气地说道：“子房，十几年了，无论是反秦或是灭楚，我都数次身临绝境，都是你鞍前马后，运筹帷幄，才使我化险为夷，对此我一直把你尊为兄长，视为挚友，难道你我之间今天还有什么话不便讲，不敢讲吗？”

张良见刘邦如此诚心诚意，不无感激地说：“谢陛下厚爱，臣以为如今天下大势已定，项羽被灭，韩信被除，陈豨、黥布被平叛后，其他诸侯王不敢也没能力再与皇上作对。至于吕氏家族问题，只要陛下健在，他们一时也难成气候。为防日后不测，陛下现在就可将信得过的人放到朝政重要位置上，并明确日后对这些人的使用意见，同时，陛下对朝中大臣要一视同仁，对敢于违抗圣命，结党营私者严惩不贷，以此遏制个别人篡政夺权的野心。”

刘邦边听边点头称是。

最后，张良规劝刘邦道：“如今陛下已不是当年与项羽逐鹿中原的汉王了，所以不管朝政多忙，陛下也一定要多多保重身体才是。”

刘邦很有感触地说：“子房，我何尝不想静心调养身体，只是人在朝堂，身不由己呀！子房你不知道，有时烦心时，我也真想来你这里清静几天，和你聊聊过去。子房你知道咱们在鸿沟与项羽对阵时，那样苦，那样难，我也总乐呵呵的，现在不知咋了，遇事就烦，说不了几句就动气。子房，还回城吧！咱们还朝夕不离，有事你还替我谋划，无事咱们就聊过去的事好不好？有你在身边，我心里就踏实。”

张良一听刘邦还要他回城，忙说：“谢陛下，城我就不回了，近来身体特别糟糕，这里清静安逸，很适合养生，虽说苦点，我已经习惯了。”

刘邦道：“这里虽说清静，但吃住简单，无医无药，朕知道你淡泊名利，不恋荣华富贵，但让你在这深山老林吃苦，朕于心不忍！还是回去吧，在城里我给你找个清静的地方住下，这样有事了我们也好互相照应。”

刘邦苦口婆心，说得入情入理，但张良心里明白，自己家世相韩，及韩灭，不爱万金之资，为韩报仇强秦，天下震动。今以三寸舌为帝者师，封万户，位列侯，此布衣之极，见好就收，终此一生，于良足矣。人曰："敌国破，谋臣亡"，不无道理。身边侯成出走，韩信被诛，萧何系狱，如此惨痛教训难道还不够深刻！更何况你们皇室内部的争斗，确实也不是我掺和的事。想到此，张良恳请道："谢陛下一片美意，不过陛下要真为我好，那就让我在这山水松林里打发晚年吧！如果陛下觉得我还有用，只要我还有一口气，你随召随到。"

十多年的生死相处，刘邦很了解张良的性格。于是他也不再强其所难，说道："现在你不回城也罢，啥时跑不动了，想回城就带个信儿，我再派人来接你。"

张良送走刘邦，一身轻松。从此他在山林由何剑陪伴，参禅悟道，云游四方。实现了他由谋士向隐士的转变。

张良辞官

按语：令后人钦佩的是，张良的辞官抉择，不是在政治上失意的时候，不是被罢官，也不是因年迈致仕而离开官场，而正是在深得朝廷赏识的时候，由自己果断作出的决定。张良所处的时代，是封建专制时代。以小农经济为基础的专制制度，将权力推向极端，又将权和钱结合在一起，官以位极人臣为目标，为官成为荣华富贵的主要途径。尽管官场上厮杀争斗屡见不鲜，有不少人为此身陷囹圄，甚至家灭九族，可又有谁肯在大权在握，最为得意的时刻，主动辞官呢？张良之所以能打破常规，功成身退，首先，他是智者，能从历史和现实中看到经验与教训，尤其发生在身边的侯成出走，韩信被诛，萧何系狱等不可能不引起他的反思。尽管他与刘邦之间并没有任何猜忌和不信任，但他看到官场这种残酷厮斗是不可逆转的，他不愿让悲剧有一天也降临到自己头上。其次，是他的为官思想与官本位有着根本的区别。他为官，忠心事君，奋不顾身，把建功立业，报效国家，造福于民作为职责。不贪权势，不图名利，不图富贵，不存侥幸，在完成己任后，把辞官作为自己人生的归宿。因此，张良的辞官，非常人之所举，正因为如此，才使他成为历史上继范蠡之后，功成不居，既明且哲的典型代表，受到了后人的无限敬仰。正如诗人朱雪芹在《子房山怀古》中云：

盖世功高何所求，
千秋回望问留侯。
英雄自不寻常见，
今古谁能退急流。

三十六、归隐辟谷

张良功成不居，归隐山野，导引辟谷，调养身体。由于他淡泊名利，史料对此记载不详，也给后人留下了遐想的空间。但有一点是肯定的，那就是他对刘邦的忠心没变，退而有为。

《史记·留侯世家》载：入关后“留侯性多病，即导引不食谷”，意思是在别人指导下，静居行气，不吃五谷，以水果、肉食养生。

张良归隐后，仙游多地，其中以陕西省留坝县紫柏山史料记载较多，《汉中府志》载：紫柏山顶有留侯祠，相传子房辟谷于此。清道光年间在紫柏山还立有“汉张留侯辟谷处”石碑。

《新唐书》有“遂隐于岳衡”（张家界）的记载。

河南省兰考县城西12里有白云山。据《白云山记》载：旧传张子房从赤松子游于此焉。寓是故山之下，有张良洞……山之前有张良墓，墓高地阔断碑存焉。

陕西省汉中洋县有子房山，亦传是张良辟谷隐居地，故山曰子房山。并遗存有明万历十七年（1589）“汉留侯辟谷处”石碑等。

今留坝县西南岸的“汉王城”，据说是当年刘邦带兵进山探寻张良的营地。

另外在湖北黄袍山，湖北桐柏山、城固白云山等都有张良归隐辟谷的传说。

从民俗传承和文化遗迹看，张良归隐游历多地后，晚年回到了故里父城（今河南郏县）。据河南郏县张店村《张氏族谱》载：张良晚年就住在村中三间草堂里，平日里与儿时伙伴玩“摆山”，练习排兵布阵。春暖花开时还结伴登上村南的五龙山（又称马鞍山），欣赏家乡的山水风光。累了就坐在山顶岩石上品箫。久而久之，有人就在张良常坐的山岩凹处刻上了“张良品箫处”五个大字。历经风雨荏苒，至今“张良品箫处”五个大字仍依稀可见。离张良品箫处不远的山岩上还多处刻有兵甲射箭等岩画，是否张良等人所刻，史料记载不详。史地学者、中原智库研究员辛士秀与密宗高级文化师、中原智库研究员张有志通过对张店村西沙印山流沙墓的考证，提出沙印山不仅是张良祖茔墓地，可能也是张良晚年归隐故里，死后的葬身之地。

对于张良归隐辟谷的原因后人说法不一。

一说是为了躲避刘邦的杀戮。说张良是智者，深悟“狡兔死，走狗烹；高鸟尽，良弓藏；敌国破，谋臣亡”的哲理，又十分了解刘邦生性多疑的性格，侯成出走，萧何系狱，韩信被诛，张良也担心如不知进退，怕有一天厄运会降临到他的头上，故走为上计。但也有以为这种说法有些牵强，有小人之心度君子之腹之嫌。首先，从史料记载看，找不到刘邦对张良不信任，或君臣互相猜忌的记载。其次，韩信被戮于汉十一年，而张良归隐辟谷是从汉六年西入关中，大封功臣时开始的。二者构不成因果关系。

二说是张良反对当时愈演愈烈的争功邀赏之风而为之。楚汉战争胜利后，刘邦部下争功邀赏不迭，有些未获封者三五成群，窃窃私语，甚至有谋反之嫌。张良不忍心看到十多年出生入死打下的天下再生乱象，于是不仅刘邦让他“自择齐三万户”坚辞不受，还不恋荣华富贵，毅然归隐山林，以清贫打发余生。张良归隐辟谷，一定程度上是在暗示群臣，我“运筹帷幄，决胜千里之功”不要，“自择齐三万户”不受，你们还争什么功，邀什么赏？张良是想以自己的行动影响教育那些争功邀赏者能有所收敛，以维护汉初政局的稳定。当然，张良的隐退，并非一时一事的冲动，而是他忠君爱国，心底无私的集中体现。张良曾坦诚地对刘邦说：“良家世相韩，及韩灭，不爱万金之资，为韩报仇强秦，天下震动。今以三寸舌为帝者师，封万户，位列侯，此布衣之极，于良足矣。愿弃人间事，欲从赤松子游！”

三说张良归隐只是表面现象，实际上他仍心系朝政，退而有为。如大汉立国，在定都问题上，张良力排众议，建议定都关中，为汉王朝的长治久安打下基础；针对群臣争功邀赏，人心不稳，劝刘邦封仇息怨，缓解了一度紧张的君臣关系；献计智保太子，稳定了新生政权；陈豨反叛，张良仍抱病随刘邦平叛，出奇计下马邑，巩固了汉初边陲；

黥布反叛，张良病，但仍强起，至曲邮，见上曰："臣宜从，病甚。"嘱咐刘邦："楚人骠疾，愿上无与争锋。"刘邦心事重重，嘱咐张良："子房虽病，强卧而傅太子。"张良抱病行少傅事，巧妙与吕氏家族周旋，确保了刘邦离京期间京师的稳定，等等。

有先哲云："进，吾往也。然则，一旦功成，退，孰为之？"张良以其行动证明，他不仅进取有术，而且退让适时。陈元靓称赞张良"王业以昌，名垂不朽，去追赤松，从容无咎。"王夫之赞誉张良是"良虽多智，而固无私"。

张良辟谷处石碑

按语：张良功高盖世，德冠千秋，他的人生由勇士—谋士—隐士所折射的光华是德与才的最佳聚焦。子房公，完人也！

三十七、独祭汉王

张良得知刘邦晏驾的消息时，欲哭无泪。他做为一位在秦末天下大乱，楚汉相争中运筹决胜的风云人物，和刘邦联袂演出了那一幕幕威武神奇，叱咤风云的壮剧。刘邦的死，使他们二人难以分割的生命之火熄灭了，它带给张良的悲伤是常人难以想象的。

公元前 195 年 4 月刘邦晏驾后，吕后别有用心，四天密不发丧。消息传出后，朝中大臣极为不满。非常时期，吕后为了稳定局面，又想到了张良。于是，她速派张良故交右丞相陈平去请张良。她知道，只要张良能参加高祖的出丧大典，事情就无大碍。

张良因身体虚弱，难以支撑，没能去成。说句实话，张良即使身体许可，也未必就去参加由吕后一手操办的出丧大典。张良厌烦那种烦琐的葬礼形式，更厌烦吕后那假惺惺的悲哀。

光阴荏苒，冬去春来，刘邦逝世的周年忌辰又到了。

这一年中，尽管朝中充满了血腥的陷害和谋杀，但是这一天，仍然在庄严隆重、悲痛肃穆的气氛中祭奠着先帝高祖的亡灵。

张良仍然没去参加刘邦的周年祭大典。他来到那座宛若人形的黄石旁，焚上一炷香，摆上几个野果，默默地在心里与自己的故交开始了对话。

陛下，如今你已撒手人寰，我还能对你说些什么呢？当年，你一心想立为太子的如意，还是个十几岁的孩子，如今也已到了你的身边。他的冤屈你应该明白了。你走后不久，吕后就下令把戚夫人关在宫中，剃去头发，带上刑具，穿上红色囚服，每天做舂米的苦活儿。戚夫人既担心自己的命运，又怀念远在千里之外的儿子。她悲伤不已，边舂米边唱道："子为王，母为虏，终日舂薄暮，常与死为伍！相隔三千里，当使谁告汝？"戚夫人舂米唱歌的事很快被吕后知道了，她咬牙切齿道："小妖精贼心不死，还指望她儿子呀！"于是，吕后派人去召赵王如意回宫，使者第一次去，赵相周昌对使者说："高帝生前把赵王托付给我，我听说吕后怨恨戚夫人，想把赵王召去一并杀害，我不敢让赵王去。"吕后得知周昌阻挡，大为恼火，于是就先召周昌进京，待周昌到长安后，又二次派人去召赵王。赵王前来，还未到长安时，惠帝得知母后要对如意弟弟动怒，便亲自去霸上迎接如意，与他一起进宫，他生怕这位年幼的弟弟发生意外，每天与他同吃同寝，这一点出乎你的意料吧？吕后想杀掉如意但找不到机会。我听说一天早上，惠帝早起要去练习骑射，因弟弟还没睡醒，惠帝不忍心叫醒他，就单独去了，就在这个时间，有人端来毒酒，硬是逼着如意喝了，这个可怜的孩子，没等到他的哥哥晨练回来，就一命归天了。

恐怕最使你痛心疾首的还是如意刚走不久，他的母亲，你最心爱的戚夫人也被杀害了。而且，杀害她的手段，你无论如何也未曾想到。可怜那能歌善舞，温柔善良，善解人意的戚姬，竟被人活活割去了舌头，熏聋了两耳，挖去了双眼，砍断了双手和双腿，最后还把她放到了污秽的茅坑里去折磨她，羞辱她。天哪！这是何等的残忍！何等的残暴！这是人能干出来的吗？你望着被称作"人彘"的爱妃，震怒了吧！

你一定为生前没有痛下决心，保护心爱的戚夫人和儿子如意，而感到深深的懊悔！感到无颜的羞愧！也许，直到今天你还在埋怨我。如果当时不是你们反对，我立如意为太子，那咋还会有这样的悲剧发生？是的！如果立如意为太子，戚夫人可能不会遭此结局。但也未可知。你想想，如意是个才十岁的孩子，戚夫人又如此柔弱，善良。她们母子能是吕后和吕氏家族的对手吗？

不错，今天是你的周年祭，我没到长陵去参加你的年祭仪式，你能原谅我吗？

我相信你也一定不愿看到，那个亲手制造"人彘"的人，假惺惺地擦着悲伤的泪水，装模作样的在你墓前空悲切。

陛下，不！还是让我称你汉王更亲切！

当年你从芒砀山斩蛇起事，先后推翻了暴秦，打败了项羽，建立了大汉王朝，之后不管是陈豨还是黥布造反，你去平叛都是马到成功。

可以说天下再难之事，没有你办不到的，然而，我知道在废立太子问题上，真是委屈你了，尤其当你知道今天戚姬母子的悲惨下场时，相信你一定是怒不可遏。不过，请恕我直言，你能有什么办法阻止这种残杀呢？没有！不仅你没有，所有的帝王都没有。因为，人世间只要存在至高无上，可以为所欲为的权力，那么为争夺这种权力的残杀就不会停止！看看历史，历朝历代概莫能外。

汉王，如今你已离开人世，对这些恶作剧只能听之任之了。请相信是非曲直，人心自有公断。

汉王息怒！

汉王安息吧！

张良从下邳城外初遇刘邦倾心夜谈开始，到刘邦长乐宫晏驾，也不过 14 年，这在人生旅途中是短暂的，然而，这 14 年，不仅对刘邦和张良，而且对于中国历史，都是最精彩，最激烈，最关键的 14 年。

与张良死生契阔的人走了。张良余生已无牵挂！

三十八、吕后之邀

刘邦死后，吕后已经大权在握，然而她最大的遗憾是儿子惠帝的柔弱。如何才能使儿子弃衰振懦？吕后想到了张良。

张良自那年辅佐太子坐镇京师以后，可以说是不再过问朝政。他并非是怕吕氏家族加害他，相反倒是吕后格外地欣赏他，这反使他感到不安和厌恶。

吕后对张良的好感，不仅他是刘邦的故交，帮助刘邦打败了项羽，建立了大汉王朝，而主要是因为当年刘邦废立太子时，张良是坚决反对者，尤其张良建议请商山四皓辅佐太子，最终使刘邦很无奈地打消了废太子的念头。

吕后不忘张良，还有一个很重要的原因，就是她儿子惠帝的现状。由于太子刘盈心地善良，性格温顺，所以登基称帝后，很快就赢得了众大臣由衷的拥戴。但吕后的专横跋扈，尤其残酷杀害如意和戚夫人的恶作剧，使心地善良的惠帝在心灵上受到了严重的伤害，精神上彻底崩溃了。他无法惩戒母后，于是，干脆就不理朝政，让母后去为所欲为地专权吧。惠帝从此终日沉湎于酒色之中，很快变成了一具行尸走肉。吕后对于儿子的消沉也很纠结，一方面她要发泄私欲，需要专权。但另一方面，她也清楚地知道，儿子才是她的长远，没有儿子的奋发作为，说不定等她百年以后会比戚夫人的下场更惨。怎样才能使儿子弃衰振懦，这便成了她的一大心病。吕后思前想后，最终她感到现在能劝动儿子的恐怕只有张良了，因为吕后知道儿子最有作为的时候，就属当年坐镇京师时了，正是从那时起，太子对张良是敬佩之至，言听计从了。

想到此，如何能请已归隐多年的张良出山，吕后也是煞费苦心。最后吕后决定派与张良私交甚密的当今右丞相王陵、左丞相陈平和太尉周勃三位重臣并以惠帝和她的名义去请张良赴宴。

张良虽已年迈体弱，归隐多年，但见三位故交来请，虽说是赴宴，但张良意识到其中必有隐情。去吧，心里实在厌恶吕后贪婪残暴、专横弄权，不去吧，又于理不通。最终张良还是让何剑备车来到了长乐宫。

太后见张良到来，喜出望外。张良按君臣之礼向惠帝和太后叩拜之后，吕后赐他在她的旁边就座，这在众大臣眼中是一种莫大的荣耀和宠幸。

但是张良静静坐在那里，并无丝毫得意之色。

盛宴在笙歌管弦声中开始了。

张良好像口不知味，鼻不闻香，满桌的山珍海味，对他毫无吸引力。只有吕后和惠帝向他举杯时才礼节性表示一下。

吕后在一旁实在看不过去了，一边给他夹菜，一边说："留侯啊，这人生在世，犹如白驹过隙，该享受就享受吧，又何必这般苦了自己？"

张良对吕后的话，没有辩解，只是微微一笑，实在推不掉了，就夹点菜放嘴里慢慢嚼着。

就这样大宴好不容易结束了。太后退席之后，张良也轻松自在了许多。就在这时，一太监来到张良跟前说："太后里边有请。"对此张良思想上还是有所准备的，他随太监来到里屋，见惠帝、吕后都在，忙上前叩拜。太后言道："子房，在此就免礼了，快坐吧！"

吕后赐坐后，便说："今晚的宴会虽召集了众大臣参加，实际上是专为留侯设的宴。派王陵、陈平和周勃三位你的故交去请你来，一是几年不见，不知留侯身体恢复如何，也想叙叙旧。二么，也有件事要和留侯商议。"

张良说："老臣蒙太后如此器重，深感惶恐，不知太后有何吩咐？"

太后沉思片刻，长长叹了一口气。

张良有些吃惊："敢问太后有何忧虑？"

太后说："子房是先帝的股肱重臣，自从先帝晏驾之后，萧何、曹参也先后过世，虽然已按先帝嘱咐，立陈平、王陵为左右丞相，立周勃为太尉。但惠帝生性懦弱，不思进取，真正有为之时，就是先帝东征，托付留侯辅佐太子那段时间。惠帝平生最敬重之人，就是留侯。因此，今夜请留侯来就是有托于留侯，能不能出山辅佐惠帝？”

张良虽有思想准备，但是没有想到时至今日，吕后还会提出这个问题，于是推辞道：“请太后恕罪，多年来臣体弱多病，杜门谢客，不问朝政，恐难再胜辅佐之职。”

“子房，就算我求你了！你一定要答应我的请求。当年是你竭力保全太子，如今太子继位为帝了，你能忍心看着他就这样衰落下去吗？你历经千辛万苦辅佐先帝打下的天下，难道就忍心看着经惠帝再丢失吗？”

张良见太后用心良苦，言语恳切，着实有些犯难。

太后看张良沉默不语，有些犹豫，又补充说：“子房，就三年，不，一年也行！只要你把他扶上路，我就让你重新归隐，决不食言。”

张良见太后把话说到这份上，实在不好再当面推脱，便说：“此事关系重大，容老臣细细想想，一个月内再回禀太后。”

太后见张良没有拒绝，很是高兴。她知道这事也不能逼得太急，同意张良回去再好好想想，想好后尽早回个话，到时她带上惠帝去接。

张良走出长乐宫时，天下起了小雨，虽是初夏了，但小雨飘落在张良脸上，他不由打了个寒颤。车子在泥泞的山路上颠簸，张良胃里难受极了，还没到家就呕吐了……

夜半时分，张良好不容易才回到山庄，何剑把他背下车时，猛然感到他身上有点烫。何剑知道可能是留侯发烧了。何剑赶紧熬了点姜汤，让张良喝了。夜里，张良烧得喃喃自语：

“不——不太后，我不——不能去了。”

对张良的话，何剑似懂非懂，但他吓坏了。

第二天，张良稍微清醒了些，何剑便问：“要不要把病重的消息告诉太后？”

张良摇了摇头。

何剑又问：“要不要去京城请个郎中？”

张良仍是摇了摇头。

最后何剑只好到后山找到了一个采药老人，请他为张良看病。老人鹤发童颜，仙风道骨，步履轻盈，随何剑来到山庄。

当采药老人为张良把脉时，张良猛然惊醒，他以奇异的目光注视老人良久，而后很吃力地说道："你是侯——侯公？"

老人俯下身来，在张良耳边低声说道："我是侯成。子房，我好不容易来寻你，没想到正赶上为你送行。"

张良面带微笑，平静地合上了眼睛，呼吸越来越微弱了。

侯成慢慢松开了手，起身离去。

何剑追到屋外，问道："先生，我师父病情如何？"

侯成摇了摇头说："大限已到，今晚子夜时分上路。"

侯成说完，飘然离去。

何剑赶忙回到屋里，看着近似熟睡的张良，不知该如何是好？

何剑自从张良当年定制铁椎，认识张良以来，跟随张良出生入死，眼见这位朝夕相伴，有勇有谋的老人就要离他而去，心里阵阵酸楚，不觉热泪盈眶。

是夜，子夜时分。

张良醒来了。他睁开双眼，如大梦初醒，显得那么平静。

何剑看张良醒来，惊喜不已，赶忙上前。只听到张良用极其微弱的声音说："我——我随赤松子去了。"然后合上双眼，渐渐地，渐渐地停止了呼吸。

何剑赶紧把门打开，快步来到院中，抬头一望，夜空如洗，明月当空。满山的松林，在风中摇曳，松涛阵阵，如泣如诉……

时年，公元前 186 年夏。

吕后正等待张良的回话，得到的却是他的噩耗。

张良死后，吕后念他为汉室江山劳苦功高，又谥号"文成"，并举行了隆重的葬礼。按照张良生前遗愿，把他安葬在故土的山水之间，那块黄石随他一起葬入墓中。

惠帝刘盈不忘当年张良的辅佐之情，亲自前去祭奠，还让长子不疑袭封，次子辟疆虽然只有 14 岁，也被授为宫中侍中。

张良生前曾对自己的人生做过概述，完全可以作为他的墓志铭：

家世相韩，及韩灭，不爱万金之资，为韩报仇强秦，天下震动。今以三寸舌为帝者师，封万户，位列侯，此布衣之极，于良足矣。愿弃人间事，欲从赤松子游耳。

按语：纵观张良一生，既有颠沛流离的深沉悲歌，亦有奋发作为，大功告成的喜悦。中国两千多年的发展史证明，张良的历史功绩和人品德行可与中国历史上任何一位英雄人物媲美。

首先，是张良在亡暴秦、灭西楚的许多关键时刻以自己高尚的人格和卓越的谋略辅佐刘邦走出困境，挽救了刘邦，成就了刘邦。

其次，张良辅佐刘邦建立的汉王朝，开辟了汉代数百年的基业，成为中国历史上最为辉煌的发展时期之一。

其三，汉王朝奠定了中国版图的基础，形成了中国行政区划、行政管理的基本框架。他的臣民被称为汉族；所使用的语言被称为汉语；所使用的文字被称为汉字。即使今天休闲娱乐的中国象棋也标有楚河汉界。

其四，张良才茂德厚，不仅功高盖世，而且淡泊名利，功成不居，这也是历史上众多建功立业者所不可比拟的。

历史是不能重写的。今天我们辩证地看刘邦和张良的君臣关系，一方面是刘邦善于用人，具有将将之才；另一方面是张良的绝伦才智和对刘邦的赤胆忠心。正是二者的有机结合，才能亡秦灭楚开创大一统的汉王朝。所以，一定意义上说，如果没有张良，就没有刘邦的成功，没有刘氏的汉业；如果没有大汉王朝，就没有汉族、汉语、汉字等汉朝元素。由此可见，张良鼎力辅佐刘邦建立的汉王朝帝业，至今还在我们身上留有烙印，并深深影响着我们的生活。历史发展的事实证明，张良为中华民族所做的历史贡献和饱含“忠君爱国、智勇诚信，大度隐忍，淡泊名利”的张良文化将与山河同在，与日月同辉。

历史不会忘记张良。

张良十大突出贡献

38集配图概述，较全面、系统地介绍了张良的生平业绩，从中我们不难看出张良在“亡暴秦、灭西楚、兴炎汉”三大历史时期的卓越贡献。

一、博浪沙锥刺秦始皇，打响了反秦第一枪。秦统一中国后，实施残暴统治，人民生活在水深火热之中。张良博浪刺秦虽未成功，但全国震动，他不仅灭了虎狼之秦的威风，也为之后的陈胜、吴广等农民起义开了先河，增强了人民反暴秦的信心和勇气。

二、张良辅佐刘邦西进反秦，曲遇大败杨熊，献计战南阳、破峣关，率先入关灭秦。

三、深谋远虑，力劝刘邦还军霸上。秦王子婴投降，刘邦以胜利者自居，欲留阿房宫歇息，享受美好人生。在樊哙等人劝说无果的情况下，张良从战略层面力劝刘邦勿贪秦宫珠宝美女，查封府库，还军霸上，为日后刘项争斗取得了主动。

四、劝刘邦赴戏下向项羽示好，以曲求伸。刘邦入关后，派兵镇守函谷关，当项羽大军抵达时，关门紧闭。项羽大破函谷关，又得知刘邦要在关中称王。项羽即下令：“旦日飨士卒，为击破沛公军！”在这危急时刻，张良不顾个人安危，一方面请老友项伯在项羽面前多替沛公美言。另一方面亲陪刘邦赴楚营向项羽示好。这才使刘邦躲过了一场灭顶之灾。

五、火烧栈道，迷惑项羽。项羽因对刘邦抢先入关耿耿于怀，分封十八王时就封刘邦汉王巴蜀。当时巴蜀是秦流放犯人的地方，刘邦对项羽分封十分恼火，欲与项羽拼个鱼死网破。张良劝刘邦忍小愤，以图大谋。张良一方面通过贿赂项伯为刘邦又挣得汉中之地，另一方面劝刘邦火烧栈道，麻痹项羽的警惕，使刘邦军得以休养生息，为日后刘项争霸奠定了基础。

六、下邑之谋，起死回生。刘邦彭城兵败，溃不成军，太公吕后被虏楚营，溃逃路上刘邦三弃其子，自己也险些被捉。在刘邦身处绝境之时，张良高瞻远瞩，提出了“拉拢英布，联络彭越，倚重韩信，共同抗楚”的战略构想，为刘邦指明了夺取楚汉战争胜利的道路，坚定了刘邦抗楚的决心。

七、反对六封，辩推八难，维护统一。刘邦彭城兵败后，欲分封六国后裔为王，以此削弱牵制项羽的势力，但张良从战略层面考虑，一连讲了八个不可，使刘邦取消了六封。这对夺取楚汉战争的胜利，建立大一统的汉王朝具有深远的意义。

八、一脚踩醒刘邦，封韩信为王，稳定抗楚大局。刘邦本来就不信任韩信，当韩信派使者求刘邦“愿为假王便”时，刘邦十分恼火：“吾困于此，旦暮望若佑我，乃欲自立为王！”张良见状，赶紧桌下踩刘邦的脚，并小声在刘邦耳边说：“宁能禁信之王乎？不如因而立，善遇之，不然变生。”刘邦这才醒悟过来，即命张良为韩信授印封王。韩信是百万大军之帅，被封齐王，坚定了他跟随刘邦灭楚的信心，对最终打败项羽至关重要。

九、四面楚歌，消灭项羽。鸿沟议和，项羽撤军东归，张良纵观全局，清醒地看到战略反攻的时机已经到了，建议刘邦抓住战机，联络韩信、彭越出兵将项羽围困于垓下。为瓦解楚军斗志，最大限度孤立项羽，张良实施了四面楚歌的心理战。四面楚歌极大涣散了楚军斗志，尤其使项羽也错以为楚地已被汉军占领，绝望之际，当夜仅率800骑突围，最后自刎乌江。

十、退而有为，巩固汉初政权。大汉立国，张良力排众议，建议定都关中，为汉王朝的长治久安打下基础；劝刘邦封仇息怨，缓解了一度紧张的君臣关系；献计保太子，稳定了新生政权；陈豨反叛，张良抱病随刘邦平叛，出奇计下马邑，巩固了汉初政权；黥布反叛，张良病，自强起，至曲邮，见上曰：“臣宜从，病甚。”并嘱咐：“楚人骠疾，愿上无与争锋。”刘邦心事重重，嘱咐张良：“子房虽病，强卧而傅太子。”张良行少傅事，坐镇京师确保了刘邦离京期间京师的稳定。

张良谋略的类别及特点

纵观张良谋略大致可分为三大类：

第一类是“问计”类。即刘邦在危急时刻，心中无数，问计于张良。如在鸿门宴前夜，刘邦闻听项羽大军要攻打自己时，惊问张良：为将奈何？当刘邦彭城溃败，身处绝境时，问张良：今后咋办？楚汉鸿沟议和后，项羽率兵东撤，刘邦约韩信、彭越趁机围歼项羽，而当刘邦追杀项羽，至固陵反被项羽所困，危急时刻，刘邦很无奈地问张良：诸侯不至，如之奈何？楚汉战争胜利后，在定都问题上，刘邦旧部多以乡土观念，主张定都洛阳，只有戍边的刘敬等极少数人主张定都关中，刘邦一时难做主张，便要听听张良意见再做定夺。当刘邦在廊道上看到诸将三五成群，窃窃私语，意在谋反时，忙问张良：这该如何是好？张良处变不惊，成竹在胸，所作谋划犹如茫茫大海上的航标，一次次帮助刘邦化险为夷，走出困境。

第二类是“纠正”类。即在重大问题上，刘邦已有明确意见，而是被张良当即叫停，予以纠正。如刘邦率军西进反秦，战南阳，郡守闭门不战，刘邦为抢先入关为王，欲弃宛西进，张良说：“西有强秦，后有宛敌，此危矣。”张良献计大兵压境，逼降宛敌。其他各郡都效仿宛城开门迎降，大大加快了刘邦军西进的速度；刘邦兵至峣关，欲率精兵强攻之，张良认为峣关易守难攻，且秦有重兵把守，于是献计疑兵瓦解秦军斗志，重金收买守将，峣关遂破；刘邦大军入关，秦王子婴投降，刘邦便以胜利者自居，要在阿房宫歇息，享受美好人生，张良力劝其还军霸上，赢得了楚汉斗争的主动权；项羽因嫉恨刘邦抢先入关，分封十八王时，封刘邦汉王，王巴蜀。当时巴蜀荒无人烟，刘邦难以接受，欲与项羽拼个鱼死网破，张良劝刘邦忍小忿以图大谋，并火烧栈道，麻痹项羽；刘邦兵困荥阳，欲定制金印，封六国后裔为王，以牵制项羽，张良闻讯连讲八个不可，使刘邦取消了六封；当韩信北方大捷，派使臣向刘邦求“假王便”时，刘邦是火冒三丈，怒斥“吾困于此，旦暮望若佑我，乃欲自立为王？”，是张良桌下一脚，刘邦才如梦初醒，180 度转弯封韩信为王，稳定了韩信反楚的基本立场。韩信被封王后，项羽想在韩信南下之前与刘邦决战，便以烹父逼战的方式激怒刘邦，刘邦果然欲派大军营救太公，张良及时揭穿项羽阴谋，并派侯成前往楚营，鸿沟议和，救出了太公；张良在事关全局问题上，及时叫停刘邦，虽然有悖刘邦本意，但张良的这种叫停纠正，有理有节，令人叹服，很大程度上成就了刘邦，甚至是挽救了刘邦。刘邦对张良的叫停纠正，并无反感责怪之意。善于纳谏，善于将将实为刘邦所长。

第三类是“助推”类。即在原有基础上顺水推舟使问题尽快、彻底得以解决，以防反弹。如“宛城之战”“智取峣关”“出奇计下马邑”“四面楚歌”等都是在瞬息万变的战局中，作出了很有针对性的谋划，加速了问题的彻底解决，确保了战局最终的胜利。再如“彭城脱险”时张良不顾个人安危，又以反书送项羽，使项羽由西征刘邦转为北伐齐赵，为刘邦东进中原创造了有利条件。

张良谋略的三大显著特点：

一是站位高远，顶层谋划。如还军霸上、下邑之谋、反对六封，韩信封王等都站位高，看得远，胸怀全局，战略预见性强。随着战局的发展，张良顶层谋划的战略意义逐一得到了验证。

二是知己知彼，精准施策。如鸿门宴前夜，项羽已传令“旦日飨士卒，为击破沛公军”，但在张良运筹周旋下，刘邦仍能眼睁睁地从鸿门宴上安全脱身；刘邦攻占三秦，项羽本来要西进征讨刘邦，但张良一封反书，便让项羽由西征刘邦改为北伐齐赵。刘邦处于弱势的情况下，张良劝刘邦向项羽示好，躲避打击，以曲求伸；鸿沟议和后，张良又把握战机，建议刘邦适时追杀项羽，不能养虎遗患。再如荥阳突围、固陵危急、封仇息怨等谋划，张良都知己知彼，施策精准，施策必胜。

三是出其不意，以智制胜。如火烧栈道、四面楚歌、马邑之战、智保太子等谋划都达到了出神入化的程度。对这些谋划不仅众人难以想象，就连刘邦对“四皓”辅佐太子都认为“太子羽翼已成，难动矣”。在项羽看来，两军对垒，靠的是全军将士奋不顾身的冲杀，对张良谋划的四面楚歌项羽到死都没想到，还认为这是“天要亡我”。

综上所述，我们不难看出张良是“亡暴秦，灭西楚，兴炎汉”的首功之臣。从一定意义上讲，没有张良，刘邦就很难率先入关，致使秦王子婴投降；没有张良，楚汉战争刘邦未必能以少胜多，打败项羽；没有张良，汉初矛盾重重，新生政权能否巩固都是问号。正是有了张良的智慧、谋略和对刘邦的忠诚，刘邦才得以从弱到强，一步一步走向胜利，汉王朝才得以在中华民族发展史上留下浓墨重彩的一笔。

张良不愧是个千年一出的盖世奇才，是实至名归的谋略圣人。难怪诸葛亮都叹之，敬之，效之。

历史名人对张良的评价赞誉

张良作为博浪沙刺秦勇士，后辅佐刘邦赢得了“反秦、灭楚”的伟大胜利，开创了大汉伟业。尤其可贵的是张良不恋荣华，不贪富贵，功成不居的高尚品行，历朝历代对其都尊崇有加。张良是英雄，张良是帝师，张良是谋圣，张良是千古完人。这就是千百年来人民对张良的评价，敬仰和崇拜。

1. 汉高祖刘邦对张良的评价：

汉初三杰。汉高祖刘邦从一个小亭长登上了大汉皇帝的宝座，在总结自己之所以能取得反秦灭楚的伟大胜利时，刘邦讲了三不如：夫运筹帷幄之中，决胜千里之外，吾不如子房。镇国家，抚百姓，给馈饷，不绝粮道，吾不如萧何。连百万之军，战必胜，攻必取，吾不如韩信。此三者皆人杰，吾能用之，此吾所以取天下也。

嘉奖敕令：“圣王定天下，必得贤臣以辅之。是以左股右肱，设官分职。今照国师张良，才高德瞻，忠心辅王，朕躬难报往来之宏劳。是以命臣某捧金衣一袭，拜先生之门，报先生之德，俾张之子孙承其职业，以符朕意。汝往钦哉！勿替朕命！”

位封留侯。刘邦登基后，对跟随他南征北战的有功之人加官晋爵，因张良无战功，刘邦说：子房数次献策救我于危难之中，立国之功难以理计，王者之师，功高盖世。让张良“自择齐三万户”为侯，而张良坚辞不受，只要求把初次与刘邦相见的留县封给他，以作纪念。在刘邦正为群臣争功不迭犯难的时候，张良的请求，让刘邦大为感动，说：过去我只以为子房的才智非常人所能及，现在看子房的德行更是常人所不可比的。于是刘邦就依张良请求，封张良为留侯。（见《史

记·卷八高祖本纪第八》《史记·留侯世家》)

2. 司马迁《史记》中评价张良：

“高祖离困者数矣，而留侯常有功力焉，岂可谓非天乎？”

“运筹帷幄之中，制胜于无形；子房计谋其事，无知名，无勇功，图难于易，为大于细。”

3. 诸葛亮拜留侯碑铭：“亮携元直，建安六年春，踏贤宗。观地势不巌，然清静秀逸，乃龙凤之地。拜留侯，仰其像不威，然运筹帷幄，决胜千里，成帝王之师。吾辈叹之、敬之、效之。”(见周俊杰主编《中原文化大典·书法典》)

4. 宋嘉祐五年（1065)，苏东坡兄弟俩随父亲从眉山赴汴梁时，专程到郏县张良故里祭拜留侯张良，之后创作了《留侯论》，并于次年参加科制考试时，作为进论之一呈于皇上。在著名的《留侯论》中苏东坡把楚汉战争的胜败，归结于能忍与不能忍，指出：

“项籍之所以败，唯项籍不能忍，轻用其锋；高祖之所以胜，高祖忍之，养其全锋而待其弊。此子房教之也。”

5. 毛泽东对张良评价很高。据盛巽昌著《毛泽东论中国历史人物》132 页载：毛泽东认为在运筹帷幄，决胜千里方面，汉朝的张良和三国的诸葛亮都比较出色。

1952 年 10 月，在江苏视察时，毛泽东还情不自禁地给随行人员介绍张良的故事。他说：汉初三杰之一的张良曾隐居在古邳镇（今徐州附近)，并在那里的圯桥上黄石公授给他一部兵书，帮助他成就了大事业。毛泽东又说：后来，大诗人李白专程去圯桥凭吊张良，写下《经下邳圯桥怀张子房》一诗，其中有这样的句子“我来圯桥上，怀古钦英风。惟见碧流水，曾无黄石公。叹息此人去，萧条徐泗空。”李白也想见黄石公，得到上天指点，干点大事业，可惜，黄石公不在了。

在登临当年楚汉战争的九里山古战场时，毛泽东又说：项羽最后退到垓下，被汉军团团围住，刘邦、张良采取十面埋伏和四面楚歌的计谋，从军事实力和心理上瓦解楚军，项羽绝望，慷慨悲歌，别姬南下，到乌江时自刎而死。

不久，毛泽东离开徐州赴河南，路过兰考，他对随行人员说：西汉的第一谋臣叫张良，就葬在这里呢！还回答警卫员所疑惑的张良的作用真的比书上写的还要大时说：我看比书上写的还要大些，可以毫不夸张地说：如果历史上没有张良这个人，就不会有汉高祖刘邦。

1957 年 6 月，在与吴冷西谈话时说：据《史记》载，刘邦称帝之初，曾问群臣：何以他得天下而项羽失天下？群臣应答不一。刘邦均不以为然。说到这里毛泽东当即就背诵了《史记》中刘邦说的一段话："夫运筹帷幄之中，决胜千里之外，吾不如子房。镇国家，抚百姓，给馈饷，不绝粮道，吾不如萧何。连百万之军，战必胜，攻必取，吾不如韩信。此三者，皆人杰也，吾能用之，此吾所以取天下也。"

毛泽东还在一次谈话中讲了张良教刘邦利用韩信的故事。他说："韩信求刘邦封他为假齐王，刘邦大怒，张良在桌下踢了他一脚，他立即改口说：'要封就封真的齐王，何必要假的。'"称赞张良用智谋辅佐刘邦。（见 2013 年上海书店出版社出版的由盛巽昌著《毛泽东论中国历史人物》）

毛泽东读二十四史对张良的批文：张良虽贵族出身，但经历了家破人亡，流离失所的遭遇，始终是站在平民百姓一边的。他辅佐刘邦率领的一支农民起义军，能代表老百姓的利益，是正义之师。后人的大量诗词褒扬他，就在于他为百姓谋利益，使其安居乐业。

6. 曹操对张良十分崇拜，袁绍谋士荀彧投奔他时，曹操惊喜道；吾之子房也！当即就委以司马之职，总理一府之事，参与军事谋划。

7. 东汉冯衍赞语：勇冠乎喷、育，名高乎泰山。

8. 西晋陆机《汉高祖功臣颂》语：穷神观化，望影揣情。鬼无隐谋，物无遁形。

9. 西晋庾凯：高迹卓逸。

10. 唐朝李白称张良：智勇豪侠；智勇冠终古，萧陈难与群。

在《经下邳圯桥怀张子房》一诗中写道：子房未虎啸，破产不为家。沧海得壮士，椎秦博浪沙。潜匿游下邳，岂曰非智勇。我来圯桥上，怀古钦英风。惟见碧水流，曾无黄石公。叹息此人去，萧条徐泗空。

11. 唐朝杜甫诗《寄韩谏议》中写道：似闻昨者赤松子，恐是汉代韩张良。昔随刘氏定长安，帷幄未改神惨伤。国家成败吾岂敢，色难星腐餐枫香。周南留滞古所惜，南极老人应寿昌。美人胡为隔秋水，焉得置之贡玉堂。

12. 唐朝司马贞赞张良：

在《述赞张良》里称："留侯倜傥，志怀愤惋。五代相韩，一朝归汉。进履宜假，运筹神算。横阳既立，申徒作扞。霸上扶危，固陵静乱。人称三杰，辩推八难。赤松愿游，白驹难绊。嗟彼雄略，曾非魁岸。"

13. 唐朝刘长卿赞语：运筹风尘下，能使大地开。

14. 北宋时期诗人黄庭坚造访张良退隐黄袍山的良山道观和伐桂书院时，赋诗一首《牧童》：骑牛远远过前村，短笛横吹隔陇闻。多少长安名利客，机关用尽不如君。

15. 北宋王安石在《张良》中写道：

留侯美好如妇人，五世相韩韩入秦。倾家为主合壮士，博浪沙中击秦帝。脱身下邳世不知，举世大索何能为。素书一卷天与之，古城黄石非吾师。固陵解鞍聊出口，扑取项羽如婴儿。从来四皓招不得，为我立弃商山芝。洛阳贾谊才能薄，扰扰空令绛灌疑。

王安石在《留侯赞》中写道：

汉业存亡俯仰中，留侯于此每从容。固陵始议韩彭地，复道方图雍齿封。

16. 司马光所著《资治通鉴》写道：

功勋和名位之间，正是为人臣子的人所难以长久立足之处。淮阴侯韩信被诛除，相国萧何被拘禁到狱中，这不正是由于功名已达到巅峰却还不止步的缘故吗？张良"视功名如同身外之物，把荣誉利禄抛在脑外，所以明哲保身者，张良即是榜样"。

17. 南宋著名爱国诗人文天祥在《正气歌》中列举历史上12位忠义之士的壮烈事迹，曰："在齐太史简，在晋董狐笔，在秦张良椎，在汉苏武节……"

18. 南宋胡宏语：壮哉博浪沙，一击震天下。

19. 元代陈孚语：博浪沙中千尺铁，祖龙未死胆已裂。

20. 明代刘伯温诗《著子》：一对湘江玉并看，二妃曾留泪痕斑。汉家江山四百年，竟在留侯一借间。

21. 王夫之赞誉张良"良虽多智，而固无私"。

22. 清朝于成龙赞张良：相国神仙。

23. 清朝李鸿章称赞张良：椎秦博浪气何豪？履进圯桥偏耐劳。赢得黄石书一卷，论功应不让萧曹。

24. 林则徐诗赞张良："除秦便了复仇心，勇退非关虑患深。博浪沙椎如早中，十年应已卧山林。"

25. 现代著名爱国将领冯玉祥戎马生涯中，对张良情有独钟。一生多次拜谒陕西紫柏山留侯祠，每次都欣然命笔，作诗撰联。所作楹联：收秦关百二山河奇谋独运，辅汉家统一事业成功不居。碑联：豪杰今安在，看青山不老，紫柏长存，想那志士名臣，千载空余凭吊处；神山古来稀，设黄石重逢，赤松再遇，得此洞天福地，一生愿作逍遥游。

26. 于佑任语：送秦一铁锥，辞汉三万户。

27. 陈立夫 1940 年曾为陕南留侯祠题："功成不居"，并作无题诗一首；国仇在所复，功成何必居。明者千古鲜，心传有素节。

28. 王耀武题词：还我河山。

29. 高树勋题词：扫除倭寇，再来做伴。

30. 段象武题词：借君之锥，以锥暴日。

31. 周恩来诗：极目青郊外，烟霾布正浓。中原方逐鹿，博浪踵相踪。

32. 陈毅诗：楚汉喜神话，首推张子房。城北黄石公，遗履坐桥上。留侯欲用事，寄托于渺茫。乃遇赤松子，运筹帷幄帐。一旦功成后，赤松屏稻粱。刘邦非大度，君臣猜忌忙。钩心复斗角，胜者属张良。萧何亦机智，自污争田疆。可怜淮阴侯，忠信见灭亡。未央千古惨，人彘出宫墙。乃知专制国，大位居虎狼。唯有真民主，权利两相忘。

33. 陶铸抗战时期赴延安途中绕道张良庙，祭拜后留诗；"停车闲步瞻遗容，敢效亡秦舒所衷。遥望延城光万丈，轮声欲起夕阳红。"

34. 诗人刘红军赞张良："败休气馁胜休骄，成事谁能不折腰。试看子房三纳履，留传佳话到今朝。"

35. 诗人刘树靖赞张良："萧韵生俘兵八千，力能拔岳也徒然。匡扶汉室谁名贵，唯有子房青史传。"

36. 诗人王贺军赞张良："帷幄运筹兴与亡，功成身退敛锋芒。至今父老山亭聚，依旧争相说子房"。

37. 诗人任启森赞张良："讨秦逐鹿举干戈，刘项争雄轶事多。不是凌箫吹一曲，谁人传唱大风歌。"

38. 诗人谢鸿堂诗赞张良："黄公一卷点迷津，辅佐高皇灭暴秦。吴韵箫吹取西楚，古今辞相几多人。"

39. 诗人高之均诗赞张良："昨登戏马又秋风，落叶飘飘意万重。未得张良荐韩信，焉能亭长成英雄。"

40. 诗人翟广涛词："圯上师黄石，鸿门救沛公。阻刘封六国，克项荐三雄。蹑足汉王悟，闻歌楚帐空。功成身便退，百世仰高风。"

41. 董汝河联："拾履得书，访贤得将，肝胆独忠高祖帝；谋攻若智，隐退若愚，湖山长伴汉留侯。"

42. 曹文献联："三杰名盛，最难得功成身退；千秋迹远，犹敬之胆大谋高。"

43. 胡光明联："把箫吹乱江东月；辞爵闲观天下云。"

44. 和西典联："智囊辅政多谋兴国；历史留名万代怀君。"

45. 余仁杨联："谋国一流，谋圣汉风舞；留音千古，留侯箫韵宏。"

46. 余必武联："忠义双全，一颗丹心扶汉室：德才兼备，千秋碧血染神州。"

47. 成君之联："运筹帷幄，制胜无形，功成名退无双士；叱咤风云，出谋有道，望众德高第一人。"

张良文化对后世的影响

张良文化博大精深，源远流长，对后世影响深远。

其一，张良的民本思想为历代百姓所拥戴，影响深远。毛泽东读二十四史对张良的批文是：张良虽贵族出身，但经历了家破人亡，流离失所的遭遇，始终是站在平民百姓一边的。他辅佐刘邦率领的一支农民起义军，能代表老百姓的利益，是正义之师。后人的大量诗词褒扬他，就在于他为百姓谋利益，使其安居乐业。

在那权力至上，战胜者可以支配一切的年代，杀死降兵败卒是很平常的事。项羽攻开襄城一次杀降卒一万二，在新安一夜坑杀降卒二十万。入关后秦王子婴虽率百官早已投降，但子婴与四千多文武官员、八百多秦朝贵族的脑袋仍被项羽血淋淋的屠刀砍了下来。几十万人历时几十年用汗水、智慧、白骨筑成的百里阿房宫，项羽一把火把它化为灰烬。雍齿当年背叛刘邦，使刘邦无家可归，在父老乡亲面前脸面丢尽，当刘邦从项梁处借兵二次攻开丰邑城后，欲杀八千降卒。但张良力劝刘邦不可滥杀无辜，此举使刘邦深得故里百姓拥戴。入关后，张良适时建议刘邦约法三章："杀人者偿命；伤人及盗者罚；即日起废除秦法。"这与项羽形成鲜明对比。在张良看来百姓是天，人心不可违。推翻暴秦是为了解民于倒悬，消灭项羽是为了没有战争，停止杀戮。这在两千二百多年前的战乱年代，就更彰显了张良的民本思想。这也是张良备受百姓爱戴的根本所在。今天在河南郏县张良故里，人民对张良文化更是情有独钟。村里自发成立张良文化研究会、自费开办谋圣张良纪念馆、维修张良祖茔流沙墓、每年四月初十张良的忌日，村里唱大戏，家家户户吃面条以示纪念，村里还要举行隆重的祭拜仪式。孩子入学先举行为师"进履"仪式，集体朗诵《张子家训》等。

家长把供孩子读书看作头等大事，他们认为，张良正是读了黄石公的《太公兵法》，才才能大增，最终辅佐刘邦成就了帝业。张店村重视教育，人才辈出，据《郏县志》记载；仅明清两代张店村就有5人考中进士，五品以上官员12人，受皇封67人。

2015年，中央电视台4套“记住乡愁”栏目以“重教启智”为题，对郏县张店村进行了宣传报道，从更深层次全面系统概括了张良文化在张良故里的传承及产生的深远影响，片子播出后引起了强烈反响，尤其省内外张姓族人纷纷到张店寻根拜祖。兰考县人大原副主任张志新30年如一日，倾其所有宣传张良文化，在他影响带动下，张氏后人分班守护张良墓。

其二，张良“椎秦”的报国精神，激励着中华儿女不惜血洒疆场，保家卫国。秦灭韩后，张良悉散家产，弟死不葬，寻结大力士在博浪沙椎刺秦始皇，其勇气，其胆量，集中体现了他的报国精神，对后世影响很大。仅以抗日战争为例，当年在陕西留坝县张良庙，就有无数仁人志士，前来祭拜张良，表达不惜以血肉之躯，抗击日寇的决心。周恩来赴重庆途中几次拜谒张良像，并给随行工作人员讲述张良博浪锥秦的报国事迹。陶铸赴延安途中绕道张良庙，祭拜后留诗一首：停车闲步瞻遗容，敢效亡秦舒所衷。遥望延城光万丈，轮声欲起夕阳红。陈立夫在张良庙祭拜后，作无题诗一首；国仇在所复，功成何必居。明者千古鲜，心传有素节。王耀武祭拜后题词：还我河山。段象武祭拜后题词：借君之椎，以椎暴日。高树勋祭拜后题词：扫除倭寇，再来作伴。国难当头，无数仁人志士都以张良为榜样誓死报国，足见张良报国精神影响至深。

其三，张良谋略文化对历代兵家都极具影响力。张良作为运筹帷幄，决胜千里的谋圣，张良文化很大程度上就是谋略文化。他在“亡暴秦、灭西楚”战争中提出的一系列谋略原则，至今仍有很强的现实意义。如在宛城之战、六封八难、谏封雍齿、对季布兄弟一封一杀中表现出的战略战役并举原则；在峣关之战、马邑之战中表现出的政治、经济、军事手段综合使用原则；在还军霸上、鸿门宴、火烧栈道中表现出的弱兵藏其锋芒，伺机而战的原则；在下邑之谋、真假齐王、固陵危急中表现出的争取中间力量，建立广泛统一战线原则；在疑兵峣关、四面楚歌中表现出的攻心为上，兵战次之的原则，等等，在现代战争指挥中仍有很强的指导意义。

其四，张良的隐忍对后世影响深远。隐忍是张良智慧的结晶。在敌强我弱情况下，张良劝刘邦还军霸上，并在鸿门宴上向项羽示好，继而又火烧栈道，这集中表现了张良的“隐忍”；楚汉战争胜利后，刘邦让他“自择齐三万户”为侯，他坚辞不受，只愿封个小小的留县作纪念，这是他“名之忍，利之忍”的突出表现；韩信北方大捷，求封王时，刘邦很不情愿，张良劝刘邦做到了“情之忍”。大文豪苏东坡对张良的隐忍给予了高度的评价和充分的肯定，他把楚汉战争的胜败，归结于能忍与不能忍，指出：“项籍之所以败，唯项籍不能忍，轻用其锋；高祖之所以胜，高祖忍之，养其全锋而待其弊。此子房教之也。”

《旧唐书》记载：郓州寿张县（今濮阳市台前县）张庄村的张公艺，是一个九世同堂，有900多人的大家庭。曾有北齐、隋、唐四个皇帝为其题字赐匾。特别是唐高宗赴泰山封禅，途中得知张家事迹，慕名顺访时，向张公艺询问其中诀窍，时年88岁的张公艺提笔连书100个忍字，高宗连连称赞。自此，张公艺家族堂号改为“百忍堂”传之后世。

其五，张良文化对当今社会主义文化的影响。社会主义文化内容广泛，我们仅以社会主义核心价值观来看张良文化对当今社会主义文化的影响。社会主义核心价值观的基本内容是：富强、民主、文明、和谐、自由、平等、公正、法治、爱国、敬业、诚信、友善。张良文化的基本内涵是：爱国爱民，智勇诚信、大度隐忍、淡泊名利等，我们通过二者基本内容的比较，不难看出，社会主义核心价值观基本内容与张良文化虽表述不一，但精神实质非常吻合，二者之间的传承关系是显而易见的。张良不愧为千古完人，张良文化不愧是中华民族优秀的历史文化。当前大家都在谈论梦想，特别是青少年时期要确定什么样的人生观、价值观？要选择什么样的人作为偶像，作为学习的榜样？张良和张良文化很有借鉴意义，很有参考价值。当今社会浮躁之风盛行，一些人私欲膨胀，名利地位思想严重，官位主义严重，享乐主义严重，奢靡之风盛行。静下心来好好学点张良文化，对克服“四风”大有益处。

其六，张良文化在海外也颇具影响。1999年我的同事去菲律宾出差时，在宾馆就惊喜地看到一份当地的中文报正连载《谋圣张良》。他还特意给我带回了一张报纸，并指着报纸上的标题说：“你看看，张良在国外报纸上都称谋圣啦。”2014 年 5 月我去四川成都拜访作家张毅时，他告诉我：20 世纪末他的长篇小说《一代谋臣张良》发表后，一天，一位在西安陕师大留学的日本京都姑娘，读了《一代谋臣张良》后，假期专程到四川成都拜访他，当面与他探讨张良文化的一些问题。完了她还告诉张毅老师，在日本很多人都知道张良的名字，张良品箫灭霸王的故事，传得神乎其神。她还介绍说，张良文化在海外的影响主要表现在对他人格和谋略的赞赏。尤其他的火烧栈道、封仇息怨等经典之作，已被收入《世界 5000 年谋略大全》。四面楚歌被誉为中外战争史上心理战的成功典范，还被日本等国收入军事教材。据张放涛主编的《张良谋略与智慧》载：1995 年 5 月 6 日，日本国清陵高等学校建校 100 周年校庆在博浪沙举行。因为在校歌中三次唱到了“博浪沙张良击秦”的精神，所以，69 名师生前来瞻拜张良及博浪沙，并有日本国渡部清用日文写下了校歌序曲，大意是“啊！举起博浪之椎，砸碎腐朽势力的梦想。”由中方李斌在碑阴译文并书写。由此可见张良文化在国外亦有很广泛的影响。

总之，张良作为秦汉之交的风云人物已经远离我们而去，然而他创造的伟业已载入史册，闪烁着智慧光芒的张良文化在历史的时空中光彩夺目。我们相信只要中华文明不灭，张良的名字就永世长存，张良文化也必将永放光芒。

有关张良文化的成语典故

成语是人们长期以来习用的、简洁精辟的定型词组或短语。成语多由四字组成，都有其丰富的文化内涵，所以为人们喜闻乐道。千百年来，人们从张良身上就凝练出十多个成语，而且个个脍炙人口，张良文化之丰富，对后世影响之深远由此可见一斑。

1.孺子可教

秦灭韩后，张良为韩报仇，博浪沙椎刺秦始皇未遂，亡匿下邳。一日闲游沂水桥上，遇黄石公。老人故意将鞋子丢到桥下，然后命令张良下去拾鞋，并给他穿上。张良拾出鞋后，跪在地上恭恭敬敬地给老人穿在脚上。老人大笑去而又回，说："孺子可教矣！后五日黎明，与我会此。"良跪曰："诺"。连着两个五日，张良都因迟到遭受老人的严厉批评，第三个五日他先于老人到了桥上，老人到后，高兴地赠良《太公兵法》一部，并告诉良："读懂则为王者师。"良遵老人吩咐，发奋习读，才能徒增，后运筹帷幄，决胜千里，辅佐刘邦建立了大汉王朝。

2.啖以重利

公元前207年，刘邦率军抵达峣关（今陕西兰阳东南）。峣关是古代南阳与关中的交通要隘，易守难攻，也是拱卫咸阳的最后一道关隘，秦有重兵扼守此地。刘邦赶到关前，想要亲率所部两万精兵，强行攻取。张良劝谏道："目前秦守关的兵力还很强大，不可轻举妄动。"刘邦忙向张良问计。张良说："我听说峣关的守将是个屠夫的儿子，这种市侩小人，只要用点财币就可以打动他的心了。您可以派先遣部队，在四周山上增设大量军队的旗号，虚张声势，作为疑兵。然后再派郦食其多带珍宝财物去劝诱秦将，事情就可能成功了。”刘邦依计而行，峣关守将果然献关投降，并表示愿意和刘邦联合进攻咸阳。刘邦大喜，于是，刘邦率兵向峣关突然发起攻击，结果秦军弃关退守蓝田。刘邦乘胜追击，大败秦军于蓝田。成语“啖以重利”就源于此，意为用优厚的利益和好处引诱或收买。

3.约法三章

公元前 206 年，刘邦带兵攻秦，秦王子婴投降。刘邦入咸阳，看到阿房宫珠宝遍地，美女如云，便要入驻其中。张良纵观天下，看到刘项争霸势在难免，故力劝刘邦封府库，还军霸上。刘邦接受了张良卓有远见的规劝，下令封存秦朝宫宝、府库、财物，还军霸上，整治军队，以待项羽等路起义军。在此期间，刘邦还采纳张良建议，召集诸县父老豪杰，与之约法三章：“杀人者死，伤人及盗抵罪，即日废除秦法”。“约法三章”使刘邦赢得了关中百姓的拥戴。后常用来形容轻刑简政的廉明政治。

4.鸿门宴

鸿门宴是妇孺皆知的三字成语。公元前 206 年，刘邦灭秦后，为巩固地盘，派兵驻守函谷关。后项羽率诸侯兵抵达函谷关，刘邦军紧闭关门，阻止诸侯兵进关。项羽便亲自指挥大军攻破函谷关，命令“旦日飨士卒，为击破沛公军”。幸亏项羽的叔父项伯与张良有旧交。项伯悄悄骑马来到刘邦军中私见张良，把消息告诉了张良。张良又把项伯所说的一五一十地告诉了刘邦。刘邦大惊失色，忙问张良：“这可怎么办？”张良一想，给刘邦出了个釜底抽薪的主意：“一方面请项伯转告项羽、刘邦，我入关以后，秋毫无犯，吏民都造册入籍，府库财产严加封存，专门等待项将军来接收。之所以派将士把守函谷关，是为防备其他盗贼窜入。另一方面，张良、刘邦亲赴楚营向项羽示好，项羽款留刘邦会饮。席间，项羽的谋臣范增屡次示意项羽，又再三举起所佩玉玦，暗示他速下决断，杀死刘邦。项羽犹豫不决，默然不应。范增只好又从帐外召来勇士项庄，授意他舞剑助兴，伺机杀掉刘邦。项伯看出破绽，拔剑对舞，时时用自己的身体护住刘邦。张良一看情况不妙，乘刘邦如厕之机，决定由樊哙保护刘邦赶快脱身。张良留下沉着冷静地与项羽等周旋，收拾残局。

"鸿门宴"后常被用来形容另有图谋的宴席，喻指暗藏杀机的善待。

5.项庄舞剑　意在沛公

鸿门宴上，范增见项羽为刘邦处处巧语逢迎、示弱所迷惑，放弃了即席杀之的初衷，便指使项庄以助兴为名入席舞剑，借以刺杀刘邦。张良见项庄舞剑，其意常在沛公，立即出帐召樊哙入，保护沛公，更有项伯伴舞相助，使项庄无机可乘，保证了沛公的安全。"项庄舞剑"常被用来形容一些人阳奉阴违、包藏祸心的行为。

6.大行不顾细谨，大礼不辞小让

鸿门宴上，范增图谋屡屡受挫。正当他无奈之际，张良暗示刘邦以入厕为名，随樊哙溜出楚营，由他独自一人留下应付局面。当时刘邦认为，不向项羽辞行于礼不合，恐惹麻烦。樊哙急道："大行不顾细谨，大礼不辞小让，何辞为！"意思是凡属大的举措，大的礼节，只要大的环节到位就行，不能为细枝末节所延误。当时刘邦如在虎口，为了逃生，应当不择手段。从而看得出当时矛盾很多，错综复杂，张良表现得临危不惊，头脑冷静，善于抓住主要矛盾，轻而易举地解决了问题。

7.推陈出新

张良发现韩信是个将才，就写信把韩信举荐给刘邦。于是，韩信拿着张良的推荐信来到了巴蜀。但他在见刘邦的时候没有出示推荐信，韩信想用自己的行动来证明自己的能力。于是刘邦只让他做了个粮仓的管理员。不过即使如此，韩信做得仍然很出色，把粮仓管理得很好。“推陈出新”，就是说韩信给粮仓开了两个口，新到的粮食从这个口进入，而要取出的粮食则走另一个口，这样就不会造成先入库的粮食因为堆在最深处久久不能被拿出而发霉了。

8.明修栈道，暗度陈仓

秦亡后，项羽自称西楚霸王，大封诸侯。其中刘邦被封为汉王，王巴蜀。为了消除项羽疑心，张良献计要刘邦去巴蜀时烧毁走过的山间栈道，以示不再东归。韩信因不被刘邦重用，便逃出汉营，萧何月下追回韩信，经萧何举荐，刘邦才拜韩信为大将军。韩信执掌帅印后，便派出几百名士兵，去修复栈道，这时，镇守关中西部地区的章邯听到了这个消息，不禁笑道：谁叫你们把栈道烧毁的，你们自己断绝了出路，现在又来修复，这么大的工程，只派几百个士兵，看你们哪年哪月才能完成？因此，章邯对于刘邦和韩信的这一行动，根本没有引起重视。可是不久，章邯便接到紧急报告，说刘邦的大军，已攻入关中，陈仓被占，守将被杀，章邯慌忙领兵抵抗，可已经来不及了。章邯被逼自杀，驻守关中东部的司马欣及北部的董翳也相继投降，号称三秦的关中地区，于是一下子被刘邦全部占领了，原来韩信表面上派兵修复栈道，装作要从栈道出击的姿态，实际上却和刘邦统率主力部队，暗中抄小路袭击陈仓。趁章邯不备，取得了胜利，此计之妙在于“明”“暗”二字。兵不厌诈这种虚实相兼的战术常为历代兵家所采用。

9.独当一面

刘邦平定三秦后，率兵东征，初期进展非常顺利，很快就攻下了彭城（楚都，今江苏徐州市）。但是，项羽立刻组织反攻，大破汉军，汉军伤亡惨重。刘邦吃了败仗，意志消沉，行至下邑，汉王问计张良：“谁能够同我一起建功立业呢？”张良进言说：“九江王黥布是楚国的猛将，同项王有隔阂，彭越与齐王田荣在梁地反楚，这两个人可立即利用。汉王的将领中唯有韩信可以托付大事，独当一面。”汉王于是派萧何去游说九江王黥布，又派人去联络彭越。等到魏王豹反汉，汉王派韩信率兵攻打他，乘势攻占了燕、代、齐、赵等国的领地。而最终击溃楚国的，正是这三个人的力量。这便是成语“独当一面”的出处。

10.借箸代筹

公元前 204，项羽把汉王围困在荥阳，汉王惊恐忧愁，与郦食其商议削弱楚国的势力。郦食其说 :“昔日商汤讨伐夏桀，封夏朝后人于杞国。周武王讨伐商纣，封商朝后人于宋国。如今秦朝丧失德政，抛弃道义，侵伐诸侯各国，消灭了六国的后代，使他们没有一点立足的地方。陛下果真能够重新封立六国的后裔，使他们都接受陛下的印信，这样六国的君臣百姓一定都感戴陛下的恩德，无不归顺服从，陛下就可以面南称霸，楚王一定整好衣冠恭恭敬敬地前来朝拜了。”汉王说 :“好。赶快刻制印信，先生就可以带着这些印出发了。”张良从外面回来谒见汉王。汉王正在吃饭，见张良进来高兴地说 :“子房过来，有一个客人为我设计削弱楚国的势力。”接着把郦食其的话都告诉了张良，然后问道:“在你看来这事怎样？”张良说:“是谁替陛下出的这个主意？陛下的大事要完了。”汉王说 :“为什么呢？”张良回答说 :“我请求您允许我借用您面前的筷子为大王筹划一下形势。”接着张良连讲了八个不可。最后说 :当前只有使楚国不再强大，否则六国被封立的后代重新屈服并跟随楚国，陛下怎么能够使他们臣服？如果真的要采用这位客人的计策，陛下的大事就完了。”汉王饭也不吃了，吐出口中的食物，骂道 :“这个笨书呆子，几乎败坏了老子的大事！”于是下令赶快销毁那些印信。

11.楚河汉界

公元前 206 年，楚汉两军相持于荥阳、成皋一带。当时汉军援兵不到，刘邦又身中箭伤，形势非常不利，张良要刘邦与项羽议和，划鸿沟为界，西属汉，东属楚，暂时稳定了局势。后楚军粮尽，东撤时，张良又建议刘邦联络韩信、彭越对楚军发起了攻击，结果大获全胜。

“楚河汉界”乃张良创造的缓兵之计的范例。中国象棋盘上写的“楚河汉界”，亦即揭示两军对峙，或攻或守，变幻无常之意。

12.养虎遗患

公元前203年末，楚军粮草不足，有东撤迹象，刘邦想在楚军东撤前救出太公、吕后，刘邦便派使者侯成去见项羽，提出以鸿沟为界，东归楚，西归汉，互不侵犯，永享太平，并放回太公吕后。项羽因自己的势力逐渐被削弱，且粮草不足，无奈只好同意议和。但当项羽放了太公、吕后，引兵东去时，张良、陈平进谏劝道：“如今大王已得了天下三分之二的土地，而诸侯又都服从您；项羽的军队既疲劳，又无粮食，正是衰弱的时候，如果不趁这机会消灭他，就好比养了一只老虎，长大了自己要被害的。”刘邦听后，觉得有道理，于是率兵追击项羽，又命韩信、彭越等两面夹击。

13.四面楚歌

公元前203年，刘邦大军将楚军围困于垓下。怎奈项羽勇猛异常，率众浴血鏖战，杀开重重包围，带领残兵败将回归楚营。这时项羽虽处略势，但如不彻底歼灭之，待楚军闯出重围投往江东，必然会重整旗鼓再图天下。刘邦问计于张良。张良知己知彼，遂提出四面楚歌之计，以攻心战，瓦解楚军斗志。此时正至深秋，北风怒号，楚军连日征战，军中辎重丢失，粮草将尽，处于这样险恶的环境之中，楚营中军心开始浮动。时夜，忽从汉营那边传来一阵阵箫声。这箫声如泣如诉，低回悲凉，时高，时低，时急，时慢……箫声吹过，汉营里引出阵阵歌声相和。歌中唱到：十年征战归无期，千里从军几人回？倘若战死沙场上，白发爹娘依靠谁？接着，又有更多的人和着箫声唱起来：离别骨肉情，弱子祈父回；空房断恩爱，柔妻盼郎归。这歌声又熟悉又亲切，原来唱的竟是楚地民歌。楚军的将士跟随项王连年征战，离家数载，如今又陷入重围，乍一听到这熟悉的乡音，不由得愁肠满怀，禁不住两眼热泪直淌下来。将士们想起了久违的家园，思念着白发苍苍的慈母，忘不了新婚即别的妻子……听着这一阵阵来自四面的楚歌歌声，楚军将士的心都碎了，借着夜色纷纷向汉军营地走去。项羽听到这四面楚歌，也错以为楚地都已被汉军占领了，项羽看大势已去，仰天长叹！夫人虞姬自刎身亡。项羽率800骑，借助黎明前的黑暗，冲出重围，逃到乌江边时，自觉已无颜再见江东父老，遂拔剑自尽。

“四面楚歌”常被用来比喻四面受敌、众叛亲离、孤立无援的情景。

14.运筹帷幄之中，决胜千里之外

汉高祖刘邦灭楚之后，总结经验说：“运筹帷幄之中，决胜千里之外，吾不如子房；镇国家，抚百姓，供给养，不绝粮道，吾不如萧何；连百万之军战必胜，攻必取，吾不如韩信。此三者皆人杰也，吾能用之，此吾所以取天下也。项羽有一范增而不能用。此其所以为我擒也。”“汉初三杰”出自刘邦之口，张良位居第一，足见其在创建汉朝基业中所起之重大作用。

15.羽翼已成

羽翼已成是说刘邦废立太子的故事。据（史记、高祖本记）载：高祖常想废太子刘盈而立赵王如意。吕后强逼张良谏留太子。张良自知不能，就建议吕后请东园公、甪里先生、绮里季、夏黄公四大隐士入太子宫辅佐太子。后来，高祖见之大惊，问四人何以不事自己从太子？答曰：“陛下轻士善骂，臣等义不受辱，故恐而亡匿。窃闻太子为人仁孝，恭敬爱士，天下莫不延颈为太子死者，故臣等来耳。”高祖叹道：“我欲易之，被四人辅之，羽翼已成，不可动矣！”从此，他再也不提废易太子的事了。“羽翼已成，不可动矣”，常被用来说明对于已成之势虽不如意，也得听之任之的无奈之举。

16.子房再世

子房是张良的字，由于他以军事谋略著称，历代帝王们往往都把自己得力的谋士称作“子房再世”（活着的子房）。如三国时的荀彧，在公元 192 年，弃袁绍而投奔曹操，曹操惊喜道：“吾之子房也”！当时就委以司马之职，总理一府之事，参与军事计划。“子房再世”可谓千百年来人们对张良其人的高度赞许和评价。

17.张冠李戴

张良辅佐刘邦“亡秦、灭楚、兴汉”功成之后，不恋富贵，归隐山林以清贫打发晚年。传说张良在吕后专权后隐居在长沙的张公岭一带，常与一李姓的潦倒书生饮酒对弈。一日对酒，张良大醉，口出真言，并拿出了自己的侯爵冠冕，以示自己的身世。李公乘张良酒醉，强行将冠冕夺去，并扬言要告发官府。张良因惧怕吕后，举家迁往今张家界。吕氏之乱被平定后，张良幼子寻访故地，当地百姓告诉他，李公因常戴其父的侯爵之冠招摇过市，被官府查处，现已痛改前非，安心务农。张公子来到李公家，与李公一家相处甚好，李公将小女许配于他，从此在张公岭一带永久安居。“张冠李戴”由此而来。

以上成语言简意赅，有的富有哲理，有的蕴寓智慧，有的催人奋进，有的为人壮志。在人们心目中，它就是财富，它就是宝器，所以它常散见于诸多典籍之中，也常挂在人们的嘴边，作为张良文化的重要组成部分流芳千古。

戏唱张良

（张良故里自编自演的戏剧唱词）

1. 诸葛亮拜留侯

唱的是公元201年，
春回大地百花艳。
诸葛元直拜贤祖，
二人来到咱张店。

诸葛村外观地气，
他说张店是龙凤地。
张家祠堂拜留侯，
没想到张良一身女人气。

孔明能掐会算称神仙，
气死周瑜成笑谈。
六出祁山伐曹魏，
鞠躬尽瘁梦难圆。

刘邦张良过峣关，
子婴跪地秦朝完。
阿房宫刘邦要歇脚，
还军霸上看得远。

项羽设下鸿门宴，
以屈求伸善周旋。
火烧栈道法障眼，
忍小忿为了求大全。

下邑之谋结盟友，
倚重韩信打江山。
借箸辩推有八难，
四面楚歌成经典。

开创汉朝一统天。
功成不居隐山间。
开基之祖张良爷，
留侯美名代代传。

2. 张良祭刘邦

念白：惊闻高祖驾崩，子房如同五雷轰顶，回想往事，心潮难平……

唱词：

张子房在山野独祭汉王，
欲哭无声泪盈眶。
野果供品你体谅，
千言万语诉衷肠。

想当年秦王之师赛虎狼，
荡平六国势难挡。
国仇家恨血一腔，

博浪沙我铁椎刺秦皇。

可惜力士太紧张，
中副车激怒秦始皇。
大索天下抓刺客，
逃亡下邳把身藏。

圯河桥头多惆怅，
三进履为的是历练张良。
黄石公授书情意重，
挑灯夜读才能长。

秦王暴政民遭殃，
首义反秦陈胜吴广。
怀王义军有约定，
谁先入关谁称王。

留县我把沛公拜，
一拍即合谢上苍。
西征之路多艰险，
首战大军围汴梁。

攻城掠地战颍川，
大败杨雄一命亡。
不料洛东吃败仗，
挥师南下战南阳。

南阳郡守他求降，
咱不杀还让他官居南阳。
沿途各郡多效仿，
武关守将也开门迎降。

疑兵峣关离间计，
破峣关大军进咸阳。
秦王一看大势去，
系白陵跪地他求降。

阿房宫珠宝耀眼亮，
琼浆玉液迷人香。
宫女个个仙女一样。
见此情喜得你军不顾将。

忠言逆耳还军霸上，
只因为项羽实力太强。
鸿门宴示好拜项羽，
善周旋才躲过劫难一场。

项羽分封十八王，
封你沛公称汉王。
巴蜀本是流放地，
气得你要与项羽论短长。

我劝你势弱别逞强，
忍小愤图大谋君子之量。
火烧栈道是假象，
项羽他却真上当。

明修栈道暗度陈仓，
平定三秦小试锋芒。
逐鹿中原得彭城，
大宴三天喜坏你汉王。

项羽突袭你没设防，

遭惨败大军多伤亡。
太公被掳到楚营，
溃逃路你三弃之子也是苦心肠。

下邑之谋费思量，
绝境献策明方向。
拉英布联彭越倚重韩信，
三军联手抗霸王。

楚汉决雌雄，
对垒在荥阳。
诳楚突围去，
纪信一命亡。

韩信打胜仗，
派人求假王。
“旦暮来佑我，
你倒要称王”？

桌下用脚踩，
提醒你汉王。
不立会生变，
岂能禁他当齐王？

垓下楚歌唱，
霸王别姬伤。
十面埋伏计，
逼死项羽在乌江。

天下归一统，
布衣当皇上。

论功赏群臣，
你说运筹帷幄决胜千里不如俺子房。

留县做纪念，
三万户不敢当。
咱本是君臣一场戏，
反秦除霸安国定邦。

今你先我去，
余生多凄凉。
有话给谁说，
生命之歌还和谁唱？

念白：

鸣呼哀哉！

唱：

到来世再辅佐我的汉王。

张良故里在郏县

两千多年来，人们出于对谋圣张良的崇拜，省内外多地都称是张良故里，其中争论较激烈的有安徽亳县说、河南禹州说、山西屯留说、山西襄汾说、河南襄城说、河南宝丰说、河南郏县说等。2014 年初，鉴于世张总会要到张良故里拜祖的要求，河南张姓文化研究会协同河南省历史学会在平顶山市共同主办了张良故里论证会。与会 31 位秦汉史研究专家，通过对史料记载的分析、古父城遗址的考察、出土文物的甄别、张良文化民俗传承的深入了解，最后达成一致看法。河南省历史学会秘书长展龙教授在作会议综述时很肯定地说：张良故里在今河南省郏县张店村是这次会议达成的重要共识。

1.相关史料记载说明张良故里在郏县

（1）依据司马迁《史记·留侯世家》“留侯张良者，其先韩人也”的“韩人论”，张良故里可以排除战国时期韩国以外地域对象之法，可排除今陕西、山东、安徽、湖南境域内的张良里籍。剩下的只能是在山西与河南两省地域之内。

（2）依据顾氏按语《后汉书》“张良出于城父”的“城父论”：因城父辖区在滍水以北，汝河以南，紫云山以西，宝丰县城以东，据此，可排除战国时期韩国“城父”以外地域对象之法，可排除今山西平阳说、山西张相村说、河南宜阳说、河南禹州说、河南新郑说、河南原阳说、河南兰考说等，剩下的只有战国时期韩国的“城父”（城父遗址今存，位于宝丰县东李庄古城村。为国家级文物保护单位），而城父治东郊五公里的相府城邑张店村（今属河南郏县李口镇）应该是张良里籍。

（3）依据袁宏《后汉纪·孝顺皇帝纪》的“辅成论”。考汉颍川郡有父城而无辅成，校注据《续汉郡国志》及《水经注》,“辅成”应是“父城”，辅成是讹误。故“辅成论”等同于“父城论”。

（4）张良里籍“父城论”之父城：在战国时期韩国称城父县，汉代为区别亳州东城父改颍川郡西城父为父城县。父城县治故址在今河南省宝丰县东四十里李庄乡古城村，而父城县治东郊五公里处的张店村（汉司马村，今属河南郏县李口镇）应该是张良里籍。

（5）依据《中国历代名人辞典》之张良里籍“安徽亳县论”中说：张良“传为城父（今安徽亳县东南）人”。因战国时期城父有两个，今安徽亳县东南城父为东城父，不在韩国境内，与《史记》有关记载相悖，故不应是张良里籍。

（6）张良里籍“河南郏县论”：《括地志》《史记正义》《史记索隐》《辞海》亦云：“张良，今河南郏县东人”。《中国古今名人大辞典》说：“张良，西汉时父城（今河南省郏县东）人”。今河南郏县东南李口镇的张店村，在战国时期属于城父县治东郊五公里处的相府城邑，在西汉时父城县治东郊五公里处的司马村，故今河南郏县李口镇的张店村应该是张良的里籍。

（7）张良里籍“河南宝丰论”：源于“城父论”和“父城论”。 据宝丰县历史沿革：“商周时为应国属地，春秋初属郑，后属楚，战国初

父城遗址位于河南省宝丰县李庄乡古城村，是国务院2013年公布的全国重点文物保护单位。

期属韩。汉改父城县，隋、唐时先后为汝南县、滍阳县、武兴县、龙兴县。宋徽宗宣和二年（1120）敕赐名‘宝丰县’，沿用至今。”但由于位于城父县治东郊五公里的张店村由于历史沿革变迁，今属于河南郏县李口镇，故张良里籍“河南宝丰论”亦就是今河南郏县李口镇的张店村。

2.出土文物及文化遗迹佐证张良故里在郏县

（1）诸葛亮拜留侯碑。于2006年在张店村出土的诸葛亮拜留侯红石碑，碑铭："亮携元直，建安六年春，踏贤宗。观地势不巌，然清静秀逸，乃龙凤之地。拜留侯，仰其像不威，然运筹帷幄，决胜千里，成帝王之师。吾辈叹之、敬之、效之。”此铭文虽只有57个字，但已很明确告诉后人，诸葛亮曾到张店村祭拜过张良祠，并记下了自己的祭拜感受。此碑已载入周俊杰主编的《中原文化大典》。

（2）张安墓志铭。2003年在张店出土的张安墓志铭记载："维大明洪武二十四年……汝州郏县小安寺保张安之墓”。根据《郏县志》记载："张安是明洪武肃宁县知县。”清同治《郏县志》载："汉留侯庙在小安寺保，张子房、韩人，而郏东南近邑也。其击秦灭楚，为韩报仇，有忠孝大节，为之立庙正矣。”综上可知郏县张店村就是建有张良庙的小安寺保的具体位置。这是张店为张良故里的又一有力证据。

(3)品箫石。张店村南的张寨山顶一处岩石上镌刻有“张良品箫处”五个苍劲大字。传说是当年张良携友上山游玩时所为。

（4）跑马沟、滤马潭。张店村西的跑马沟、滤马潭相传为张良族人养马，驯马的地方。

3.民俗民风传承表明张良故里在郏县

（1）农历四月初十是张店古刹会，相传这一天是张良的忌日，每逢这一天，张良后裔们都要举行各种祭拜活动，同时还要上演赞颂张良的戏，举办摆山阵、打花花棍、可羊角等比赛，以此纪念张良。久而久之，这一天便演变成了老日子大会。

（2）重视张良文化教育：每年张店村的孩子入学，村里和学校都要组织新生为老师“进履”仪式、集体朗诵《张子家训》。

4. 史学界多名专家教授对张良故里在郏县有详细考论，认定张良故里在郏县

国家文物局古建专家组原组长罗哲文先生，在所著《中国百祠》一书“留坝张良庙”一章节中写道：“张良，字子房，汉代父城（今河南郏县）人。”并为郏县张店村亲笔题写：“西汉留侯张良故里。”（《中国百祠》一书，由百花文艺出版社 2002 年出版发行）

河南大学教授、原中国秦汉史学会副会长朱绍侯在所著《汉初三杰综论——兼论张良自全之道》一文中，指出：“张良，字子房，城父（今河南郏县）人，出身于韩国旧贵族。”（选自张放涛主编《张良谋略与智慧》，由中州古籍出版社 2014 出版）

河南大学教授、博士生导师王立群 2007 年在接受河南电视台制作《张店张良》专题片采访时说：“张良借身体不好，在家休养，并没有出走，就是刘邦称帝以后，最后年老，告老回家。”“张良最后是回到了故里老家张店村，葬于祖茔沙印山。”（摘自张放涛主编的《张良谋略与智慧》71 页，由中州古籍出版社 2014 出版）

上海社会科学院研究员盛巽昌在所著《毛泽东论中国历史人物》一书中，介绍张良：“张良（？—189）西汉大臣，城父（今河南郏县东）人。字子房，韩国世家子弟。”（《毛泽东论中国历史人物》一书由上海书店出版社 2013 年出版）

河南省社会科学院历史研究所原所长程有为撰写的《张良里籍辩》一文的结论是：“汉晋时期的父城县就是在春秋时期属于楚国、战国时期属于韩国的城父邑的原址上设置的。其地理位置在今河南宝丰县东 18 公里的李庄乡古城村，管辖宝丰、郏县一些地方，这些地方才真正是西汉著名谋士留侯张良的故里，也就是现在的郏县张店村。”（本文发表于 2016 年 4 月 29 日世张总会在郑州举办的张良文化国际高峰论坛）

郑州大学历史学院教授、博士生导师袁延胜在《诸葛亮拜谒留侯碑与张良故里》一文简短的结语是：“从诸葛亮早年的游学经历、建安

六年春的形势、徐庶与诸葛亮的关系、诸葛亮对张良的敬仰等角度看，出土于郏县张店诸葛亮拜谒留侯碑的内容应该是真实可信的。诸葛亮拜谒张良祠所在地，即今于郏县张店应该是张良的故里。”（本文发表于 2014 年 5 月 22 日河南省史学会和省张姓文化研究会联合在平顶山市举办的张良故里论证会）

河南大学教授陈昌远，郑州大学教授、博士生导师陈隆文在合著的《张良故里发微》一文结论是 ：“综上所述，韩相张良故里古、今均在郏县李口乡张店村，这一点可以说毫无疑问。”（本文发表于 2014 年 5 月 22 日河南省史学会和省张姓文化研究会联合在平顶山市举办的张良故里论证会）

河南省九届政协常委、省社科联原党组书记、省张姓文化研究会创会会长张放涛在《漫谈诸葛亮拜谒留侯碑——兼论张良故里》一文中指出 ：“通过上述的史书记载、方志编纂、族谱传承以及文物遗址、遗迹和传说，充分说明了张店村就是谋圣、帝师张良的故里。”（选自张放涛主编《张良谋略与智慧》，由中州古籍出版社 2014 出版）

平顶山市政协原副主席，历史学教授潘民中在《为什么说张良故里在河南郏县张店》一文中明确指出 ：“张良故里既在战国韩国城父邑，也即汉之父城县辖区之内，而战国韩国城父邑也即汉之父城县辖汝水以南、紫云山以西、滍水以北、今宝丰县城以东地面，那么它具体在该区域的什么地方呢？我们说它在郏县张店。”（本文发表于 2008 年 7 月 19 日《平顶山日报》）

河南大学历史文化学院教授姚瀛艇与许昌市建设银行高级经济师张向阳合著的《张良故里考》一文结论是 ：“张店是一座古老而悠久的村落。结合历史考证，有理由认为，张店即张良故里。”（本文发表于 2014 年 5 月 22 日河南省史学会和省张姓文化研究会联合在平顶山市举办的张良故里论证会）

平顶山市张良文化研究会会长、张良故里《张氏家谱》主编张华烨在《四方论证一句话　张良故里在张店》一文结论是 ：“从史料记载 ；出土文物、遗迹佐证 ；民风、民俗传承 ；著名专家教授考论等四个方面论证张良故里在张店。”（选自张放涛主编《张良谋略与智慧》，由中州古籍出版社 2014 出版）

平顶山市委党校党史党建教研室主任、副教授周幸在所著的《运筹帷幄谋天下》一文中，认定张良，字子房，父城（河南郏县）人。（选自《平顶山论坛》2019 年第二期）

平顶山市文明办副主任，副教授杨晓宇所著《从历代歌咏张良诗词谈张良文化的发展》一文中，介绍“张良（?—前 186），颍川父城（今河南省平顶山市郏县李口乡张店村）人，字子房，西汉杰出的军事谋略家，世称谋圣”。（选自张放涛主编《张良谋略与智慧》，由中州古籍出版社 2014 出版）

平顶山市炎黄文化研究会副会长宛芳卿和李新国合著的《张良的功业与历史名人效应》一文指出：“出生于古城父县（今郏县）东三十里今郏县李口乡张店村的一代名臣、西汉杰出的军事谋略家，与萧何、韩信同被称为汉初三杰，为汉王朝建立立下不可磨灭功劳的张良，位列鹰城十大历史名人之中。”（选自张放涛主编《张良谋略与智慧》，由中州古籍出版社 2014 出版）

平顶山市炎黄文化研究会《鹰城炎黄》杂志执行主编李文生在《张良故里在郏县李口镇张店考论》一文的结论是：“经多方考证，认定张店村即是张良故里。”（本文发表于 2014 年 5 月 22 日河南省史学会和省张姓文化研究会联合在平顶山市举办的张良故里论证会）

平顶山市张良文化研究会副会长、史地学者、中原智库研究员辛士秀和平顶山市张良文化研究会顾问、密宗高级文化师、中原智库研究员张有志合著的《张良故里张良墓小考》一文指出：“从史料记载，出土文物佐证，丧葬民俗及史地学等多角度对位于郏县张店村西一公里的沙印山进行考究，确认沙印山不仅是张良祖茔墓地，也是张良葬身之地。”（本文选自张华烨主编《张良故里论文集》）

综上所述，相关史料记载说明张良故里在郏县；出土文物及文化遗迹佐证张良故里在郏县；民俗民风传承表明张良故里在郏县；史学界多名专家、教授、学者认定张良故里在郏县。这是史学界近年来对张良里籍研究的最新成果。这一成果也为沸沸扬扬的张良里籍辩论画上了句号。

张良故里的保护与开发

1.保护开发的必要性和紧迫性

目前，张良故里开发恰逢其时，机不可失。

其一，世界张氏宗亲总会要到张良故里祭拜先祖。世张总会是世界性群团组织，总部在新加坡，有理事 300 名，其中海外理事有 130 多人，这些人都是企业界、商界、政界的知名人士，其中不乏世界 500 强企业的老板。能让这些人到郏县走走看看，祭拜先祖，也是向海外宣传推介平顶山、郏县，招商引资的好机会。2013 年广东韶关市以唐朝宰相张九令故里为契机，承办了世张总会六届一次会议，结果仅拜祖捐赠就多达 2000 多万元，签订经贸协议额 63 亿元。文化搭台，经贸唱戏的确是招商引资行之有效的好办法。

2014 年，世界张氏总会六届三次理事会曾拟定在河南召开，其间安排来张良故里拜祖。但是，当世界张氏总会副会长、河南张姓文化研究会会长张放涛受总会委托，协同省侨联、市侨联领导来到郏县做会议筹备时，因时间太紧准备不及没有成行。

2016 年 4 月 26 日，世界张氏总会六届五次理事会在河南郑州召开，会议除举行首届张良文化国际高峰论坛外，还安排 28 日来郏县张良故里祭拜先祖。这次郏县尽管做了一些迎会准备，但会前省张姓文化研究会会长张建、执行会长张国杰等人到张店村现场察看后，认为准备不够，结果又取消了来张良故里拜祖的安排。

在世界张氏总会六届五次理事会总结会上秘书长提出，平顶山市郏县要加快张良故里开发的硬件建设，何时准备好了，理事会总结会就在平顶山市召开，其间去张良故里拜祖。

其二，张良族群庞大，在天下张姓中具有特殊地位。据《中华民族流史》载，在全国影响较大的张典族系、张鲁族系、张道陵族系、张九龄族系、张说族系、张柬族系、张浩族系均为张良后裔。从《中国家谱总目》一书中也可以看到分布在河北、河南、浙江、江苏、上海、江西、湖南、广东、福建、台湾等地张姓，十之有九为张良后裔。如果能让天下张良后裔来郏县寻根拜祖，其意义不言而喻。

其三，张店村有山、有水、有文化底蕴且紧邻平顶山市区，极具开发价值。张店村是国家住建部、文物局授予的中华历史文化名村，是国家住建部、文物局、文化部、财政部联合公布的第一批传统村落。该村距平顶山市山顶公园 2 公里，距市区 6 公里，距香山寺 7 公里。距临丰寨、姚庄、紫云寺、白象寺、白雀寺均在 10 公里以内。如张良故里得以开发建设，必与香山寺等景点相映生辉，带动郏县三产迈上新台阶。

2.张良故里开发建设的总体目标

为了更好传承弘扬张良文化，充分发挥张良故里优秀历史文化资源的作用，2016 年我们已请河南财经政法大学旅游学院对张良故里开发建设作了总体规划。总规确定的开发建设目标是：把张良故里打造成学习宣传张良文化的平台；天下张姓祭拜先祖的重要活动场所；中原旅游的新品牌；平顶山市民休闲娱乐的好去处。

3.张良故里保护开发的主要措施

第一，树立全域旅游发展理念，强化特色旅游经济意识，实现文旅富民强县。

第二，加大张良文化宣传力度。一是举办张良故里开发建设高层研讨会。邀请相关专家、领导、张姓知名人士和新闻媒体的朋友们参加，围绕张良的报国精神、民本思想、智慧谋略、贵柔尚义、淡泊名利等进行高层研讨，扩大影响，为张良故里开发建设广造舆论，营造浓厚氛围。二是鼓励创作出版张良文化作品，满足人民大众对张良文化学习的需要。

第三，出台激励性融资办法，加快留侯园一期项目建设，使张良故里初步具备观瞻和祭拜活动功能。

第四，积极申办世张总会理事会，让海内外张姓成功人士到张良故里寻根拜祖，招商引资，促进张良故里开发建设，造福故里百姓。

第五，组建工作班子，使整个张良故里开发建设工作有人谋事，有人干事，通过 2 至 3 年努力，蓝图变现实，不负张良故里百姓期望。

祭祖大典

弘扬张良精神　加速故里建设

张世军

同志们好!

非常高兴参加今天咱们这个研讨会。

参加研讨会的有平顶山政协的各位领导，李（建华）主席参加了，还有郏县王（亚军）主席参加了，还有张良文化研究会的领导，还有张姓文化研究会的领导，省里边我们放涛老兄，是咱们在座的大家的老兄，还有新斌，还有其他几个专家都在啦，还有部分企业家，我们张健会长，既是会长又是企业家，还有张力几个企业家都来啦。

大家到平顶山来，目的就是要弘扬张良精神，宣传张良的品德、张良的历史贡献，加速我们张良文化的区域建设。这里边有几点给学者们说一下：

第一，张良是张氏的祖先，是张姓人的骄傲、自豪。同时，也是中华民族的先哲圣人。所以说，不但张姓后代有权利、有义务宣传和弘扬他的精神。整个中华民族，都应该把这个棋走好，把这一篇文章做大。目前，张良故里建设这个立足点，是我们筹划的事。张姓的、李姓的、王姓的，所有中华民族的后代，都有义务、有智慧把他发扬光大。

第二，要探讨一个新问题。历史上就这样，是吧？一个地方很有名气啦，自然风光好，生态环境好，什么有灵气啦，那就会产生伟大的人物。伟大的人物，以名山秀水而得道，反过来说，这个地方就因伟大人物而扬名。韶山出了一个毛泽东，一百年以前，谁会想到韶山的旅游业会这么发达？参观毛主席故居的人这么多？这是个辩证法，是一个哲理。我们平顶山的人，我们郏县的人，要好好研究这个问题。同样一个载体，同样一个平台，看谁做文章。应当没有载体找载体，没有平台找平台，我们有载体，又有平台，如何把这文章做好呀？需要我们好好研究。

第三，文化和思想的关系。有人说文化是民族的灵魂，也有人讲，思想是民族的灵魂。到底文化是民族的灵魂，还是思想是民族的灵魂？我说，这两个是辩证的统一。一个有文化的民族，才能产生思想。一个人也是这样，一个没有文化的人，不可能产生新的思想。那么张良，既有文化，也有思想，既有智商，又有情商，在中国历史上才成为了不起的人物。如何把文化压住头，产生新的思想，请大家指点。

我今天在会上讲三个问题。

第一个问题是：准确地给张良在历史上定位。进一步探讨如何定位？他是什么样的人物？在历史上产生过什么样的作用？他的文化、他的思想、他的智商、他的情商、他的智慧，知道吧，越研究，越深入，站得越高，看得越清，定位就越准。我希望大家在会上深入研究，进行探讨这个事情。

第二个问题是：怎样弘扬张良精神、继承张良优良传统？使他的优秀品德、大德、大才、大智慧得以宣传、发扬、广大，继承下来。这需要好好研究。

第三个问题是：如何加强张良故里的建设？这是一篇大文章、好文章。上一星期天，大概有二十六个部级商谈到伊川县，参加了二程故里的新安区开放典礼。规模很大，非常感动人。二程的三十一代子孙程道兴同志，原来也是一个公务员，下海啦，发了财啦。口袋里边有钱了，这些钱干什么用？我说：“钱不要装到你口袋里，不要发霉。”演小品的说：“人老了，钱还在银行里存着舍不得。”企业家的钱不要发霉。钱要发光。在什么地方发光才能千古留人，留下千古的名字？程道兴做得非常好。他用了十三年时间，投资了三亿二千万，起步取了三百亩，控制区是一万亩，现在是以项目做文章。我建议：李（建华）主席、董（铁中）主席啊，是吧，离这儿挺近，星期六上午去，下午就回来了。带上咱张姓文化研究会、张良文化研究会去看一看，肯定会感动。到那儿他给我说：到时候我捐点钱，我程道兴的企业搞得再大，在中华民族的历史上留不下什么名气。我把这个二程故里园区给建设好啦，是不是，一百年，一千年以后的话，说是我程道兴建设的。是不是？我本身从个人考虑着我扬名啦，第二个我是我们程家有良心的后代。第三我宣传了二程精神。

我讲这意思啊，就是我们张姓的企业家下决心，让你的钱发光。在什么地方发光？在河南就两个地方。一个是濮阳张姓老祖宗的地方，一个就是张良故里郏县张店这个地方最好。如何加快张良故里建设？要有个什么态度呢？我常讲："做大事者，重在策划，贵在运作。"要千方百计策划到位，规划得很宏伟，在实施过程当中，要精心运作，一展一记。要有只争朝夕的精神，加快建设步伐，同时，也要有十年磨一剑的精神，是不是？钱多啦，快一点，钱少啦，我慢一点，但每一步都在前进。昨天晚上我在想这个问题，我说，有张姓文化研究这么几个人，还有张良文化研究这几个人，张良故里开始起步啦。如果没有，可能现在还起步不了。今年看来，还没有成规模。如果我们策划得好，运作得好，十年以后呀，也可能成就为规模啦。我建议有这么一天到来。我希望啊，今年研究会，第一个是要把张良的历史位置进一步定得再准一些。第二个就是如何弘扬张良的精神，就在大德、大智方面做些文章。第三个就是探讨加快张良故里建设。谢谢大家！

（根据河南省委原常委、政法委书记、张氏总会名誉会长张世军在张良文化宣传暨产业化研讨会上的讲话录音录像整理，未经本人审阅）

二〇一七年四月九日

谋划“谋圣”张良文化产业开发之路

张金岭　张昕

2015 年底，本人因做张良故里规划工作的机会，有幸结识了平顶山市张良文化研究专家董铁中先生，得读董氏著《张良传略》书。我在做张良故里旅游区总体规划时，就重点参考了这本《张良传略》，获益良多。兹述如下：

一、著者学术态度严谨，依据大量可信的正史、方志、碑刻和从民间多方搜罗的珍贵资料，史料基础相当厚实。总体上，该书所述的张良事迹是可信的。

二、叙事风格上，作者也运用了一些文学笔法，对一些事件进行了演绎，使该书具有趣味性、可读性，有雅俗共赏的特点。但是，这也无疑降低了该书的历史研究价值。

三、该书提出了不少创新观点，进行了别开生面的考证，对推动张良文化研究具有重要意义。比如，论证和确认平顶山郏县张店村就是张良故里，对张良家族家风的研究，等等。

四、该书的另一个价值是收录了不少平素难以见到的资料。该书《附录》收录的大量珍贵资料，都很有参考价值。有些资料还是首次面世。

总之，该书为推动张良文化研究，对促进张良文化产业发展，做了基础性的工作，是值得称赞的。董铁中先生在工作岗位上和退休后都一直不遗余力地传播和弘扬张良文化，他这种热心传承祖国优秀文化的精神是令人感佩的。于读《张良传略》过程中我感受到了张良文化的薪火相传。

1.规划理念

平顶山市郏县张良故里张店村旅游规划在系统分析张良故里旅游资源特点、旅游市场需求和比较名人故里开发模式的基础上，以谋圣张良文化为灵魂，突破常规的名人故里开发模式，全方位整合利用各种文化和自然旅游资源，创新性地提出了张良故里旅游区的新型开发模式："文化为魂，山水为形，村落田园为体，休闲为核，项目为媒，多极驱动，组团发展"。(1) 从做景点旅游向做泛旅游产业集群转变。打破传统的只做景点观光旅游的旧框框，采取泛旅游产业整合与产业集群化发展模式，以旅游业为龙头，以旅游消费需求为驱动力形成的产业集群，是在旅游产业融合背景下，依托于旅游产业，并通过旅游产业的带动、延伸发展带动起来的产业群体。适应多样化的旅游市场需求，推动旅游与文化、娱乐、体育、医疗养生、农业、工业等产业融合联动发展，强化融合联动，提升内涵品质，打造一批以寻根朝圣、旅游演艺、互动娱乐、乡村美食、养生养老、休闲农业为主体的旅游精品项目。为了郏县和李口镇旅游产业和新型城镇化的深化融合发展，实现旅游引领当地经济社会全面发展的目标，需要从泛旅游产业的角度对张良故里进行科学规划，深入开发。(2) 大手笔规划。张良故里旅游区要想开发成功，小打小闹解决不了问题。而大手笔规划主要体现在以下几个方面：站位要高。提出谋圣张良"不仅是张店村的张良、郏县的张良、平顶山市的张良、中国的张良，也是世界华人的张良"理念，要有国际化的视野，整合全国和全球的资源，建出国际水准；做大景区框架，扩大规模，规划范围由当前的张店村寨扩大到村外，"上山进沟下河"，南连北接，东拓西进；拓展思路，采用国内外最新的旅游规划方法，要出精品，50 年后张良故里旅游区的部分建设项目也应当成为国家珍贵文物。(3) 从文物旅游到文化旅游。村落不仅要"保护"，更要"活化"。过去，张良故里主要是文物观光旅游，游客不多，人气不旺，陷入了发展的瓶颈（我们研究发现，对张良文化和明清古建筑感兴趣的游客只占旅游市场总量的 10%）。不过，当前观光旅游的基础也并不牢固，还缺乏具备强大旅游吸引力的景观点，与张良直接相关的原真性的文化遗产也缺乏，主要是博物馆性质的文物陈列和历史图说，旅游吸引力很弱。因此，要突破展览馆、博物馆角度的静态展示方式，要充分挖掘张良文化、村寨文化、民俗文化和生态文化，依托古建筑、创意景观和表演活动，还原当时的真实场景，满足游客的参与体验需求。张良故里当前的旅游项目主要作用于游客的视觉和听觉系统，新型体验游乐项目还是空白。而新型体验游乐项目综合影响游客的眼、耳、鼻、舌、身、意，使游客的旅游体验更深刻、更丰富、更刺激。因此，要在深入挖掘张良文化内涵的基础上，设计和配置全新的、动静结合的旅游项目，并以此形成新的旅游吸引力。这就内在地要求本次规划要从传统的文物思维提升到文化创意思维上来。(4) 传统六要素和"新六要素"相得益彰。以传统旅游六要素为基础，注入"新六要素"，即"商养学闲情奇"打造新产品、新业态。旅游有六要素之说，即食、宿、行、游、购、娱，过去的认识有些局限性，认为这是整体旅游产业的六要素，景区只是提供其中的"游"，这样，景区就只能是一种产品，只是大旅游产业中的一个链条，这就导致了当前张良故里的旅游经济呈现典型的"门票经济"思维，主要想从门票上创收，而实际上村落很难进行封闭收门票，旅游发展的产业化难以实现。规划组认为，本景区的发展应坚持有所为、有所不为的方针，既要摆脱过去单一景点经济的状态，又要根据景区的实际情况和市场状况，选取优势旅游产业要素，科学延伸旅游产业链条，积极发展文化旅游业和生态旅游业相融合的多样化新业态，拉大景区空间框架，以文化旅游吸引游客，以生态旅游、农业旅游、民俗旅游、休闲娱乐旅游留住游客，形成多渠道的赢利模式，完善复合型产业链条。一是吸引核心的形成。二是业态规模的壮大。三是配套设施的跟进。四是管理营销的助推。产业化、规模化的发展需要市场主体管理服务的升级和营销推广的升级，只有在管理服务机制和营销推广系统的助推下，产业集群化模式才能快速健康发展起来。(5) 从旅游景点到旅游区。要跳出张良故居做整个村寨，以村寨为核心，实施"南拓战略"，主动对接平顶山市区，通过景区空间的拓展，特色旅游产品体系的营造，把张良故里由单一景区打造成一个集中了优势旅游产业要素的旅游休闲度假区，成为一个相对独立的旅游经济综合体，除了传统的旅游要素之外，还能提供学术研究、科普教育、生态采摘、休闲度假、商业地产、住宅地产、养生养老等多种服务。当前，国内已经有不少景区通过向旅游区的提升取得了良好的经济效益和社会效益。因此，应充分利用景区的旅游资源，积极规划开发新型产业要素，拓展旅游产业的链条，着力于旅游区的规模化发展。(6) 规划方案可操作性强。张良故里旅游区规划的层次定位于旅游景区总体规划。景区规划成果要达到既能上报项目，又能吸引投资商的双重功能；成果要有清晰的旅游控制范围、总体平面图、鸟瞰图、重要单体景观的效果图。规划成果既要有前瞻性、科学性，更要有实用性和直观性。本规划的可操作性体现在两大方面。一是旅游区规划项目要能够真正落地实施，避免看起来很好，最终不能落地建设的空中楼阁式成果；二是方案要有可操作性，以市场为导向，充分考虑旅游区的赢利模式，兼顾政府方面和投资商方面的双重要求，重视投入与产出的关系，在注重社会效益的基础上突出经济效益。

2.规划目标

为了指导平顶山市郏县张良故里旅游区的健康发展和各项建设，将张良故里旅游区打造为特色鲜明、文化内涵深厚、中原一流、国内著名、国际知名的旅游目的地，传承与弘扬谋圣张良文化，擦亮张店村“中国历史文化名村”“中国传统村落”两张“国字号”名片，发挥张良文化“智勇双全、忠义仁爱、重教启智、淡泊明志、急流勇退”的当代价值，促进当地美丽乡村建设和旅游富民工程，推动郏县旅游产业和新型城镇化的深化融合发展，实现旅游带动当地经济社会全面发展的目标，打造郏县全域旅游新形象，成为河南新兴的综合型旅游目的地，促进旅游业与农村一、二、三产业融合发展，带动郏县及李口镇经济社会快速协调可持续发展。以谋圣张良文化为整个旅游区的灵魂，坚持古村保护与文化活态传承并重，追求传统文化的现代表达，将张良“智谋”、帝师兵法、姓氏寻根、道家隐逸的雅文化与歌舞、传说故事、“摆山阵”、农耕民俗的俗文化，贯穿于山水田林村和旅游项目之中，创新开发姓氏文化寻根系列产品、文化休闲体验产品、美丽乡村旅游产品和健康养生养老度假产品。以休闲为核心，发展山水观光、寻根朝圣、宗教朝拜、山地运动、水上游乐、现代时尚游乐、寻奇探险、养生养老、美食旅游、民宿旅游、影视写生旅游等多样化旅游产品，集聚吃、住、行、游、购、娱、商、养、学、闲等多种产业要素，辐射带动农业、商贸、房地产、服务业等相关产业，将张良故里旅游区打造成集观光、休闲、度假多种功能于一身的新兴综合型旅游景区。

3.发展定位

战略定位：中原一流、全国著名、国际知名、以谋圣张良文化为特色主题的经典文化旅游景区。目标定位：近期打造为国家 AAAA 级景区，远期打造为国家 AAAAA 级景区。主题形象定位：走进张良故里，体验浓浓乡愁。品牌定位：谋圣故里良村美景。产品功能定位：观光游览、文化娱乐、休闲体验、科普之旅、山地探险之旅、水上游乐、度假养生、康体养老、乡村游憩。层次定位：国际：国际知名的张氏宗亲寻根拜祖圣地；全国：全国知名的谋圣纪念地、张良文化体验地和中国谋略学研究基地；中原：根亲文化旅游目的地；河南省："记忆中原·老家河南"品牌景区；平顶山市：市民近郊休闲游憩的后花园；郏县：文化旅游产业战略示范区和龙头景区。

4.空间布局与功能分区

景区空间结构格局为"一心、一轴、两核、五带、十三区、一个大环线、三个小环线"。一心：游客服务中心（兼具村民文化活动中心功能）。一轴：张店村到留侯园的中轴线。两核：(1) 张良故里（张店中国历史文化名村）。(2) 留侯园。五带：(1) 马鞍山山巅观光探险游览带。(2) 龙凤谷（从奎星楼下来的山沟）滨水休闲游乐带。(3) 五龙溪(南横沟)十里画廊亲水观光休闲带。(4)泥河滨水观光休闲带。(5)芝河滨水观光休闲带。十三区：(1) 张店中国历史文化名村观光游览区。(2) 留侯园寻根拜祖朝圣文化体验区。(3) 逸园道家隐逸文化园林体验区。(4) 张良故事园游览区。(5) 东方智慧欢乐园区（含大汉影视城项目)。(6) 五龙溪(南横沟)观光休闲农业园区。(7) 谋圣文化风情餐饮区。(8) 张良墓祭祖访古探奇感悟区。(9) 爱晚工程养生养老度假区。(10) 相府庄园农耕乐园体验区。(11) 现代科技高效农业园区。(12) 李口镇区(突出留侯文化特色的旅游风情小镇)。(13) 战略储备区(铧角山一带山地丘陵区)。环线：一个大环线三个小环线：大环线：平顶山市区－平郏路－观上村－张店村－农耕乐园－沿泥河观光游玩－现代科技高效农业园－北子房庙－沿倒流河、芝河游玩－养生养老园、留侯园、逸园、故事园、采摘园－马鞍山山上游玩－平顶山山顶公园－平顶山市区 小环线(3种行进方式)：线路1：平顶山市区－平郏路－观上村－张店村－留侯园－山上游玩－张店村－平郏路－平顶山市。区线路。2:平顶山市区－山顶公园－索道－马鞍山上游玩－留侯园－张店村－张小店村－平郏路－平顶山市区线路。3：平顶山市区－竹园水库－(规划新修盘山公路)－留侯文化风情餐饮区－留侯园－山顶游玩－张店村－张小店村－平顶山市区。

5.运营模式

旅游区实施“政府引导、社会参与、企业运作、分级开发”运营模式。创新体制机制，强化政府在政策扶持、规范管理、公共服务、营造环境等方面的作用，充分发挥市场调配资源的基础性作用，调动社会力量和行业协会的积极性，形成旅游区发展良好局面。(1) 政府主导，搭建平台。郏县成立张良故里旅游区领导小组，履行政府对景区建设开发指导、管理和监督的职能。(2) 战略投资商一级开发。由郏县留侯园景区开发有限公司作为战略投资商拥有张良故里旅游资源经营权，对园区进行整体规划、一级开发和运营，包括：土地征用整理、基础设施建设、基础服务供应、启动项目开发、整体管理运营、项目融资招商、品牌营销推广。(3) 项目开发商二级开发。郏县留侯园景区开发有限公司可根据规划和需要将有关项目的开发经营权出让给项目开发商和经营商户，进行二级开发。

6.效益分析

效益包括经济、社会效益和环境效益，而经济效益又分为直接和 间接经济效益。直接经济效益是指门票收入，间接经济效益包括餐饮、住宿、购物、娱乐等项目综合收入。经济效益：近期（2016—2018），以2016年接待游客10万人次为基数，按游客量年均增长25%计算，到2018年，年接待游客人数达15.625万人次，旅游综合收入达1875万元（按人均消费120元计）；中期（2019—2021）游客量年均增长25%，到2021年接待游客人数达30.5176万人次，旅游综合收入达4577.64万元（按人均消费150元计）。远期（2022—2025）游客量年均增长20%，到2025年接待游客人数达63.2813万人次，旅游综合收入达1.8984亿元（按人均消费300元计）。预期9—10年收回成本。社会效益：充分发挥张良故里旅游区在扩大内需、拉动消费、增加就业、调整结构、促进和谐等方面的积极作用。近期到2018年，吸纳直接从业人员500人以上，带动社会关联就业2500人以上；中期到2021年，吸纳直接从业人员800人以上，带动社会关联就业4000人以上；远期到2025年，吸纳直接从业人员1000人以上，带动社会关联就业10000人以上。实施资源节约和环境友好发展战略，在保护生态环境、传承地域文化、扩大对外开放、促进社会文明、带动居民致富、提升平顶山市和郏县整体形象等方面的作用进一步凸显，成为促进平顶山市和郏县社会经济全面快速发展的重要增长极。同时，有利于完善基础设施 建设和景观协调，更好地满足人民生活需要，让人民生活更幸福。环境效益：通过旅游区的建设，一些文化旅游资源得到保护，传统村落文化得到传承与弘扬。通过实施生态培育工程，不仅增强了旅游区自然旅游资源的观赏性，而且切实保护了现有生态环境。通过采取有效的防污措施，保护大气环境、水体环境，从而使旅游区的生态系统稳定性得到加强。旅游资源通过开发而获得的旅游经济收入也是进行传统村落保护的重要资金来源。

（注：本文节选自张金岭主持编制的《平顶山市郏县张良故里旅游区总体规划》，2016年3月通过评审。本文发表于2016年4月29日在

河南省郑州市召开的2016年世界张氏总会第六届第七次理事会暨张良文化国际论坛。）

（作者：张金岭，系平顶山市郏县张良故里旅游区总体规划课题组组长，河南财经政法大学旅游与会展学院院长、教授；张昕，南京大学哲学院博士）

张良文化宣传暨产业化研讨会

读董铁中先生张良传略　谈郏县张良文化的开发

张新斌

我与郏县虽然也有近二十年的交往史，但与郏县乡仁董铁中先生相识不长，去年的张良国际文化论坛偶见《张良传略》，那是一本小书，与动辄数百万字大作比起来，似乎有点过于简略。只是在年前的冬日里，当他来到我的办公室，娓娓道来他的作品以及有关郏县张良文化的开发构想，我才知道，他在故乡为政多年，而且始终有一个张良情怀，于是在长期的积累中，却又在不长的时间里，厚积薄发，成就了这本小书。

我在 20 世纪 80 年代初便结缘了张良。那时我在新乡文管会工作，所辖的原阳县有一处名胜，便是博浪沙张良击秦处。虽然只是一块不起眼的清代石碑，上书“古博浪沙”四个大字，却告知当今，尽管已逝去数千年，当地人并没有忘记博浪沙，也没有忘记张良。几年前我在太行山调研，专门到关山的张良洞去考察，查看了几块明清碑刻，虽然叫“子房宫”，文献认为是“子房辟谷处”，但我研究后认为这里应该是秦军大索十日，而张良隐蔽的地方。除了这些，还有兰考的张良墓，禹州和郏县的张良遗迹。这说明中原地区张良的文物数量，数不胜数。

由此来看董铁中先生的《张良传略》，我认为有以下三个特色：一是该书的可读性。该书不是将史料简单地堆砌，而是立足于史料文献进行合理的虚构，形成故事性较强的史话体例，我以为，这样的题材对于文化的传承更为有利。二是该书的学术性。尽管其具有较强的可读性，但却不是小说，而是查阅了大量的史料，收集了大量的资料，走遍了保存有张良遗迹的重要地点，参考了已经正式出版的有关张良的专著，因此具有重要的学术基础。三是该书的史料性。书末保留了张良故里的图片，张良论证会的观点综述，以及《史记·留侯世家》等文献，这对我们认识张良，认识郏县的张良故里，都具有一定的参考价值。

我曾在2016年春天，对郏县李口镇张店村进行过考察，对该村有较为深刻的印象。该村的历史文化价值具有三个特征：一是原真性。村容村貌有古村的原生态风貌，无论是街巷宅院，甚至人文气息，都无不浸润在古风之中。二是独有性。尤其是发现的两块碑志，具有极为重要的历史价值，对张良故里的探寻，具有关键意义。三是传承性。村里不仅居住着数量较多的张氏族人而且还保留有大量的张良文化遗迹，这些都是该村作为古村落开发的重要基础。

郏县张店村，在开发过程中要注意三个结合：一是张良文化遗迹要与古街古院相结合。张良遗迹是该村开发的主体，古街古院更能吸引普通游客的眼球，要将其做成深度文化体验的特色村落。二是人文景观要与周边的自然山水相结合。张店周围有着良好的自然环境，丘陵，田野，高高低低，错落有致，是人们享受田园风光的大好去处。三是古老遗迹要与新建景观相结合。新建景观主要为标志性景观，主题功能性景观，可以有效补充该地主题文化标志性景观的欠缺。

张店村开发的主题就是：寻张良圣迹，探古村遗风。

张店村在开发过程中要注意的几个问题：一是学术研究是基础。有关张良故里的说法不但有安徽、山西、河南之说，也有郏县、禹州之分，要加强学术研究，尤其是要有权威专家的论文，当前首要是对新出土的碑志，请国内权威专家进行认定，形成明确的意见，这是故里确定的关键。二是文物保护是前提。张店村的古街、古院、古宅是其重要的资源，要加大保护力度，只有保护好文物遗迹，才能够保留张店村吸引游客的根本。三是宣传营销是关键。“酒香也怕巷子深”，要加大宣传力度，重视新媒体的影响力，可以做事件营销，以活动吸引媒体的关注，尤其要注意对特定人群和目标市场的宣传。四是精准建设是目标。要在规划的基础上，加大资金投入，将标志性景观建设，核心景观建设，当作重要任务去做，要以做遗产的认真态度，真正将这些新建景观打造成未来的文化遗产。

（作者张新斌，系中国先秦史学会副会长，中华炎黄文化研究会姓氏文化工作委员会副会长，河南省历史学会副会长，河南省姓氏文化研究会副会长，河南省社会科学院历史与考古研究所所长。本文发表于2017年4月9日在平顶山市举办的张良文化宣传与产业化研讨会。）

张良故里论证会

增强张良文化自信 加大产业开发力度

潘民中

1.关于张良文化产业化问题

（1）张良故里张店的优势文化资源不转化成文化产业太可惜。张店具有张良故里、中国历史文化名村、中国传统村落、明清官宅建筑群四重叠加的文化资源优势。在其他地方即便只有四重中的一重资源就已做出很像样的文化产业了，张店若做不出像样的文化产业，实在太可惜，实在太说不过去，实在太缺乏文化自觉和自信了。

（2）张良故里张店的优势文化资源转化为文化产业的可能路径：①寻根文化产业：张姓是中华大姓，张良后裔乃张姓之重要一支。最近伊川二程文化园投资 2.5 亿元，占地 300 亩，包括程林、程庙、二程书院等，开园仪式汇聚海内外二程后裔三万多人。②信仰文化产业：中国道教的创始人张道陵自称是张良的八世孙。张良遂成为道教供奉的重要神仙太玄童子，随侍太上老君左右，并位列天枢上相：姜子牙、张良、诸葛亮，是中国传统社会士之品格形成的关键环节。道教是中国土生土长的宗教，在民间有很大的影响。明朝道教的神仙信仰、伦理道德、科仪方术深入了民众的日常生活，供奉老君、玉帝、真武、三官、文昌、关帝、娘娘、城隍、土地等神仙的宫观祠庙星罗棋布于城镇街巷、乡村田野，我国少数民族信仰道教为主的有壮、瑶、白、苗、彝、羌、黎、土家、布依、纳西等二十余个，信众超过 1000 万人。道教全真派也传入日韩朝、东南亚、欧美等国，在韩国、越南、新加坡、马来西亚等拥有大量的信众。这是很有文章可作的。③民俗文化产业：中国的民俗基本上是属于道教的，道教信仰深深积淀在传统民俗里，影响着信仰习俗、祖宗崇拜、节日习俗、娱乐习俗和方术活动。本命年拜太岁，祭祀先人烧纸钱，春节祭灶王、贴对联、放鞭炮、接财神、拜天公、闹元宵，这些习俗都起源于道教。利用现有的传统庙会和社日社火活动打造独具特色的民俗文化产业，例如徐营村以徐玉诺生日起会、马街书会上的猴王冠。④餐饮文化产业：经济社会的发展，最终要落实到人们的衣食住行的改善上。衣、住、行的改善后都具有阶段性满足和迟滞，唯有食是持续不断变化着的，具有难以穷尽的市场空间。一年三百六十天，天天得吃；一日三餐，顿顿得吃。吃不饱时想吃饱，吃饱了想吃好。吃素久了想吃荤，油腻多了又想清素。吃粗多了想吃精，吃精多了想吃粗。我国是人情社会，农村更是如此，一家有人生老病死，亲戚朋友行情捧场是大事。汝州境内凡大一点的村庄如今都有一家家宴城，承揽全村的红白喜事待客，实现了待客市场化。一个区域内的待客席面有共性，但每村又有自己的个性。张店在吃上有什么特色，张家传承下来有哪些饮食文化？传统方法的瓜果蔬菜种植和五谷杂粮的加工，原生态的家禽、家畜饲养，若与本村的传统饮食文化结合起来，传承下去，也不难传播出去。张店为什么不可以打张良相府家宴、赤松子养生宴的名头？⑤旅游文化。

(3) 文化资源转化为文化产业的技巧：①力避靠上靠外。政府是锦上添花的，你得把种桑、养蚕、缫丝、织锦的前期工作做好。银行是看利放贷的，老板是看利投资的，看不到有利可图，是不会轻易给钱的。自己得首先做起来，创造条件迎机遇，机遇都是给有准备的人准备的。②力避好高务大。我是一个草根学者，客观环境不具备高校和专门研究机构的优越条件，在做学问上形成了抓住一点是一点，做成一件是一件，收获一项是一项的行为方法和习惯。所以在张良文化产业转化上，我建议从一点一滴的小事做起，从基础性工作做起，可借鉴花山村作牛皋文化的例子。③修复张良祠（留侯庙）是当务之急。有了张良祠，文化产业的路径就有了指向，也就有了寄托。

2.张良文化

张良文化不仅是张店的、李口的、郏县的、平顶山的，而且是河南的、全中国的；不仅是张姓的，而且是中华民族的宝贵文化财富。我们应该上下一心，共同努力把她保护好，继承好，弘扬好，开发好。

3.关于董铁中的《张良传略》

（1）是张良故里人为张良撰述的一个传记文本，固化了学术界对张良故里在郏县张店的研究成果。

（2）系统活化并丰满了张良大忠、大勇、大义、大谋、大智的人物形象。①地方历史文化土壤需要不断活化，历史人物需要活化，只有活化才能普及，只有普及才能成为人们精神源泉的一滴能动的水，也才能传承。张良散尽家财为韩报仇，谓之大忠，以匹夫之力博浪沙一椎谓之大勇，将自己建立起的一支队伍汇入反秦大起义洪流，谓之大义，运筹帷幄之中，决胜千里之外，谓之大谋，功成不居，退隐山林，谓之大智。②为地方历史文化的历史穿透力、文化膨胀力、民俗亲和力的施展提供了便利。

（3）丰富了张良谋圣文化和郏县地域文化的呈现形式。

（作者潘民中，系平顶山市政协原副主席，历史学教授。本文发表于2017年4月9日在平顶山市举办的张良文化宣传与产业化研讨会。）

皇帝表彰的人

米东山

由河南省郏县董铁中先生编著、中州古籍出版社2015年出版的《张良传略》一书，以32开本形式面世，实属平常。然而，静心坐下翻阅后，感到此著作不仅仅是人们茶余饭后闲谈的话资，而是一部具有历史厚重感、引人入胜的历史演绎文献。该著作记载了一代英才的业绩，塑造了中华谋圣的形象，呈现出了峥嵘岁月的历史画卷。此书昭示人们：中华有贤才，中华有能力，中华民族是世界上最优秀的民族之一，为增强和提高我们民族的自信心填充的一部力作。

1.该书史诗般地再现了历史概貌

作者将书分为三十四章节，每一章节开始做一引言（楔子）提纲挈领，娓娓道来。如：1. 少年张良。引子为：张良，字子房，战国末期韩国人，生于公元前257年4月，卒于公元前186年6月，是我国杰出的谋略家、政治家，与萧何、韩信并称“汉初三杰”。位封留侯。史称“谋圣”。这一引子引起了读者对张良故事的兴趣。从张良生平说开，一目了然，一箭中的。又以“张良如何成为谋圣的悬念”引导读者阅读下去。又如：2. 国仇家恨，3. 博浪刺秦，5. 圯桥授书，6. 厚结项伯，7. 初遇沛公，等等。作者站在历史的高度看待这些历史事件，并以历史唯物观来认识、概括地描写历史。以此说明汉初杰出人物的来龙去脉给读者一个交代：谋圣不是凭空而造的，是有社会实践、历史事件为基础的。再如：9. 宛城之战，10. 智取峣关，12. 还军霸上，24. 四面楚歌，都是一环扣一环，一章接一章地把西汉刘邦打天下，张良献谋略的历史画面呈现出来，还原历史真像，塑造谋士形象，这在历史文献中鲜为记录。

2.该书颂扬了皇帝表彰的人

张良是西汉立国皇帝刘邦表彰之人，并列为首位。这就是史书上著名的刘邦在大功告成后表彰群臣时说的“三不如”:“夫运筹帷幄之中，决胜千里之外，吾不如子房；镇国家，扶百姓，给馈饷，不绝粮道，吾不如萧何；连百万之兵，战必胜，攻必克，吾不如韩信。此三者皆人杰。吾能用之所以取天下也。”史学家司马迁在《史记》中记载的这段话传承了几千年。如今看来，这是国家级最高褒奖，是国家最高统治者的奖项，实属罕见。作者抓住这一历史事件娓娓道出张良从初遇沛公到沛公征战时用其主意谋略，到遇到大是大非之事沛公问其计谋，再到国家棘手事物沛公委托张良决断的全过程。给人以逻辑连贯，而不是单个事件的串连。从而使张良形象塑造得更加丰满，使读者感到皇帝表彰张良是正确的，张良是个足智多谋的人，应该受到皇帝和国家的表彰，应该得到封万户侯的待遇。

3.该书塑造了一位完人

从历史文献到白话素描，作者写作和出版的过程可谓再次给今人提醒和注释：一、张良是位爱学有胆，历练有加，智慧超人，胸有成竹，运筹周全之人。他的学问来自先秦诸子百家优秀的传统文化，他的胆量来自他的阅历：三世相韩，五雄争霸，秦皇暴政，民不聊生。他的智慧来自他的学识加胆量加阅历，再加敢担大任、具有雄才伟略的领导者刘邦的信任；如果再加一项，那就是他包容忍让的胸怀和心底无私天地宽的风范。二、佩服张良的人知道在冷兵器时代，张良体弱多病，不可能成为打天下的战将，凭语出惊人、语出有方、语排异议而语成决策，这是运筹帷幄的重要手段。三、审时度势。作者在描写张良作为一代帝师的贡献方面，审时度势，抓住时机，开辟未来。如收复宛城之谋，智取峣关之计，鸿门逃宴之策，火烧栈道之预，功成身退之思，等等，无不显示了张良才华横溢，谋圣当之无愧。张良在运筹中除征战亡秦灭楚立汉之外，还在于他平乱兴汉之举，如借助宿儒“商山四皓”的名气现固自己地位。还在于他“不爱万金之资”，功成身退，“愿弃人间事，欲从赤松子游耳”。无论在政治领域、经济领域，在做人还是做事，张良都是一位完人，难怪历代名人都赞扬他，歌颂他，智慧的化身诸葛亮也“叹之，敬之，效之”。这也是该书的成功之处。

张良是皇帝表彰之人，也是我们后人颂扬敬仰之人。两千多年来，传承不断。

时至今日，我们更要勇于做传承优秀文化之事，把我们的名人文化产业做得有声有色。

建议党组织和政府及有关部门要给以重视。给指导给政策给扶持资金。张良故里在郏县，在百姓心中。当代各界要充分重视。文化铸就城市灵魂。投资文化事业，功在当代，德在千秋，利在永世。政府本应把此事业作为文化建设的日程台账工作。拿名人振兴自己，成就辉煌。周边城市已经有样板。南阳市抬出东汉光武帝刘秀，三国蜀相诸葛亮，大宋宰相范仲淹，等等。洛阳拿出九朝古都中的古名人说事。许昌抬出许由、曹操、关云长说事。连面积不大的漯河都建立了许慎《说文解字》文化园。平顶山应该有张良文化园。大势所趋，不可怠慢。

呼吁各界要提高对文化事业建设的认识，跟上发展的步伐。交通道路，通讯联络，宣传广告，古迹修缮，演讲曲艺，军事体育，旅游观光，农家乡愁等都有所作为，有处作为。围绕张良文化，演绎现代故事。听说四川有个地方为征得观音故里的名义到平顶山来，把平顶山地区的观音故事卷写回去，打造了一个观音故里，被国家民协授牌。这个故事告诉我们，拿来主义用处很广。做发展文化事业，巧打文化牌，带热乡村游各界仁人志士要勇于创新和担当。

建议金融投资系统大胆践行，做功德无量之举，在大改革大建设大发展之年，金融系统银行信贷部门要抓住时机，向文化建设靠拢。就张良景区建设就是一大项，近看，已初具规模，投上一把就能赚上一把。远看，一本万利，财富滚滚。

事是人做的，大事是大人物干的，辉煌之事是智慧人谋的，这也是我们学习张良精神的收获吧。

（作者米东山，平顶山市社科联原副主席）

留侯园景区部分效果图

留侯园景区鸟瞰图

张良纪念堂

张良文化广场

景区大门

附：

史记·留侯世家

留侯张良者，其先韩人也。大父开地，相韩昭侯、宣惠王、襄哀王。父平，相釐王、悼惠王。悼惠王二十三年，平卒。卒二十岁，秦灭韩。良年少，未宦事韩。韩破，良家僮三百人，弟死不葬，悉以家财求客刺秦王，为韩报仇，以大父、父五世相韩故。

良尝学礼淮阳。东见仓海君。得力士，为铁椎重百二十斤。秦皇帝东游，良与客狙击秦皇帝博浪沙中，误中副车。秦皇帝大怒，大索天下，求贼甚急，为张良故也。良乃更名姓，亡匿下邳。

良尝间从容步游下邳圯上，有一老父，衣褐，至良所，直堕其履圯下，顾谓良曰："孺子，下取履！"良鄂然，欲殴之。为其老，强忍，下取履。父曰："履我！"良业为取履，因长跪履之。父以足受，笑而去。良殊大惊，随目之。父去里所，复还，曰："孺子可教矣。后五日平明，与我会此。"良因怪之，跪曰："诺。"五日平明，良往。父已先在，怒曰："与老人期，后，何也？"去，曰："后五日早会。"五日鸡鸣，良往。父又先在，复怒曰："后，何也？"去，曰："后五日复早来。"五日，良夜未半往。有顷，父亦来，喜曰："当如是。"出一编书，曰："读此则为王者师矣。后十年兴。十三年孺子见我济北，谷城山下黄石即我矣。"遂去，无他言，不复见。旦日视其书，乃《太公兵法》也。良因异之，常习诵读之。

居下邳，为任侠。项伯常杀人，从良匿。

后十年，陈涉等起兵，良亦聚少年百余人。景驹自立为楚假王，在留。良欲往从之，道还沛公。沛公将数千人，略地下邳西，遂属焉。沛公拜良为厩将。良数以《太公兵法》说沛公，沛公善之，常用其策。良为他人者，皆不省。良曰："沛公殆天授。"故遂从之，不去见景驹。

及沛公之薛，见项梁。项梁立楚怀王。良乃说项梁曰："君已立楚后，而韩诸公子横阳君成贤，可立为王，益树党。"项梁使良求韩成，立以为韩王。以良为韩申徒，与韩王将千余人西略韩地，得数城，秦辄复取之，往来为游兵颍川。

沛公之从雒阳南出轘辕，良引兵从沛公，下韩十余城，击破杨熊军。沛公乃令韩王成留守阳翟，与良俱南，攻下宛，西入武关。沛公欲以兵二万人击秦峣下军，良说曰："秦兵尚强，未可轻。臣闻其将屠者子，贾竖易动以利。原沛公且留壁，使人先行，为五万人具食，益为张旗帜诸山上，为疑兵，令郦食其持重宝啗秦将。"秦将果畔，欲连和俱西袭咸阳，沛公欲听之。良曰："此独其将欲叛耳，恐士卒不从。不从必危，不如因其解击之。"沛公乃引兵击秦军，大破之。北至蓝田，再战，秦兵竟败。遂至咸阳，秦王子婴降沛公。

沛公入秦宫，宫室帷帐狗马重宝妇女以千数，意欲留居之。樊哙谏沛公出舍，沛公不听。良曰："夫秦为无道，故沛公得至此。夫为天下除残贼，宜缟素为资。今始入秦，即安其乐，此所谓'助桀为虐'。且'忠言逆耳利于行，毒药苦口利于病'，原沛公听樊哙言。"沛公乃还军霸上。

项羽至鸿门下，欲击沛公，项伯乃夜驰入沛公军，私见张良，欲与俱去。良曰："臣为韩王送沛公，今事有急，亡去不义。"乃具以语沛公。沛公大惊，曰："为将柰何？"良曰："沛公诚欲倍项羽邪？"沛公曰："鲰生教我距关无内诸侯，秦地可尽王，故听之。"良曰："沛公自度能却项羽乎？"沛公默然良久，曰："固不能也。今为柰何？"良乃固要项伯。项伯见沛公。沛公与饮为寿，结宾婚。令项伯具言沛公不敢倍项羽，所以距关者，备他盗也。及见项羽后解，语在《项羽》事中。

汉元年正月，沛公为汉王，王巴蜀。汉王赐良金百溢，珠二斗，良具以献项伯。汉王亦因令良厚遗项伯，使请汉中地。项王乃许之，遂得汉中地。汉王之国，良送至褒中，遣良归韩。良因说汉王曰："王何不烧绝所过栈道，示天下无还心，以固项王意。"乃使良还。行，烧绝栈道。

良至韩，韩王成以良从汉王故，项王不遣成之国，从与俱东。良说项王曰："汉王烧绝栈道，无还心矣。"乃以齐王田荣反，书告项王。项王以此无西忧汉心，而发兵北击齐。

项王竟不肯遣韩王，乃以为侯，又杀之彭城。良亡，间行归汉王，汉王亦已还定三秦矣。复以良为成信侯，从东击楚。至彭城，汉败而还。至下邑，汉王下马踞鞍而问曰："吾欲捐关以东等弃之，谁可与共功者？"良进曰："九江王黥布，楚枭将，与项王有郄；彭越与齐王田荣反梁地：此两人可急使。而汉王之将独韩信可属大事，当一面。即欲捐之，捐之此三人，则楚可破也。"汉王乃遣随何说九江王布，而使人连彭越。及魏王豹反，使韩信将兵击之，因举燕、代、齐、赵。然卒破楚者，此三人力也。

张良多病，未尝特将也，常为画策，时时从汉王。

汉三年，项羽急围汉王荥阳，汉王恐忧，与郦食其谋桡楚权。食其曰："昔汤伐桀，封其后于杞。武王伐纣，封其后于宋。今秦失德弃义，侵伐诸侯社稷，灭六国之后，使无立锥之地。陛下诚能复立六国后世，毕已受印，此其君臣百姓必皆戴陛下之德，莫不乡风慕义，原为臣妾。德义已行，陛下南乡称霸，楚必敛衽而朝。"汉王曰："善。趣刻印，先生因行佩之矣。"食其未行，张良从外来谒。汉王方食，曰："子房前！客有为我计桡楚权者。"其以郦生语告，曰："于子房何如？"良曰："谁为陛下画此计者？陛下事去矣。"汉王曰："何哉？"张良对曰："臣请借前箸为大王筹之。"曰："昔者汤伐桀而封其后于杞者，度能制桀之死命也。今陛下能制项籍之死命乎？"曰："未能也。""其不可一也。武王伐纣封其后于宋者，度能得纣之头也。今陛下能得项籍之头乎？"曰："未能也。""其不可二也。武王入殷，表商容之闾，释箕子之拘，封比干之墓。今陛下能封圣人之墓，表贤者之闾，式智者之门乎？"曰："未能也。""其不可三也。发钜桥之粟，散鹿台之钱，以赐贫穷。今陛下能散府库以赐贫穷乎？"曰："未能也。""其不可四矣。殷事已毕，偃革为轩，倒置干戈，覆以虎皮，以示天下不复用兵。今陛下能偃武行文，不复用兵乎？"曰："未能也。""其不可五矣。休马华山之阳，示以无所为。今陛下能休马无所用乎？"曰："未能也。""其不可六矣。放牛桃林之阴，以示不复输积。今陛下能放牛不复输积乎？"曰："未能也。""其不可七矣。且天下游士离其亲戚，弃坟墓，去故旧，从陛下游者，徒欲日夜望咫尺之地。今复六国，立韩、魏、燕、赵、齐、楚之后，天下游士各归事其主，从其亲戚，反其故旧坟墓，陛下与谁取天下乎？其不可八矣。且夫楚唯无强，六国立者复桡而从之，陛下焉得而臣之？诚用客之谋，陛下事去矣。”汉王辍食吐哺，骂曰：“竖儒，几败而公事！”令趣销印。

汉四年，韩信破齐而欲自立为齐王，汉王怒。张良说汉王，汉王使良授齐王信印，语在淮阴事中。

其秋，汉王追楚至阳夏南，战不利而壁固陵，诸侯期不至。良说汉王，汉王用其计，诸侯皆至。语在项籍事中。

汉六年正月，封功臣。良未尝有战斗功，高帝曰：“运筹策帷帐中，决胜千里外，子房功也。自择齐三万户。”良曰：“始臣起下邳，与上会留，此天以臣授陛下。陛下用臣计，幸而时中，臣原封留足矣，不敢当三万户。”乃封张良为留侯，与萧何等俱封。

上已封大功臣二十余人，其余日夜争功不决，未得行封。上在雒阳南宫，从复道望见诸将往往相与坐沙中语。上曰：“此何语？”留侯曰：“陛下不知乎？此谋反耳。”上曰：“天下属安定，何故反乎？”留侯曰：“陛下起布衣，以此属取天下，今陛下为天子，而所封皆萧、曹故人所亲爱，而所诛者皆生平所仇怨。今军吏计功，以天下不足遍封，此属畏陛下不能尽封，恐又见疑平生过失及诛，故即相聚谋反耳。”上乃忧曰：“为之柰何？”留侯曰：“上平生所憎，群臣所共知，谁最甚者？”上曰：“雍齿与我故，数尝窘辱我。我欲杀之，为其功多，故不忍。”留侯曰：“今急先封雍齿以示群臣，群臣见雍齿封，则人人自坚矣。”于是上乃置酒，封雍齿为什方侯，而急趣丞相、御史定功行封。群臣罢酒，皆喜曰：“雍齿尚为侯，我属无患矣。”

刘敬说高帝曰：“都关中。”上疑之。左右大臣皆山东人，多劝上都雒阳：“雒阳东有成皋，西有殽黾，倍河，向伊雒，其固亦足恃。”留侯曰：“雒阳虽有此固，其中小，不过数百里，田地薄，四面受敌，此非用武之国也。夫关中左殽函，右陇蜀，沃野千里，南有巴蜀之饶，北有胡苑之利，阻三面而守，独以一面东制诸侯。诸侯安定，河渭漕輓天下，西给京师；诸侯有变，顺流而下，足以委输。此所谓金城千里，天府之国也，刘敬说是也。”于是高帝即日驾，西都关中。

留侯从入关。留侯性多病，即道引不食谷，杜门不出岁余。

上欲废太子，立戚夫人子赵王如意。大臣多谏争，未能得坚决者也。吕后恐，不知所为。人或谓吕后曰："留侯善画计策，上信用之。"吕后乃使建成侯吕泽劫留侯，曰："君常为上谋臣，今上欲易太子，君安得高枕而卧乎？"留侯曰："始上数在困急之中，幸用臣策。今天下安定，以爱欲易太子，骨肉之间，虽臣等百余人何益。"吕泽强要曰："为我画计。"留侯曰："此难以口舌争也。顾上有不能致者，天下有四人。四人者年老矣，皆以为上慢侮人，故逃匿山中，义不为汉臣。然上高此四人。今公诚能无爱金玉璧帛，令太子为书，卑辞安车，因使辩士固请，宜来。来，以为客，时时从入朝，令上见之，则必异而问之。问之，上知此四人贤，则一助也。"于是吕后令吕泽使人奉太子书，卑辞厚礼，迎此四人。四人至，客建成侯所。

汉十一年，黥布反，上病，欲使太子将，往击之。四人相谓曰："凡来者，将以存太子。太子将兵，事危矣。"乃说建成侯曰："太子将兵，有功则位不益太子；无功还，则从此受祸矣。且太子所与俱诸将，皆尝与上定天下枭将也，今使太子将之，此无异使羊将狼也，皆不肯为尽力，其无功必矣。臣闻'母爱者子抱'，今戚夫人日夜侍御，赵王如意常抱居前，上曰'终不使不肖子居爱子之上'，明乎其代太子位必矣。君何不急请吕后承间为上泣言：'黥布，天下猛将也，善用兵，今诸将皆陛下故等夷，乃令太子将此属，无异使羊将狼，莫肯为用，且使布闻之，则鼓行而西耳。上虽病，强载辎车，卧而护之，诸将不敢不尽力。上虽苦，为妻子自强。'"于是吕泽立夜见吕后，吕后承间为上泣涕而言，如四人意。上曰："吾惟竖子固不足遣，而公自行耳。"于是上自将兵而东，群臣居守，皆送至灞上。留侯病，自强起，至曲邮，见上曰："臣宜从，病甚。楚人剽疾，原上无与楚人争锋。"因说上曰："令太子为将军，监关中兵。"上曰："子房虽病，强卧而傅太子。"是时叔孙通为太傅，留侯行少傅事。汉十二年，上从击破布军归，疾益甚，愈欲易太子。留侯谏，不听，因疾不视事。叔孙太傅称说引古今，以死争太子。上详许之，犹欲易之。及燕，置酒，太子侍。四人从太子，年皆八十有余，须眉皓白，衣冠甚伟。上怪之，问曰："彼何为者？"四人前对，各言名姓，曰东园公，甪里先生，绮里季，夏黄公。上乃大惊，曰："吾求公数岁，公辟逃我，今公何自从吾儿游乎？"四人皆曰："陛下轻士善骂，臣等义不受辱，故恐而亡匿。窃闻太子为人仁孝，恭敬爱士，天下莫不延颈欲为太子死者，故臣等来耳。”上曰：“烦公幸卒调护太子。”四人为寿已毕，趋去。上目送之，召戚夫人指示四人者曰：“我欲易之，彼四人辅之，羽翼已成，难动矣。吕后真而主矣。”戚夫人泣，上曰：“为我楚舞，吾为若楚歌。”歌曰：“鸿鹄高飞，一举千里。羽翮已就，横绝四海。横绝四海，当可柰何！虽有矰缴，尚安所施！”歌数阕，戚夫人嘘唏流涕，上起去，罢酒。竟不易太子者，留侯本招此四人之力也。

留侯从上击代，出奇计马邑下，及立萧何相国，所与上从容言天下事甚众，非天下所以存亡，故不著。留侯乃称曰：“家世相韩，及韩灭，不爱万金之资，为韩报雠强秦，天下振动。今以三寸舌为帝者师，封万户，位列侯，此布衣之极，于良足矣。原弃人间事，欲从赤松子游耳。”乃学辟谷，道引轻身。会高帝崩，吕后德留侯，乃强食之，曰：“人生一世间，如白驹过隙，何至自苦如此乎！”留侯不得已，强听而食。

后八年卒，谥为文成侯。子不疑代侯。

子房始所见下邳圯上老父与太公书者，后十三年从高帝过济北，果见谷城山下黄石，取而葆祠之。留侯死，并葬黄石。每上冢伏腊，祠黄石。

留侯不疑，孝文帝五年坐不敬，国除。

太史公曰：学者多言无鬼神，然言有物。至如留侯所见老父予书，亦可怪矣。高祖离困者数矣，而留侯常有功力焉，岂可谓非天乎？上曰：“夫运筹策帷帐之中，决胜千里外，吾不如子房。”余以为其人计魁梧奇伟，至见其图，状貌如妇人好女。盖孔子曰：“以貌取人，失之子羽。”留侯亦云。

留侯倜傥，志怀愤惋。五代相韩，一朝归汉。进履宜假，运筹神算。横阳既立，申徒作扞。灞上扶危，固陵静乱。人称三杰，辩推八难。赤松原游，白驹难绊。嗟彼雄略，曾非魁岸。

译文：

留侯张良，他的先人是韩国人。祖父开地，做过韩昭侯、宣惠王、襄哀王的相。父亲平，做过釐王、悼惠王的相。悼惠王二十三年（前

250)，父亲平去世。张良的父亲死后二十年，秦国灭亡了韩国。张良当时年纪轻，没有在韩国做官。韩国灭亡后，张良家有奴仆三百人，弟弟死了不厚葬，用全部财产寻求勇士谋刺秦王，为韩国报仇，这是因为他的祖父、父亲任过五代韩王之相的缘故。

张良曾经在淮阳学习礼法，到东方见到了仓海君。他找得一个大力士，造了一个一百二十斤重的铁锤。秦始皇到东方巡游，张良与大力士在博浪沙这个地方袭击秦始皇，误中了副车。秦始皇大怒，在全国大肆搜捕，寻拿刺客非常急迫，这是为了张良的缘故。张良于是改名换姓，逃到下邳躲藏起来。

张良闲暇时徜徉于下邳桥上，有一个老人，穿着粗布衣裳，走到张良跟前，故意把他的鞋甩到桥下，看着张良对他说："小子，下去把鞋捡上来！"张良有些惊讶，想打他，因为见他年老，勉强地忍了下来，下去捡来了鞋。老人说："给我把鞋穿上！"张良既然已经替他把鞋捡了上来，就跪着替他穿上。老人把脚伸出来穿上鞋，笑着离去了。张良十分惊讶，随着老人的身影注视着他。老人离开了约有一里路，又返回来，说："你这个孩子可以教导教导。五天以后天刚亮时，跟我在这里相会。"张良觉得这件事很奇怪，跪下来说："嗯。"五天后的拂晓，张良去到那里。老人已先在那里，生气地说："跟老年人约会，反而后到，为什么呢？"老人离去，并说："五天以后早早来会面。"五天后鸡一叫，张良就去了。老人又先在那里，又生气地说："又来晚了，这是为什么？"老人离开说："五天后再早点儿来。"五天后，张良不到半夜就去了。过了一会儿，老人也来了，高兴地说："应当像这样才好。"老人拿出一部书，说："读了这部书就可以做帝王的老师了。十年以后就会发迹。十三年后小伙子你到济北见我，谷城山下的黄石就是我。"说完便走了，没有别的话留下，从此也没有见到这位老人。天明时一看老人送的书，原来是《太公兵法》。张良因而觉得这部书非同寻常，经常学习、诵读它。

张良住在下邳时，行侠仗义。项伯曾经杀了人，跟随张良躲藏起来。

过了十年，陈胜等人起兵反秦，张良也聚集了一百多个青年。景驹自立为代理楚王，驻在留县。张良打算前去跟随他，半道上遇见了沛公。沛公率领几千人，夺取下邳以西的地方，张良便归附了他。沛公任命张良做厩将。张良多次根据《太公兵法》向沛公献策，沛公很赏识他，经常采用他的计谋。张良对别人讲这些，别人都不能领悟。张良说："沛公大概是天授予人间的。"所以张良就跟随了沛公，没有离开他去见景驹。

等到沛公到了薛地，会见项梁。项梁拥立了楚怀王。张良于是劝说项梁道："您已经拥立了楚王的后人，而韩国各位公子中横阳君韩成贤能，可以立为王，增加同盟者的力量。"项梁派张良寻找到韩成，把他立为韩王。任命张良为韩国司徒，随韩王率领一千多人向西攻取韩国原来的领地，夺得几座城邑，秦军随即又夺了回去，韩军只在颍川一带往来游击作战。沛公从洛阳向南穿过轘山时，张良率兵跟从沛公，攻下韩地十余座城邑，击败了杨熊的军队。沛公于是让韩王成在阳翟留守，自己和张良一起南下，攻打宛县，向西进入武关。沛公想用两万人的兵力攻打秦朝峣关的军队，张良劝告说："秦军还很强大，不可轻视。我听说峣关的守将是屠户的儿子，市侩容易以利相诱。希望沛公暂且留守军营，派人先去，给五万人预备吃的东西，在各个山头上多增挂旗帜，作为疑兵，叫郦食（yì）其（jī）带着贵重的宝物利诱秦军的将领。"秦军的将领果然背叛秦朝，打算跟沛公联合一起向西袭击咸阳，沛公想听从秦将的计划。张良说："这只是峣关的守将想反叛罢了，恐怕部下的士兵们不听从。士兵不从必定带来危害，不如趁着他们懈怠时攻打他们。"沛公于是率兵攻打秦军，大败敌兵。然后追击败军到蓝田，第二次交战，秦兵终于崩溃。沛公于是到了咸阳，秦王子婴投降了沛公。沛公进入秦宫，那里的宫室、帐幕、狗马、贵重的宝物、美女数以千计，沛公的意图是想留下住在宫里。樊哙劝谏沛公出去居住，沛公不听。张良说："秦朝正因暴虐无道，所以沛公才能够来到这里。替天下铲除凶残的暴政，应该以清廉朴素为本。现在刚刚攻入秦都，就要安享其乐，这正是人们说的'助桀为虐'。况且'忠言逆耳利于行，良药苦口利于病'，希望沛公能够听进樊哙的意见。"沛公这才回撤驻在霸上。

项羽来到鸿门下，想要攻打沛公，项伯于是连夜急驰到沛公的军营，私下里会见张良，想让张良跟他一起离开。张良说："我是替韩王伴送沛公的，如今情况紧急，逃离而去是不合道义的。”于是就将情况全都告诉了沛公。沛公非常吃惊，说：“对此将怎么办呢？”张良说：“沛公果真想背叛项羽吗？”沛公说：“浅薄无知的小人教我封锁函谷关不要让诸侯们进来，说这样秦朝的土地就可以全部主宰了，所以就听从了这种意见。”张良说：“沛公自己揣度（duó）一下能够打退项羽吗？”沛公沉默了好一会儿，说：“本来是不能够的。现在该怎么办呢？”张良于是坚决邀请项伯见沛公。项伯会见了沛公。沛公与项伯同饮，为他敬酒祝福，并结为亲家。沛公请项伯向项羽详细说明沛公不敢背叛项羽，沛公之所以封锁函谷关，是为了防备其他的强盗。等到沛公会见项羽以后，取得了和解，这些情况记载在《项羽本纪》中。

汉元年（前 206）正月，沛公做了汉王，统治巴蜀地区。汉王赏赐张良黄金百镒，珍珠二斗，张良把它们都赠送给了项伯。汉王也因此让张良厚赠项伯，使项伯代他请求汉中地区。项王应允了汉王的请求，汉王于是得到了汉中地区。汉王到封国去，张良送到褒中，汉王让张良返回韩国。张良便劝告汉王说：“大王为何不烧断所经过的栈道，向天下表示不再回来的决心，以此稳住项王的内心。”汉王便让张良返回韩国。汉王行进中，烧断了所经过的的栈道。张良到了韩国，韩王成因为张良跟随汉王的缘故，项王不派韩成到封国去，让他跟随自己一起东去。张良向项王解说到：“汉王烧断了栈道，已经没有返回的意思了。”张良便把齐王田荣反叛之事上书报告项王。项王由此不再担忧西边的汉王，因而起兵北上攻打齐国。项王终于不肯派韩王回韩国，于是把他贬为侯，又在彭城杀了他。张良逃跑，抄小路隐秘地回到汉王那里，汉王这时也已回军平定三秦了。汉王又封张良为成信侯，跟着东征楚国。到了彭城，汉军战败而归。行至下邑，汉王下马倚着马鞍问道：“我打算舍弃函谷关以东等一些地方作为封赏，谁能够同我一起建功立业呢？”张良进言说：“九江王黥布是楚国的猛将，同项王有隔阂；彭越与齐王田荣在梁地反楚。这两个人可立即利用。汉王的将领中唯有韩信可以托付大事，独当一面。如果要舍弃这些地方，就把它们送给这三个人，那么楚国就可以打败了。”汉王于是派萧何去游说九江王黥布，又派人去联络彭越。等到魏王豹反汉，汉王派韩信率兵攻打他，乘势攻占了燕、代、齐、赵等国的领地。而最终击溃楚国的，是这三个人的力量。 张良多病，不曾独立带兵作战，一直作为出谋划策的臣子，时时跟从汉王。

汉三年（前 204），项羽把汉王紧急地围困在荥阳，汉王惊恐忧愁，与郦食其商议削弱楚国的势力。郦食其说：“昔日商汤讨伐夏桀，封夏朝后人于杞国。周武王讨伐商纣，封商朝后人于宋国。如今秦朝丧失德政、抛弃道义，侵伐诸侯各国，消灭了六国的后代，使他们没有一点立足的地方。陛下果真能够重新封立六国的后裔，使他们都接受陛下的印信，这样六国的君臣百姓一定都感戴陛下的恩德，无不归顺服从，仰慕陛下道义，甘愿做陛下的臣民。随着恩德道义的施行，陛下就可以面南称霸，楚王一定整好衣冠恭恭敬敬地前来朝拜了。”汉王说：“好。赶快刻制印信，先生就可以带着这些印出发了。”

郦食其还没有动身，张良从外面回来谒见汉王。汉王正在吃饭，说：“子房过来！有一个客人为我设计削弱楚国的势力。”接着把郦食其的话都告诉了张良，然后问道：“在你看来这事怎样？”张良说：“是谁替陛下出的这个主意？陛下的大事要完了。”汉王说：“为什么呢？”张良回答说：“我请求您允许我借用您面前的筷子为大王筹划一下形势。”接着说：“昔日商汤讨伐夏桀而封夏朝的后代于杞国，那是估计到能制桀于死命。当前陛下能制项籍于死命吗？”汉王说：“不能。”张良说：“这是不能那样做的第一个原因。周武王讨伐商纣而封商朝的后代于宋国，那是估计到能得到纣王的脑袋。现在陛下能得到项籍的脑袋吗？”汉王说：“不能。”张良说：“这是不能那样做的第二个原因。武王攻入殷商的都城后，在商容所居里巷的大门上表彰他，释放囚禁的箕子，重新修筑比干的坟墓。如今陛下能重新修筑圣人的坟墓，在贤人里巷的大门表彰他，在有才智的人们前向他致敬吗？”汉王说：“不能。”张良说：“这是不能那样做的第三个原因。周武王曾发放巨桥粮仓的存粮，散发鹿台府库的钱财，以此赏赐贫苦的民众。目前陛下能散发仓库的财物来赏赐穷人吗？”汉王说：“不能。”张良说：“这是不能那样做的第四个原因。周武王灭亡商朝以后，废止兵车，改为乘车，把兵器倒置存放，盖上虎皮，用以向天下表明不再动用武力。现在陛下能停止战事，推行文治，不再打仗了吗？”汉王说：“不能。”张良说：“这是不能那样做的第五个原因。周武王将战马放牧在华山的南面，以此表明没有用它们的地方了。眼下陛下能让战马休息不再使用它们吗？”汉王说：“不能。”张良说：“这是不能那样做的第六个原因。周武王把牛放牧在桃林的北面，以此表明不再运输和积聚作战用的粮草。而今陛下能放牧牛群不再运输、积聚粮草了吗？”汉王说：“不能。”张良说：“这是不能那样做的第七个原因。再说天下从事游说活动的人离开他们的亲人，舍弃了祖坟，告别了老友，跟随陛下各处奔走，只是日夜盼望着想得到一块小小的封地。假如恢复六国，拥立韩、魏、燕、赵、齐、楚的后代，天下从事游说活动的人各自回去侍奉他们的主上，伴随他们的亲人，返回他们的旧友和祖坟所在之地，陛下同谁一起夺取天下呢？这是不能那样做的第八个原因。当前只有使楚国不再强大，否则六国被封立的后代重新屈服并跟随楚国，陛下怎么能够使他们臣服？如果真的要采用这位客人的计策，陛下的大事就完了。”汉王饭也不吃了，吐出口中的食物，骂道：“这个笨书呆子，几乎败坏了老子的大事！”于是下令赶快销毁那些印信。

汉四年（前 203），韩信攻下齐国而想自立为齐王，汉王大怒。张良劝告汉王，汉王才派张良授予韩信“齐王信”的印信，此事记载在《淮阴侯列传》中。这年秋天，汉王追击楚军到阳夏南面，战事失利而坚守固陵营垒，诸侯原已约好前来，但没有到。张良向汉王进计，汉王采用了他的计策，诸侯才都来到。此事记载在《项羽本纪》中。

汉六年（前 201）正月，封赏功臣。张良不曾有战功，高帝说：“出谋划策于营帐之中，决定胜负在千里之外，这就是子房的功劳。让张良自己从齐国选择三万户作为封邑。”张良说：“当初我在下邳起事，与主上会合在留县，这是上天把我交给陛下。陛下采用我的计谋，幸而经常生效，我只愿受封留县就足够了，不敢承受三万户。”于是封张良为留侯，同萧何等人一起受封。皇上已经封赏大功臣二十多人，其余的人日夜争功，不能决定高下，未能进行封赏。皇上在洛阳南宫，从桥上望见一些将领常常坐在沙地上彼此议论。皇上说：“这些人在说什么？”留侯说：“陛下不知道吗？这是在商议反叛呀。”皇上说：“天下已接近安定，为什么还要谋反呢？”留侯说：“陛下以平民身份起事，靠着这些人取得了天下，现在陛下做了天子，而所封赏的都是萧何、曹参这些陛下所亲近宠幸的老友，所诛杀的都是一生中仇恨的人。

如今军官们计算功劳，认为天下的土地不够一一封赏的，这些人怕陛下不能全部封到，恐怕又被怀疑到平生的过失而至于遭受诛杀，所以就聚在一起图谋造反了。”皇上于是忧心忡忡地说：“这件事该怎么办呢？”留侯说：“皇上平生憎恨，又是群臣都知道的，谁最突出？”皇上说：“雍齿与我有宿怨，曾多次使我受窘受辱。我原想杀掉他，因为他的功劳多，所以不忍心。”留侯说：“现在赶紧先封赏雍齿来给群臣看，群臣见雍齿都被封赏，那么每人对自己能受封就坚信不疑了。”于是皇上便摆设酒宴，封雍齿为什方侯，并紧迫地催促丞相、御史评定功劳，施行封赏。群臣吃过酒后，都高兴地说：“雍齿尚且被封为侯，我们这些人就不担忧了。”

刘敬劝告高帝说：“要以关中为都城。”皇上对此心有疑虑。左右的大臣都是关东地区的人，多数劝皇上定都洛阳，他们说：“洛阳东面有成皋，西面有崤山、渑池，背靠黄河，面向伊水、洛水，它地形的险要和城郭的坚固也足可以依靠。”留侯说：“洛阳虽然有这样险固，但它中间的境域狭小，不过几百里方圆，土地贫瘠，四面受敌，这里不是用武之地。关中东面有崤山、函谷关，西面有陇山、岷山，肥沃的土地方圆千里，南面有富饶的巴、蜀两郡，北面有利于放牧的胡苑，依靠三面的险阻来固守，只用东方一面控制诸侯。如果诸侯安定，可由黄河、渭河运输天下粮食，往西供给京都；如果诸侯发生变故，可顺流而下，足以运送物资。这正是所谓‘金城千里，天府之国’，刘敬的建议是对的。”于是高帝当即决定起驾，往西关定都关中。

留侯跟随高帝入关。他体弱多病，便施行道引之术，不食五谷，闭门不出有一年多。

皇上想废掉太子，立戚夫人生的儿子赵王如意。很多大臣进谏劝阻，都没能改变高帝确定不移的想法。吕后很惊恐，不知该怎么办。有人对吕后说：“留侯善于出谋划策，皇上信任他。”吕后就派建成侯吕泽胁迫留侯说：“您一直是皇上的谋臣，现在皇上打算更换太子，您怎么能垫高枕头睡大觉呢？”留侯说：“当初皇上多次处在危急之中，采用了我的计谋。如今天下安定，由于偏爱的原因想更换太子，这些至亲骨肉之间的事，即使同我一样的有一百多人进谏又有什么益处。”吕泽竭力要挟说：“一定得给我出个主意。”留侯说：“这件事是很难用口舌来争辩的。皇上不能招致而来的，天下有四个人。这四个人已经年老了，都认为皇上对人傲慢，所以逃避躲藏在山中，他们按照道义不肯做汉朝的臣子。但是皇上很敬重这四个人。现在您果真能不惜金玉币帛，让太子写一封信，言辞要谦恭，并预备安车，再派有口才的人恳切地聘请，他们应当会来。来了以后，把他们当作贵宾，让他们时常跟着入朝，叫皇上见到他们，那么皇上一定会感到惊异并询问他们。一问他们，皇上知道这四个人贤能，那么这对太子是一种帮助。”于是吕后让吕泽派人携带太子的书信，用谦恭的言辞和丰厚的礼品，迎请这四个人。四个人来了，就住在建成侯的府第中为客。

汉十一年（前 196），黥布反叛，皇上患重病，打算派太子率兵前往讨伐叛军。这四个人互相商议说：“我们之所以来，是为了要保全太子，太子如若率兵平叛，事情就危险了。”于是劝告建成侯说：“太子率兵出战，如立了功，那么权位也不会高过太子；如无功而返，那么从这以后就是遭受祸患了。再说跟太子一起出征的各位将领，都是曾经同皇上平定天下的猛将，如今让太子统率这些人，这和让羊指挥狼有什么两样，他们决不肯为太子卖力，太子不能建功是必定的了。我们听说‘爱其母必抱其子’，现在戚夫人日夜侍奉皇上，赵王如意常被抱在皇上面前，皇上说‘终归不能让不成器的儿子居于我的爱子之上’，显然，赵王如意取代太子的宝位是必定的了。您何不赶紧请吕后打机会向皇上哭诉：‘黥布是天下的猛将，很会用兵，现今的各位将领都是陛下过去的同辈，您却让太子统率这些人，这和让羊指挥狼没有两样，没有人肯为太子效力，而且如让黥布听说这个情况，就会大张旗鼓地向西进犯。皇上虽然患病，还可以勉强地乘坐辎车，躺着统辖军队，众将不敢不尽力。皇上虽然受些辛苦，为了妻儿还是要自己奋发图强一下。’”于是吕泽立即在当夜晋见吕后，吕后找机会向皇上哭诉，说了四个人授意的那番话。皇上说：“我就想到这小子本来不能派遣他，老子自己去吧。”于是皇上亲自带兵东征，群臣留守，都送到灞上。留侯患病，自己勉强支撑起来，送到曲邮，谒见皇上说：“我本应跟从前往，但病势沉重。楚国人马迅猛敏捷，希望皇上不要跟楚国人斗个高低。”留侯又趁机规劝皇上说：“让太子做将军，监守关中的军队吧。”皇上说：“子房虽然患病，也要勉强在卧床养病时辅佐太子。”这时叔孙通做太傅，留侯任少傅之职。

汉十二年（前 195），皇上随着击败黥布的军队回来，病势更加沉重，愈想更换太子。留侯劝谏，皇上不听，留侯就托病不再理事。叔孙太傅引证古今事例进行劝说，死命争保太子。皇上假装答应了他，但还是想更换太子。等到安闲的时候，设置酒席，太子在旁侍侯。那四人跟着太子，他们的年龄都已八十多岁，须眉洁白，衣冠非常壮美奇特。皇上感到奇怪，问道："他们是干什么的？"四个人向前对答，各自说出姓名，叫东园公、甪里先生、绮里季、夏黄公。皇上于是大惊说："我访求各位好几年了，各位都逃避着我，现在你们为何自愿跟随我儿交游呢？"四人都说："陛下轻慢士人，喜欢骂人，我们讲求义理，不愿受辱，所以惶恐地逃躲。我们私下闻知太子为人仁义孝顺，谦恭有礼，喜爱士人，天下人没有谁不伸长脖子想为太子拼死效力的。因此我们就来了。"皇上说："烦劳诸位始终如一地好好调理保护太子吧。" 四个人敬酒祝福已毕，小步快走离去。皇上目送他们，召唤戚夫人过来，指着那四个人给她看，说道："我想更换太子，他们四个人辅佐他，太子的羽翼已经形成，难以更动了。吕后真是你的主人了。"戚夫人哭泣起来，皇上说："你为我跳楚舞，我为你唱楚歌。"皇上唱道："天鹅高飞，振翅千里。羽翼已成，翱翔四海。翱翔四海，当可奈何！虽有短箭，何处施用！"皇上唱了几遍，戚夫人抽泣流泪，皇上起身离去，酒宴结束。皇上最终没更换太子，原本是留侯招致这四个人发生了效力。

留侯跟随皇上进攻代国，在马邑城下出妙计，以及劝皇上立萧何为相国，他跟皇上平常随便谈论天下的事情很多，但由于不是关于国家存亡的大事，所以未予记载。留侯宣称道："我家世代为韩相，到韩国灭亡，不惜万金家财，替韩国向强秦报仇，天下为此震动，如今凭借三寸之舌为帝者师，封邑万户，位居列侯，这对一个平民是至高无上的，我张良已经非常满足了。我愿丢却人世间的事情，打算随赤松子去遨游。"张良于是学辟谷学术，行道引轻身之道。正值高帝驾崩，吕后感激留侯，便竭力让他进食，说："人生一世，时光有如白驹过隙一样迅速，何必自己苦行到这种地步啊！"留侯不得已，勉强听命进食。过后八年，留侯去世，定谥号叫文成侯。他儿子张不疑袭封为侯。张子房当初在下邳桥上遇见那个给他《太公兵法》的老丈，在别后十三年他随高帝经过济北，果然见到谷城山下的黄石，便把它取回，奉若至宝地祭祀它。留侯去世，一起安葬了黄石。以后每逢扫墓以及冬夏节日祭祀张良的时候，也同时祭祀黄石。

留侯张不疑，在文帝五年（前 175）因犯了不敬之罪，封国被废除。

太史公说：学者大多说没有鬼神，然而又说有精怪。至于像留侯遇见老丈赠书的事，也够神奇的了。高祖遭遇困厄的情况有多次了，而留侯常在这种危急时刻建功效力，难道可以说不是天意吗？皇上说："出谋划策于营帐之中，决定胜负在千里之外，我比不了子房。"我原以为此人大概是高大威武的样子，等到看见他的画像，相貌却像个美丽的女子。孔子说过："按照相貌来评判人，在对待子羽上就有所失。"对于留侯也可以这样说。

留侯论

（宋）苏轼

古之所谓豪杰之士者，必有过人之节。人情有所不能忍者，匹夫见辱，拔剑而起，挺身而斗，此不足为勇也。天下有大勇者，卒然临之而不惊，无故加之而不怒。此其所挟持者甚大，而其志甚远也。夫子房受书于圯上之老人也，其事甚怪；然亦安知其非秦之世，有隐君子者出而试之。观其所以微见其意者，皆圣贤相与警戒之义；而世不察，以为鬼物，亦已过矣。且其意不在书。当韩之亡，秦之方盛也，以刀锯鼎镬待天下之士。其平居无罪夷灭者，不可胜数。虽有贲、育，无所复施。夫持法太急者，其锋不可犯，而其势未可乘。子房不忍忿忿之心，以匹夫之力而逞于一击之间；当此之时，子房之不死者，其间不能容发，盖亦已危矣。千金之子，不死于盗贼，何者？其身之可爱，而盗贼之不足以死也。子房以盖世之才，不为伊尹、太公之谋，而特出于荆轲、聂政之计，以侥幸于不死，此圯上老人所为深惜者也。

是故倨傲鲜腆而深折之。彼其能有所忍也，然后可以就大事，故曰："孺子可教也。"楚庄王伐郑，郑伯肉袒牵羊以逆；庄王曰："其君能下人，必能信用其民矣。"遂舍之。勾践之困于会稽，而归臣妾于吴者，三年而不倦。且夫有报人之志，而不能下人者，是匹夫之刚也。夫老人者，以为子房才有余，而忧其度量之不足，故深折其少年刚锐之气，使之忍小忿而就大谋。何则？非有生平之素，卒然相遇于草野之间，而命以仆妾之役，油然而不怪者，此固秦皇之所不能惊，而项籍之所不能怒也。观夫高祖之所以胜，而项籍之所以败者，在能忍与不能忍之间而已矣。项籍唯不能忍，是以百战百胜而轻用其锋；高祖忍之，养其全锋而待其弊，此子房教之也。当淮阴破齐而欲自王，高祖发怒，见于词色。由此观之，犹有刚强不忍之气，非子房其谁全之？太史公疑子房以为魁梧奇伟，而其状貌乃如妇人女子，不称其志气。呜呼！此其所以为子房欤！

译文：

古时候被人称作豪杰的志士，一定具有胜人的节操，（有）一般人的常情所无法忍受的度量。有勇无谋的人被侮辱，一定会拔起剑，挺身上前搏斗，这不足够被称为勇士。天下真正具有豪杰气概的人，遇到突发的情形毫不惊慌，当无原因受到别人侮辱时，也不愤怒。这是因为他们胸怀极大的抱负，志向非常高远。

张良被桥上老人授给兵书这件事，确实很古怪。但是，又怎么知道那不是秦代的一位隐居君子出来考验张良呢？看那老人用以微微显露出自己用意的方式，都具有圣贤相互提醒告诫的意义。一般人不明白，把那老人当作神仙，也太荒谬了。再说，桥上老人的真正用意并不在于授给张良兵书（而在于使张良能有所忍，以就大事）。在韩国已灭亡时，秦国正很强盛，秦王嬴政用刀锯、油锅对付天下的志士，那种住在家里平白无故被抓去杀头灭族的人，数也数不清。就是有孟贲、夏育那样的勇士，没有再施展本领的机会了。凡是执法过分严厉的君王，他的刀锋是不好硬碰的，而他的气势是不可以凭借的。张良压不住他对秦王愤怒的情感，以他个人的力量，在一次狙击中求得一时的痛快，在那时他没有被捕被杀，那间隙连一根头发也容纳不下，也太危险了！富贵人家的子弟，是不肯死在盗贼手里的。为什么呢？因为他们的生命宝贵，死在盗贼手里太不值得。张良有超过世上一切人的才能，不去做伊尹、姜尚那样深谋远虑之事，反而只学荆轲、聂政行刺的下策，侥幸所以没有死掉，这必定是桥上老人为他深深感到惋惜的地方。所以那老人故意态度傲慢无理、言语粗恶地深深羞辱他，他如果能忍受得住，方才可以凭借这点而成就大功业，所以到最后，老人说："这个年幼的人可以教育了。"

楚庄王攻打郑国，郑襄公脱去上衣裸露身体、牵了羊来迎接。庄王说："国君能够对人谦让，委屈自己，一定能得到自己老百姓的信任和效力。"就此放弃对郑国的进攻。越王勾践在会稽陷于困境，他到吴国去做奴仆，好几年都不懈怠。再说，有向人报仇的心愿，却不能做人下人的，这是普通人的刚强而已。那老人，认为张良才智有余，而担心他的度量不够，因此深深挫折他年轻人刚强锐利的脾气，使他能忍得住小怨愤去成就远大的谋略。为什么这样说呢？老人和张良并没有平生的老交情，突然在郊野之间相遇，却拿奴仆的低贱之事来让张良做，张良很自然而不觉得怪异，这本是秦始皇所不能惊惧他和项羽所不能激怒他的原因。看那汉高祖之所以成功，项羽之所以失败，原因就在于一个能忍耐、一个不能忍耐罢了。项羽不能忍耐，因此战争中是百战百胜，但是随随便便使用他的刀锋（不懂得珍惜和保存自己的实力）。汉高祖能忍耐，保持自己完整的锋锐的战斗力，等到对方疲弊。这是张良教他的。当淮阴侯韩信攻破齐国要自立为王，高祖为此发怒了，语气脸色都显露出来，从此可看出，他还有刚强不能忍耐的气度，不是张良，谁能成全他？司马迁本来猜想张良的形貌一定是魁梧奇伟的，谁料到他的长相竟然像妇人女子，与他的志气和度量不相称。啊！外柔内刚，这就是张良之所以成为张良吧！

张子家训

张良写下的《张子家训》是一种综合为人处事之经验、技巧的“艺术”，是用以启迪子孙教育的智慧经典。其洋洋洒洒数百句，教导子孙如何处事立人，尤其如何“学习话术”，如何“精进话术”，如何发挥“话术的最大艺术效果”，为培养国家栋梁之才打下良好基础。话术在古代是一种非常深奥的艺术，可以说是同治国、谈判、纵横、兵法等休戚相关的综合艺术，是一种古代能人奇士必备的基本要术。话术以“察颜观色”“一物百拟”“用情至深”“行文诡辩”著称于世，又被称为“古今第一奇术”。

《张子家训》原文

世界观

观今宜鉴古，无古不成今。
酒逢知己饮，诗向会人吟。
近水知鱼性，近山识鸟音。
擅长好做事，天道只酬勤。

劝学观

惜钱莫教子，护短莫从师。
苦学应好问，莫待老来迟。
学在一人下，用在万人上。

十年无人问，一举天下知。

金钱观

固穷兴土木，钱活向富寻。
招商先做嫁，缺短莫乱云。
无钱休入众，遭难莫寻亲。
识人应诚赤，慎言有后金。

用人观

轻信他人言，卖屋又卖田。
轻借他人力，亏损不可计。
器具质而洁，瓦缶胜金玉。
人具信而立，正气引福缘。

是非观

做善引百祥，为恶招百殃。
举止要得体，戒躁忌锋芒。
亲族尊长幼，笑谑不敢猖。
交友应谨慎，治家德为长。

处世观

勤有余而智不足，无能何以不失资。
想今朝又思来年，族党知储不江湖。
人之死生多蒙昧，倾家荡产以祸福。
诈者自有起衅义，残暴不凌礼法除。
流水下滩非有意，白云出岫本无心。
相逢好似初相识，到老终无悔恨阴。

受人恩德宜厚报，莫待恩爱反成仇。
人情似纸张张薄，世事如棋局局新。
易涨易退山溪水，易反易复小心人。
美酒酿成缘好客，教子收书散千金。
贫居闹市无人问，富在深山有远亲。
马行无力皆因瘦，人不风流只为贫。

虎生犹可近，人熟不堪亲。
童仆施小祸，从此无福音。
人生不满百，常怀千岁忧。
药能医假病，酒不解真愁。

万事亲身历，事必应躬亲。
立身先扬名，和蔼如三春。
做事有目的，乱行祸子孙。
夫妻言而信，师友诚而行。

练话术

一目十行练眼力，一字百解练思绪。
一口十辩练纵横，一事百回练阴阳。
子孙切记时时练，撕书百卷始成才。
经卷百万应有价，绝顶天资训难成。

一快二顿三珠连，四眼五神六动作。
七情八感九反问，十分控场靠话题。
在商言商皆靠利，在官言官靠关系。
引人入胜靠表情，先顺他心驳其意。

练心术

世事理应留后路，百般心力思后续。
官道莫种荆棘草，来年免挂子孙衣。
初见开口先露笑，莫谈是非先夸人。
浅谈观色思后话，巧引话题制人言。

练权术

官大不管亲人事，家富不理穷困人。
他人生活忌轻近，只怕以后难脱身。
未先开口情先进，半吐真言半藏真。
信誓抚肩引后话，假做真时就是真。

无情亦要打官腔，话不绝时藏半分。
事可做绝无余地，留有后话好见人。
世事难料无绝对，人穷一定难翻身。
是非成败随口允，话说不乱心境深。

练正气

一日一站集刚毅，一日一诵集雄辩。
一日一骗集心力，一日一跪集情愫。

朝朝苦练来度日，连续三千六百日。
移情迁怒与胆识，正气不练难自成。

劝正气

学成莫许通天地，兼顾教家不成文。
一心一意专求道，只专一术可大成。

人生三万六千天，抬头三尺有神明。
身有正气可入险，不可玩人股掌中。

劝余地

首亩良田留后院，何尝不予子孙耕。
为人处事多做善，一分禅力邪气增。
为人常善作恶易，正人君子好杀生。
苦练正气为消业，一分辛苦一分灵。

综述

做事无需耍手段，万般话术只动情。
虚情假意谁人知，心术强时辨不明。
明争暗斗拼势力，江湖理应留后路。
邪为正用无风剑，正气浓时不留名。

多行不义必自毙，平日做人理应诚。
童仆妻妾毋俊美，闺房之福非人行。
年轻时应多奋斗，老来修心多念经。
居身务期质朴意，教子必该有义方。

刻薄成家无久享，心充善念不消亡。
乌鸦有反哺之义，羊有跪乳之恩情。
狎昵恶少受其累，屈志老成可相依。
守分安命集天道，顺时听天修政道。

《张子家训》是张良根据自身的经历讲述如何为人处事的家训。但是家训风雨两千多年几经删改，原文已不可考，经张良后裔搜集整理民间流传资料，才得以再现世间。

后　记

我学习张良文化始自20世纪70年代后期，当时我在郏县文教局教研室工作，一次同事闲聊时，张长法老师突然带几分认真地提醒我："铁中！你一定要把子房庙保护好，那可是你李口（河南郏县李口镇）的宝贵资源。"张长法是南开中文系高材生，不仅是我的同事，更是我敬慕的老师。他的话引起了我对张良文化的关注。由于年轻时工作忙，我对张良文化的学习了解只能算作皮毛。1998年到县人大工作，为我学习张良文化提供了有利条件。我利用人大外出学习交流的机会，先后考察了安徽亳州、江苏沛县、山东微山岛、陕西留坝县等张良文化的遗址，收集了不少张良文化的资料。单位同事见我热爱张良文化，有时出差也帮我收集资料。一天，我们主任从菲律宾出差回来，手里拿着一张报纸兴冲冲地找到我："老董你看看，张良在菲律宾报上都称谋圣啦！"我接过报纸一看，原来是菲律宾一家中文报连载的长篇小说《一代谋圣张良》。我把这张报纸珍藏起来，盘算着啥时能去菲律宾。说也凑巧，那年秋季，全国十四届苏氏研讨会在郏县召开，菲律宾也有两名代表参会。三天会议，我特别热情陪伴他们，临别，我请一位叫苏世选的老总回国后，帮忙找到一份完整的《一代谋圣张良》。苏总挺讲义气，回国后专门去报社复印了一套，半月后，我收到了从菲律宾漂洋过海发来的《一代谋圣张良》。我如获至宝，工作之余连读好几遍。一天在兰考考察张良墓时，兰考县原人大副主任张志新三十年如一日，倾其所有研究宣传张良文化。在拜访94岁高龄的张志新时，我说："你如此厚爱张良文化，张良九泉有知也会感动。"他说："能为宣传张良文化做点工作，花几个钱算啥，把老命搭上都值！"张志新老人的话对我触动很大。是的，张良文化你不学时，倒也无所谓，一旦你接触了，你一定会被他的魅力深深打动。

2013年春，平顶山市张良文化研究会的成立，为我进一步学习张良文化提供了更广阔的平台。平时和研究会同仁的研讨交流，尤其参加省张姓文化研究会和世界张氏宗亲总会举办的张良文化国际高峰论坛、省历史学会举办的张良故里论证会等高水平研讨会，使我对张良文化的学习有了新的收获。为推动张良故里百姓对张良文化的学习宣传，我提议开设“谋圣张良纪念馆”，并亲自撰写了布展文本。

2014年春，世张总会6届3次理事会计划在河南召开。省张姓文化研究会会长张放涛对我说，很想有一个系统介绍张良生平业绩的东西，在会上送给各位理事，借以达到宣传河南，宣传张良文化的目的。在张放涛会长和平顶山市张良文化研究会张华烨会长的鼓励下，我以谋圣张良纪念馆文本为基础，历经1年零3个月创作了《张良传略》。

《张良传略》草稿成型后，为确保书的质量，我即送省张姓文化研究会会长张放涛、平顶山市政协原副主席，史学家潘民中、长篇小说《一代谋圣张良》作者四川张毅审阅指导。我见张毅老师时，既无准确地址，又无联系电话，我仅凭书斋号“四川仁寿文林桥畔虚静斋”，便一人乘飞机去了成都。到仁寿县后，我坐了三个的士，师傅都不知道“文林桥畔虚静斋”在什么位置。无奈之下，我又打的去了文化局，经热心人指引，才在其家见到了瘫坐轮椅的老者张毅。也许是我千里迢迢慕名拜访感动了张毅老师，一个月后我收到了他为《张良传略》作的序。

2018年6月份，平顶山市张良文化研究会换届，有机会给市炎黄文化研究会领导汇报工作，领导要求将张良文化研究和张良故里开发情况整理个资料，便于学习宣传。为此，我以自己对张良文化的热爱和粗浅了解，在酷暑难耐的三伏天，与汗水作伴，编著了这本《谋圣张良》。本书由五个部分组成，开篇通过三十八章配图文字，较全面系统地介绍了张良的生平业绩。在此基础上，又着重列出了张良在“亡暴秦，灭西楚，兴炎汉”三大历史时期的十大突出贡献，并对张良谋略划分了类别，归纳出了三个显著特点，意在帮助读者能在更高层次上，更清晰地认识张良的历史贡献；第二部分，以汉高祖刘邦、史学家司马迁、三国诸葛亮、大文豪苏东坡和毛泽东主席等数十位历史名人对张良的赞颂评价，肯定了张良的历史地位；第三部分，从爱民、报国、智谋、隐忍、淡泊名利等方面，简要阐述了张良文化对后世的影响。针对当前一些人利益熏心，诚信缺失，浮躁之风盛行的境况，凸显倡导学习张良文化之必要。第四部分，介绍了史学界对张良里籍研究的最新成果。选编了罗哲文、朱绍侯、程有为、袁延胜、王立群、盛巽昌、陈隆文、陈昌远，刘玉娥、姚瀛艇、赵炳清、张放涛、潘民中、周幸、展龙等多位著名专家教授的论著，肯定了张良故里在河南郏县张店村。最后，根据张世军、潘民中、张柳松、张新斌、张金岭、米东山等领导、专家对张良文化产业化开发的指导意见，指出了张良故里保护开发的必要性和紧迫性，提出了保护开发的总体目标，方法步骤，为下一步搞好张良文化产业化开发，造福一方百姓，提供了重要的参考意见。

本书编著的史料依据是《史记・留侯世家》《汉书・张良传》《资治通鉴》《留侯论》，基础是《张良传略》，同时又汲取了《一代谋圣张良》《张良演义》《谋圣一出手》《张良史集》《张良智慧与谋略》《张良庙与紫柏山》《张留侯与子房山》《子房山传奇》等作品所长，使张良形象更加丰满、真实、可敬、可学。

本书在编著过程中得到了中国先秦史学会副会长、河南省历史学会副会长、河南省社科院历史与考古研究所所长张新斌，郑州大学历史学院教授、博士生导师袁延胜，乐氏同仁药业集团董事长、世张总会副会长、河南省张姓文化研究会会长张楠的热情指导并为之作序；河南省张姓文化研究会创会会长张放涛，四川省著名作家张毅，中国平煤神马能源化工集团纪检书记蔡志刚，郏县第二人民医院董事长张松霞，平顶山市政协原副主席、史学研究员潘民中，平顶山市人大原副主任、平顶山市炎黄文化研究会会长严寄音，副会长兼秘书长万刚俊，平顶山市张良文化研究会创会会长张华烨，史地学者、中原智库研究员辛士秀等领导、专家、同仁给予了热情指导支持，在此一并表示深深的谢意。由于水平有限，加之时间仓促，谬误之处在所难免，敬请批评指正。

董铁中　2019 年 12 月 23 日于平顶山市

汉三杰像

汉高祖刘邦登上皇帝宝座，在总结自己之所以得天下时，讲了三不如：夫运筹帷幄之中，决胜千里之外，吾不如子房；镇国家，抚百姓，给馈饷，不绝粮道，吾不如萧何；连百万之军，战必胜，攻必取，吾不如韩信。此三者皆人杰，吾能用之，此吾所以取天下也。